SOCIÉTÉ
D'HISTOIRE ET D'ARCHÉO
DE L'ARRONDISSEMENT DE PROVINS (S.-ET-M.)

NANGIS

1625

RECHERCHES HISTORIQUES

PAR

E. CHAUVET

PROVINS

CHARLES LOUAGE, LIBRAIRE-ÉDITEUR

14, PLACE DE L'HOTEL-DE-VILLE, 14

1910

NANGIS

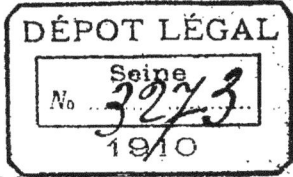

ERNEST CHAUVET

VICE-PRÉSIDENT

DE LA SOCIÉTÉ D'HISTOIRE ET D'ARCHÉOLOGIE DE L'ARRONDISSEMENT DE PROVINS

NANGIS

RECHERCHES HISTORIQUES

PROVINS

CHARLES LOUAGE, LIBRAIRE-ÉDITEUR

14, PLACE DE L'HOTEL-DE-VILLE, 14

1910

INTRODUCTION

La Société d'histoire et d'archéologie de l'arrondissement de Provins a la satisfaction d'offrir à ses membres et au public l'œuvre d'un de ses sociétaires des plus dévoués et des plus sympathiques : son vice-président, Louis-Ernest Chauvet, qu'elle eut la douleur de perdre le 31 décembre 1908.

Ernest Chauvet, né à Meaux, le 19 février 1834, avait adopté Nangis comme seconde patrie. C'est avec amour que durant plusieurs années, il en étudia l'histoire, qu'il rassembla les documents puisés aux meilleures sources; il apporta à son œuvre la conscience et la précision d'un érudit, l'élégance et la clarté de style d'un lettré fin et délicat.

La mort le surprit au moment où, son manuscrit mis au point, il allait le faire imprimer soit en un volume, soit dans le bulletin périodique de notre Société.

Nous avons pensé qu'il convenait de ne pas fractionner cette publication et que la forme du livre répondrait mieux au désir de l'auteur. Ce présent volume de l'Histoire de Nangis sera ainsi un hommage dernier à la mémoire d'Ernest Chauvet.

C'était une lourde tâche pour les modestes ressources de notre budget ; aussi, pour la mener à bonne fin, nous avons dû suspendre pendant l'année 1909 l'impression de notre bulletin, tout en continuant, d'une part, à distribuer les procès-verbaux de nos séances et à faire face, d'autre part, aux dépenses qui incombent à notre Société (entretien du caveau du Saint-Esprit, aménagement et entretien du musée lapidaire de la Grange aux Dîmes, pose de plaques sur les monuments historiques, etc.)

Aujourd'hui, nous espérons présenter de l'Histoire de Nangis une édition digne à la fois de l'œuvre que nous avions à faire connaître et de Chauvet dont nous tenions à perpétuer le souvenir.

Si cette œuvre contribue à entretenir le culte de la petite patrie afin de mieux faire aimer la grande, elle aura atteint le but le plus ardemment souhaité par son auteur.

Provins, mai 1910.

E. CHAUVET

Vice-Président de la Société d'Histoire et d'Archéologie de Provins

H. DELARUE & Cⁱᵉ, ÉDITEURS
PARIS.

NANGIS

SONNET

A M. Pierre Colleau.

Par quels pompeux accents chanterai-je, o Nangis,
Sur ton vaste plateau ta coquette prestance ?
Dirai-je les Britaud veillant sur ta naissance ?
Par les Montmorency tes contours élargis ?

Ou bien les Brichanteau qui, de leur sang rougis
Défendaient nos confins et mouraient pour la France ?
A Fontenoy, Guerchy qui chargeait à l'outrance ?
Ou Chailly sur l'Anglais qui reprit ton pays ?

Ta gloire, mon Nangis, ton plus pur patrimoine,
Qui répandit ton nom, ce fut un pauvre moine
Des récits de son temps nous léguant le trésor.

Ta gloire maintenant c'est quand l'été flamboie
Ta moisson, gai tapis, qui moutonne et chatoie,
Semblant mettre à ton front une couronne d'or.

E. CHAUVET.

19 Décembre 1906.

L'ORIGINE DE NANGIS

« Aux xiie et xiiie siècles, dit M. Félix Bourquelot dans sa notice sur Boisdon, la France a vu s'opérer un mouvement considérable dans la population, et les signes caractéristiques de ce mouvement ont été le défrichement de beaucoup de forêts et la construction d'un grand nombre de centres nouveaux. »

Cette remarque du savant historien provinois résume les origines de Nangis et des pays voisins.

Nous n'essaierons pas de décrire ce qu'était au temps des Gaulois et sous la domination romaine la contrée où plus tard devait s'élever Nangis ; les *Commentaires* de César et les documents d'origine romaine nous renseignent fort mal sur ce point. Il y est bien parfois question de la rive gauche de la Seine, mais rarement de la rive droite. Tout ce que nous savons, c'est que le pays qu'enveloppe la Seine à l'ouest et au midi par la grande courbe qu'elle décrit, était couvert d'une immense forêt, dans laquelle aucun chemin n'avait été ouvert ; la circulation n'était possible qu'en longeant la rive gauche du fleuve. Si les Gaulois faisaient dans ces parages des incursions, ce n'était que pour se livrer à la chasse ; car on y rencontre peu de traces de stations gauloises et peu de vestiges de la religion druidique. On ne trouve sur le territoire de Nangis aucune monnaie gauloise ou romaine, aucune substruction, aucun débris pouvant se rattacher à ces époques.

Lorsque les Romains, établis dans leurs villes fortes d'Autun et de Sens, voulurent pénétrer plus au nord, leurs légions ne purent s'engager dans cette forêt où aucun chemin n'était pratiqué, et durent suivre la route plus fréquentée longeant la rive gauche de l'Yonne et de la Seine.

Pour soumettre Lutèce révoltée, Labiénus, lieutenant de César, partit de Sens avec ses légions et suivit la rive gauche du fleuve. Mais, n'ayant pu forcer de ce côté les retranchements des Gaulois, il revint sur ses pas, prit d'assaut Mélodunum (Melun) pour y franchir la Seine, et s'aventura avec ses troupes sur la rive droite. Cette marche hardie lui réussit ; les Gaulois, qui n'avaient pas prévu l'attaque de ce côté, furent défaits.

On ne trouve pas d'autre trace du passage des légions romaines dans l'angle formé par la Seine et la Marne jusqu'à l'époque où fut ouverte dans cette contrée une grande route militaire.

Après la conquête, lorsque les Romains voulurent fortifier leur puissance, il leur fallut ouvrir une route à travers cette contrée boisée afin de gagner rapidement les rives de la Marne et de l'Oise, et surveiller les provinces du Nord, les plus turbulentes et les plus exposées aux invasions. Ils construisirent une large route bien empierrée qui, partant de Sens, franchissait sur un pont la Seine à Jaulne et se dirigeait en ligne droite sur Meaux, Beauvais et Boulogne-sur-Mer, après avoir traversé la forêt à l'endroit où elle avait le moins de largeur. Cette voie, qui a été pour la Brie d'une grande ressource au moyen âge, a été en grande partie utilisée à notre époque pour la construction d'une route départementale qui a conservé dans le pays le nom de Perré. Cette route forma au moyen âge la limite vers l'est du Montois et de la Brie française avec la Brie champenoise.

Les populations encore peu soumises rendaient dangereuse la traversée de cette forêt ; les Romains durent créer la station militaire de Riobœ (aujourd'hui Chateaubleau). Ils élevèrent à l'entrée méridionale de la forêt une véritable ville fortifiée, renfermant dans ses murs l'emplacement d'un camp, qui, alimenté d'eau par des rangées de puits bien alignés, pouvait donner abri à toute une légion. Ils y établirent une garnison permanente et un gouverneur.

Ils durent aussi établir un poste fortifié à l'extrémité nord de cette forêt, afin que, soit en allant, soit au retour, les voyageurs pussent trouver une escorte pour franchir ce passage dangereux. Ce poste s'appelait la petite Riobe (aujourd'hui les Orbies) et dépendait de la grande qui entretenait sa garnison. L'existence de ces deux stations, la grande et la petite Riobe, est démontrée par la désinance plurielle du nom latin Riobæ qui les englobait toutes deux et qu'il faut traduire par les Riobes. Le primitif du mot actuel Les Orbies est donc bien le nom romain que ce hameau a porté à son origine ; il a même conservé par habitude la forme du pluriel, bien que depuis l'invasion franque il n'y eut plus deux Riobes.

Les Romains ne paraissent pas avoir pénétré dans la partie la plus impraticable de cette forêt qui forme aujourd'hui le territoire de Nangis. Cependant un hameau d'une origine très ancienne et qui, par son nom, semble se rattacher à l'époque gallo-romaine, existait dans ces parages : il s'appelait Aspera-Silva (la forêt âpre, épineuse). Lorsque la langue latine se transforma sous l'influence du langage franc, il devint l'Apre-Sauve, et par corruption la Psauve (aujourd'hui hameau dépendant de Nangis). La meilleure traduction de ce nom serait la « forêt noire ».

Là, dans la partie la plus inextricable des bois, fut sans doute créé un refuge soit par des Gaulois insoumis, et cette population dut lutter longtemps contre la garnison romaine de Riobe, soit plus tard par les Gallo-Romains fuyant devant l'invasion des barbares. Peut-être ce hameau devint-il par la suite le refuge des serfs en rupture de glèbe et fuyant devant la justice des seigneurs. Dans tous les cas, ce petit centre de population, qui remonte à une haute antiquité et figure dans les vieilles chartes du moyen âge, prouve surabondamment l'existence et l'importance de cette forêt couvrant le pays qui devait former plus tard la Brie française.

L'origine de cette bourgade ne paraît pas devoir être attribuée aux Romains. Ces derniers s'attaquèrent peu à cette forêt, si ce n'est le long des rives de la Seine et à portée de leur pont de Jaulne, si toutefois on doit leur attribuer, ainsi que le fait M. Delettre, l'historien du Montois, la création des villages de Chatenay, d'Egligny et de Vimpelles.

Mais lorsqu'au Ve siècle les Francs eurent assis leur domination sur les ruines de la puissance romaine, Clovis, pour donner satisfaction à ses Leudes, dut leur partager le sol conquis. Alors de grandes étendues de forêts, le long de la rive droite de la Seine, furent attribuées à des chefs guerriers qui en entreprirent le défrichement pour y élever leurs châteaux forts. La partie du Montois rapprochée du fleuve paraît avoir été comprise dans ce partage; mais le centre de la forêt était encore trop impénétrable et trop peu connu pour y figurer.

Les Francs firent disparaître les restes des institutions romaines qui donnaient quelques libertés au peuple et imposèrent leurs usages et leurs lois. Ce fut l'origine de la féodalité. Le roi conservait pour lui les villes fortes, telles que Melun, Bray et Provins, et chaque chef pourvu d'un fief déclarait le faire relever du donjon royal ou seigneurial le plus rapproché et le plus propre à lui assurer protection. Le seigneur suzerain devait aide et protection à ses vassaux, et de leur côté les Leudes devaient, pour chacun de leurs domaines, des droits, redevances et honneurs féodaux, et le secours d'eux et de leurs hommes d'armes en cas de guerre. En échange ils avaient une autorité sans borne sur les serfs de leurs domaines.

L'Eglise réclamait aussi sa part dans le partage du sol conquis. En 632, les moines de l'ordre de Saint-Benoist obtinrent du roi Dagobert la concession de toutes les terres de la partie centrale du Montois restées sans maître et enclavées dans celles données aux Leudes. Ils y construisirent après défrichement le monastère de Donnemarie qui, par la suite, devait dominer tout le Montois.

Grâce au partage de Clovis et à cette dernière donation, le Montois fut défriché, mis en culture et pourvu de population bien avant notre contrée. Les nouveaux seigneurs y avaient élevé une suite de châteaux fortifiés qui formaient une ceinture le long de la forêt pour protéger leurs terres et arrêter les incursions qui pouvaient les surprendre de ce côté. Telle fut l'origine des châteaux de Gurcy, de Chalautre-la-Reposte, de Meigneux, de Nanville, de Beaurepaire, de Lizines, de Paroy et autres.

Aux VIIIe et IXe siècles quelques parcelles furent encore détachées de la forêt; en 751, Pépin le Bref donna à l'abbaye de Saint-Denis une grande étendue de terre et bois sur le territoire de Féricy.

Par des donations royales au cours du VIIIe siècle, sous Pépin et Charlemagne, de vastes territoires sur Chatenay, Courcelles, La Tombe, Marolles, Salins et Montigny-Lencoup, furent distraits du domaine royal et donnés à des couvents, notamment à l'abbaye de Faremoutiers qui, peu à peu, y forma un vaste domaine qui fut l'origine de l'importante seigneurie de Marolles-sur-Seine.

Ainsi, jusqu'au cours du Xe siècle, le large plateau de la Brie française était resté couvert de sa forêt que la hache avait à peine entamée sur ses bords : elle s'appelait la forêt de Bièvre; elle couronnait les hauteurs du bassin de la Seine de Melun à Montereau, et joignait la forêt de Fontainebleau à celle de Chenoise, laquelle se prolongeait jusqu'à la Traconne, mais sur une largeur de terrain beaucoup moindre. Les espaces boisés sont encore nombreux dans cette contrée; les forêts de Barbeau, de Saint-Germain-Laval, de Valence, des Montils, les bois de Montigny-Lencoup, de Gurcy, de Villeneuve-les-Bordes, de Villefermoy, de Chatillon-la-Borde, la garenne de la Croix-en-Brie, les bois de Louan et de Montaiguillon, pour ne citer que les plus importants, sont des parties non défrichées de cette forêt de Bièvre.

De même que la route romaine du Perré servait de limite d'un côté à la Brie champenoise, la lisière de cette forêt paraît, sur les autres points, avoir également servi de limite à cette province, aussi est-il bien difficile aujourd'hui de déterminer exactement cette délimitation.

Tous les pays compris dans l'angle de la Seine, de Bray à Melun, peu habité alors et enfoui sous bois, ne fut pas compris dans le partage des grands vassaux; il resta dépendant du pouvoir royal. La partie basse, appelée le Montois, releva de la Tour de Bray; le haut plateau que l'on appela la Brie française pour la distinguer de la Brie champenoise, releva du donjon royal de Melun. Les grands feudataires voisins semblent avoir dédaigné ce pauvre pays sans habitants et sans revenus.

Mais lorsqu'après l'an mille, le cauchemar de la fin du monde cesse de terroriser les populations, une sorte de réveil se produit; un esprit nouveau semble souffler sur le peuple; des idées d'entreprise et de liberté, une poussée vers l'inconnu, qui se traduisent par les croisades et aboutissent au mouvement communal, pénètrent dans les masses. Le serf, las de se courber sans profit sur la glèbe, veut une part dans le produit de ses travaux; les grands espaces restés incultes l'attirent. La noblesse, elle aussi, veut récupérer sur ces vastes étendues sans maître les biens dont elle s'est dessaisie au profit du clergé; les grands ordres monastiques cherchent également dans ces parages des emplacements pour essaimer le trop-plein de leurs couvents; enfin la couronne qui trouve dans ce mouvement le moyen de tirer des revenus de cette contrée sans rapport, cède, moyennant redevances, aux ordres religieux et aux nobles de vastes terrains en friche, de larges tranches de forêt, à charge de les mettre en culture et d'y élever des habitations.

Pour arriver à ce défrichement, les nouveaux seigneurs traitent avec leurs affranchis et leurs serfs, et, moyennant cens et rentes, leur cèdent des parcelles de terrain, des fiefs en roture, à charge par eux de les mettre en culture. Ils créent de nouveaux centres qu'ils cherchent à peupler d'habitants au moyen de chartes et de franchises : c'est là l'origine du mouvement communal et la cause de l'extension de la bourgeoisie.

Alors apparaissent dans nos contrées les Villefranche, les Villeneuve, les Chateauneuf, les Neubourg, les Neufmoutiers, les Neuville dont les noms trahissent la nouvelle origine. Beaucoup de lieux s'appellent Les Essarts, du vieux mot « essarter », alors plus usité que le mot défricher.

Voyons quelles furent à cette époque, pour la contrée qui nous occupe spécialement, les conséquences de ce mouvement dans la population.

La première atteinte portée à la forêt qui couvrait alors le territoire de Nangis, fut, à mon avis, la création d'une route allant directement de Paris à Provins et Troyes. Les grandes foires de Champagne et de Brie commençaient à être connues et fréquentées et devenaient des centres d'approvisionnement pour les marchands parisiens. Ces derniers, forcés de suivre la Seine, réclamaient un chemin plus direct; ce chemin fut ouvert à travers la forêt à peu près sur l'emplacement de la route nationale actuelle de Paris à Bâle.

A cette époque où les malandrins et les détrousseurs de route foisonnaient, il fallut bientôt assurer la sécurité de cette longue traversée de forêt, et créer sur son parcours, sinon une ville fortifiée, comme la Riobe romaine, du moins des fortins pour y loger une garnison et servir de refuge pour la nuit aux voyageurs. Telle fut l'origine du Châtel, la première seigneurie créée sur le territoire de Nangis.

L'emplacement de cette forteresse près d'un tournant de la voie nouvelle et sur un terrain plutôt bas, alors qu'à peu de distance en arrière se trouve la butte du Haut-Mondé (la sablière actuelle) offrant un monticule tel qu'on en recherchait au moyen âge pour édifier les châteaux-forts, prouve à mon avis sa destination.

Une grande étendue de bois fut sans doute donnée en fief à un chevalier, à charge de défricher et de construire un château-fort pour protéger la traversée de la forêt et venir en aide aux voyageurs. Cette forteresse, élevée en plein bois, ne trouva aucun nom local à prendre et ne fut connue dès son origine que sous le nom de Chastel, c'est-à-dire l'asile, le refuge fortifié. Son origine fut antérieure à celle de Nangis, et ce ne fut que plus tard, après la création de ce centre de population, que ce fief prit le nom de Chastel-les-Nangis. La famille autochtone qui créa la forteresse et posséda longtemps cette seigneurie, prit le nom du Chastel, et, quoique ayant contribué à la formation de Nangis et seigneur pour partie de cette ville, elle n'en prit jamais le titre.

Ce qui prouve la mission du Chastel de protéger les voyageurs, c'est la création des deux Bertauches, la grande et la petite. La forteresse ne pouvant étendre assez loin son action, le seigneur du Chastel fit élever sur le bord de la route, à droite et à gauche de son donjon, des avant-postes fortifiés appelés Bertauches ou Bretêches, afin de pouvoir étendre sa surveillance et porter sa protection à plus longue distance. La Petite-Bertauche, élevée à une demi-lieue du Châtel, vers Provins, gardait le passage du ru sortant de l'étang de Rampillon; la Grande-Bertauche, au contraire, plus rapprochée de Nangis, gardait aussi le passage d'un petit ruisseau qui, après avoir rempli de son eau les fossés du Châtel, traversait la route en se dirigeant sur Nangis. Les noms de Grande et Petite-Bertauche existent encore aujourd'hui et sont portés par une maison de campagne et une ferme.

Le village de Bailly-Carrois, situé une lieue plus loin, sur la même route, me paraît avoir eu la même origine; là aussi un fort devait protéger les voyageurs. Le nom de Bailly, d'après certains étymologistes, provient du vieux mot latin Bailleium, ou Baillium, auquel Ducange donne la signification de lieu entouré de palissades, ou lieu fortifié. D'autres le font venir de Baïla employé en basse latinité et en provençal, signifiant soin, garde, protection. Quelle que soit l'étymologie que l'on préfère, la signification est à peu près la même, et définit bien la mission de Bailly à son origine. On eût pu l'appeler aussi bien le Châtel, s'il n'y avait pas eu nécessité de varier les noms.

On peut en dire autant du village de Grandpuits situé une demi-lieue plus loin sur la même route; là une ferme porte encore le nom de Chateaufort.

Mais cette forêt si gênante était condamnée à disparaître bientôt; aux X° et XI° siècles elle est attaquée de tous côtés. Les moines, ces grands initiateurs, donnent l'exemple, et les seigneurs rivalisent pour se tailler de riches domaines sur ces terres nouvelles. On voit déjà de larges entailles faites à la forêt.

Les moines de la Charité-sur-Loire, ordre de Cluny, défrichent un vaste territoire et fondent un prieuré qui est l'origine de La Croix-en-Brie (910). Les mêmes moines défrichent les territoires de Clos-fontaine et de Coutençon, et ces villages leur doivent leur extension sinon leur origine.

Les noms des villages de La Celle, Vernon, Machault et Samois apparaissent dans une charte de Louis V, en 982.

Les moines de Tours, seigneurs de Mons et de Donnemarie poussent leurs défrichements jusque sur les territoires de Vanvillé, de Rampillon et de Fontains.

Les moines de Barbeau défrichent jusque sur le territoire de Fontenailles et y élèvent l'abbaye de Villefermoy. En 1145, le roi Louis VII leur donne sa terre des Ecrennes à mettre en culture. Le nom primitif de ce lieu, Screona, signifiant huttes de branchages, indique qu'il n'était alors qu'un hameau de bucherons.

Dans le partage du Montois, le comte de Champagne avait reçu la partie de la forêt de Bièvre formant aujourd'hui les territoires de Villeneuve-les-Bordes et de La Chapelle-Rablais. Au xi⁰ siècle, ses descendants créèrent le village de Villeneuve, qui s'appela alors Villeneuve-le-Comte-Champagne, et, plus tard, Villeneuve-les-Bordes-l'Abbé, ou Villeneuve-l'Abbé, après la donation de ce fief aux moines de Sainte-Colombe de Sens. C'est à ces moines qu'il faut attribuer l'origine de la Chapelle-Arablais, devenue par corruption la Chapelle-Rablais.

Le chapitre de Saint-Quiriace de Provins détruit le bois Hildon, qui lui appartient, et élève sur son emplacement le village de Boisdon auquel il donne une charte.

Rampillon est pourvu d'une église en 1107, par Daimbert, archevêque de Sens.

Les moines de Preuilly, après avoir défriché leurs domaines autour de leur couvent, poussent leurs travaux jusqu'à Echou-Boulains.

Les nobles ne restent pas en arrière ; les villages de Baâli (Bailly-Carrois) et de Footin (Fontains) apparaissent au xiie siècle, et leurs églises sont érigées en cures en 1231. Tous les villages entourant Nangis n'apparaissent et n'ont d'histoire qu'à partir du xiie siècle.

Le seigneur du Châtel fut des premiers à défricher ses domaines. Bientôt, à l'abri de son donjon, vint se grouper une population appelée par ses promesses et un village se créa dans la plaine qui s'étend entre le Châtel et la Grande-Bertauche. Cette plaine, portant encore aujourd'hui le nom de Vieux-Nangis, nous devons en conclure que ce fut là que s'éleva le premier centre de population portant le nom de Nangis ; ce village prit sans doute un grand accroissement, puisqu'une église fut construite auprès du château..

Mais peu de temps après, sur une autre partie de la forêt longeant au midi le domaine du Châtel, fut créé un nouveau fief, et son possesseur, dont le nom ne nous est pas parvenu, fit, après défrichement, élever un château-fort. Il ne trouva non plus aucun nom de village ou de terroir à lui donner et il l'appela d'un nom tiré de sa situation et de son site : La Motte-Beauvoir, c'est-à-dire petite éminence et belle vue et il en prit le titre.

De même que le Châtel, la Motte-Beauvoir fut créée à une date que nous ne pouvons préciser, mais qui fut certainement antérieure à la fondation de Nangis, car si ce bourg avait eu une existence antérieure, l'un ou l'autre des deux fiefs n'eût pas manqué d'en prendre le nom, ainsi qu'il était d'usage constant. Nous voyons au contraire l'un rester sans nom, le mot Chastel ne constituant pas un titre seigneurial, et l'autre obligé d'en fabriquer un de fantaisie.

Les deux bourgades en formation se constituèrent l'une près de l'autre, non sans rivalité, chacune cherchant à attirer à elle la population qui faisait défaut à toutes les deux. Dans cette lutte, la Motte-Beauvoir devait bientôt prendre le dessus. Cette prédominance eut plusieurs causes : comme ce château était plus important et mieux fortifié, comme il passa entre les mains d'une famille plus riche et plus puissante que les seigneurs voisins, les nomades vinrent de préférence se mettre sous sa garde. Bientôt même on vit les habitants du Châtel chercher peu à peu à se rapprocher de la Motte-Beauvoir. Un puissant motif poussait les habitants à s'éloigner du Châtel, c'était la proximité de la grande route de Paris continuellement parcourue par des bandes de pillards dont les passages étaient toujours marqués par des déprédations que la faible garnison du Châtel était souvent impuissante à réprimer.

A cette sombre époque du moyen âge, la population sédentaire était continuellement tenue en éveil. Lorsqu'elle n'était pas menacée par des invasions de l'étranger, elle avait à souffrir des luttes des grands vassaux entre eux ou contre la couronne, des brigandages de certains seigneurs et des rapines des bandes de partisans formées de la lie du peuple et vivant sur le commun. Le laboureur n'osant pas s'écarter des habitations, n'ensemençait souvent que les terres les plus rapprochées pour subvenir seulement à ses besoins, et lorsque le veilleur faisait entendre du haut du clocher le signal d'alarme, il se hâtait de regagner sa demeure et de se mettre à l'abri.

Cet abri était ordinairement donné par le château du seigneur ; aussi, autant que possible, chacun cherchait-il à placer sa demeure auprès d'une forteresse assez puissante pour pouvoir résister à un coup de main, et assez vaste pour donner asile à tous les vassaux, à leurs familles et même à leurs bestiaux.

Le Châtel était un donjon très à l'étroit entre les fossés qui l'enserraient, dont les eaux baignaient le pied de sa tour. Ce n'était qu'un poste fortifié ne pouvant recevoir une forte garnison, et encore moins recueillir, en cas de danger, les serfs qui en dépendaient et vivaient sous sa protection. Le Châtel n'était que suffisant pour le service auquel il était destiné lors de sa fondation.

La Motte-Beauvoir, au contraire, outre sa forteresse plus imposante et présentant plus de sécurité, offrait, en cas de danger, un refuge à ses serfs dans deux vastes cours entourées de bâtiments, protégées par des fossés et défendues par une forte muraille flanquée aux angles de quatre tourelles, dont l'une existe encore près de l'église. Ces deux cours devinrent plus tard les communs du château et forment aujourd'hui avec leurs vastes bâtiments, une importante ferme appelée la ferme du château. Donc rien d'étonnant à ce que les habitants du Châtel aient cherché à se rapprocher de la Motte-Beauvoir et à s'éloigner de la grande route dont le voisinage leur était si onéreux, mais ils ne quittèrent pas pour cela le fief auquel ils étaient attachés, et dont ils ne pouvaient s'écarter.

Un chemin conduisant vers Melun séparait les deux seigneuries. Les hommes liges attachés à la Motte-Beauvoir avaient établi leurs habitations à portée de la forteresse sous les murs des cours d'asile et en bordure sur la rive sud du dit chemin de Melun qui appartenait à leur seigneur ; les gens du Châtel transportèrent leurs habitations en face, le long de la rive nord du même chemin, sur la limite du fief auquel ils appartenaient, en sorte que le nouveau centre qui se créait par ce mouvement de la population se trouva assis sur les deux seigneuries, et le chemin séparatif devint la principale artère du village en formation. Les hommes du Châtel apportèrent avec eux le nom de Nangis que portait déjà la bourgade qu'ils délaissaient et ce nom prévalut sur celui de la Motte-Beauvoir, trouvé trop long et il s'implanta. Telle fut l'origine de Nangis.

Pendant tout le moyen âge et jusqu'au commencement du xviii° siècle, Nangis appartint toujours aux deux seigneuries qui l'avaient fondé. La route qui le traverse de l'est à l'ouest (aujourd'hui la rue de la Poterie, et son prolongement la rue Noas-Daumesnil) fut toujours la séparation des deux domaines seigneuriaux.

A mesure que Nangis prenait de l'importance, on vit le Châtel perdre peu à peu sa population ; tandis que l'un devenait bourg, l'autre était resté village, bientôt même il ne fut plus qu'un petit hameau composé du château, de l'église et d'une ferme. Vers la fin du xviii° siècle, l'église restait seule compagne du vieux donjon ; ils n'étaient plus guère que des ruines lorsqu'ils tombèrent ensemble sous la tourmente révolutionnaire.

M. Maillé, le regretté collègue à la Société d'archéologie de Provins, a fait une notice très complète sur le Châtel et ses seigneurs, notice que j'ai regretté de ne pas retrouver dans les Annales de cette Société ; aussi n'ai-je pas la prétention de traiter après lui ce sujet, et de refaire l'histoire de cette partie du territoire de Nangis. J'entends m'occuper spécialement dans cette notice de la seigneurie de la Motte-Beauvoir, dont l'histoire se confond davantage avec celle de la ville de Nangis.

Cependant, comme je n'aurai sans doute plus l'occasion, dans la suite de ce travail, de m'occuper du Châtel, j'ai pensé faire œuvre utile en coupant court à la légende si répandue à Nangis qui fait de Tanneguy du Chatel, accusé du meurtre de Jean-sans-Peur, duc de Bourgogne, sur le pont de Montereau, un membre de la famille nangissienne des du Châtel. Tanneguy était issu d'une famille du Limousin qui n'avait que le nom de commun avec les seigneurs de notre contrée ; il ne fut jamais possesseur du fief du Châtel-les-Nangis et ne vint pas y chercher refuge après le meurtre de Montereau.

LES SEIGNEURS DE NANGIS

PREMIERS SEIGNEURS

Flore. — Venisy

« Le nom de Nangis, — dit M. Maurice Lecomte dans son étude
des noms de lieux, — dont nous ne connaissons pas exactement le primitif, est cependant d'origine et de formation gallo-romaine; un des
premiers actes où apparaît le nom de Nangis est une bulle du pape
Adrien IV, de 1157, en faveur de Sainte-Colombe de Sens. La première forme paraît être Nangiacus, puis Nangeium, Nangeis, puis
Nangiis, formes basses d'où dérive la dénomination actuelle. Nous
trouvons inadmissible l'interprétation de Bullet qui décompose le
nom de Nangis en deux substantifs soi-disant celtiques : Nan, rivière,
et Gys, habitation, habitation de la rivière. » En effet, ce nom ne
convient guère à Nangis et ne répond pas à sa situation. Du reste,
qui donc en cette contrée, aux X⁰ et XI⁰ siècles, parlait encore la
langue celte et eût pu fournir les éléments de la composition de ce
nom avec des primitifs celtiques ? La langue latine était seule usitée
dans le monde savant d'alors.

Nous préférons la traduction de Nangiacus en domaine de Nangius, nom qui fut peut-être celui du premier possesseur du fief du
Chastel, car nous ne connaissons pas le personnage qui fit construire ce château.

Peut-être n'était-ce que le nom du premier pionnier qui commença
le défrichement des terres du Châtel et construisit, à l'endroit appelé
encore aujourd'hui le vieux Nangis, la première habitation sur le
fief en roture qu'il avait conquis par son travail. Ce qui nous fait
pencher pour cette opinion, c'est que nous trouvons un nom à peu
près semblable à Nangius dans une charte du XIII⁰ siècle concernant
le chapitre de Champeaux. Dans cet acte, Simon d'Andrezel abandonne au chapitre une pièce de terre tenue par Rangius, pelliparius
de Campellis (Rangis, barbier à Champeaux) ; peut-être ce Rangis
appartenait-il à la famille du fondateur de notre ville, dont le nom,
dans la suite des temps, s'est transformé en Nangis, d'une pronon-
ciation moins dure et plus facile. On sait combien la lettre R se

transforme facilement, surtout lorsqu'elle est placée au commencement d'un nom.

Autre hypothèse : une partie de la forêt de Bièvre portait aux environs de Chenoise le nom de forêt de Hogis. Nous trouvons ce nom dans une charte de 1257, que nous relatons plus loin.. Peut-être la partie de forêt occupant notre territoire portait-elle le nom de Nangis par opposition et pour la distinguer de celle de Hogis. Ce sont là autant de suppositions parmi lesquelles le lecteur pourra choisir.

Les chroniqueurs et le Père Anselme, dans son *Histoire des officiers de la couronne*, nous apprennent que le plus ancien des seigneurs connus de la Motte-Beauvoir, fut Fleury ou Flore, fils naturel de Philippe Ier, roi de France, et de Bertrade de Montfort, lequel vers la fin du XIe siècle épousa l'héritière de cette seigneurie de la Motte-Beauvoir. Le nom de celle-ci n'est pas parvenu jusqu'à nous.

Ce fait ainsi présenté n'est pas entièrement exact. Le second fils de Bertrade portait bien, en effet, le nom de Flore, et Moréri le désigne comme seigneur de Nangis, mais son mariage ne put avoir lieu au cours du XIe siècle. En effet, Philippe Ier enleva et épousa Bertrade en 1093 ; le second fils né de cette union ne fut en âge de contracter mariage que dans la première moitié du XIIe siècle. C'est également à tort que ce Flore est désigné comme enfant naturel. Bien que le mariage de Bertrade eût été cassé par le Pape, ses enfants furent maintenus comme légitimes et comme pouvant hériter du trône de France, à défaut du fils né du premier lit. Les descendants de Flore, qui furent seigneurs de Nangis jusqu'en 1402, étaient donc de sang royal.

Flore ne laissa qu'une fille, Elisabeth, qui épousa Amiel, seigneur de Venisy, et porta ses domaines à ce dernier.

Ce fut sans doute ce sire de Venisy dont la famille provenait de Venisy en Bourgogne, à quelques lieues de Sens, qui donna l'église de Nangis au chapitre des chanoines de l'église de Sens, avec un lot de terre. Ces chanoines furent curés de Nangis jusqu'à la Révolution, en se faisant substituer par un prêtre de leur choix, et possédèrent sur son territoire une petite ferme dont les bâtiments étaient situés rue du Gué.

Nous ne connaissons que les noms de ces premiers seigneurs de Nangis et n'avons pu relever aucun fait les concernant.

Héloïse et Pierre Britaud

Au milieu du XIIe siècle, vers 1168, Héloïse ou Elvise, dame de la Motte-Beauvoir, fille et héritière du sire de Venisy, épousa Pierre Britaud et apporta en dot à ce dernier cette seigneurie. Ce fut à

Pierre et à ses descendants que notre ville dut sa prompte extension et sa transformation.

Les Bristaud ou Britaud (M. Félix Bouquelort, dans son *Histoire de Provins*, dit Bristaud, nous avons opté pour Britaud, forme plus usitée) étaient d'une vieille et riche famille provinoise, appartenant à la bonne noblesse de Champagne. Leur nom figure aux registres et cartulaires des comtes de Champagne et de Brie au nombre des principaux vassaux de ces seigneurs.

Ils possédaient de grands biens à Provins et dans les environs, notamment les seigneuries de Champcenest et de Courtacon et le vicomté de Provins.

Vers 1100, lorsque Etienne, dit Henri Ier, fils de Thibault III, comte de Blois, Meaux et Provins, voulut partir pour la croisade où il mourut en 1101, il mit en vente certains droits dépendant de son comté de Provins afin de se procurer de l'argent. Dans ses lettres d'érection de la vicomté de Provins, il dit : « Nous avons désuni de notre comté de Provins les choses ci-dessus dénoncées et spécifiées pour être séparément tenues et possédées à titre de foi et nom de vicomte. » Ce fut un Britaud qui se rendit acquéreur de la vicomté et fournit l'argent demandé. Depuis, le titre de vicomte de Provins appartint à cette famille.

Les Britaud habitaient à Provins une grande maison sise en face l'église Sainte-Croix, appelée la maison des Britaud, et possédaient à côté de vastes prairies qui forment aujourd'hui le quartier de Sainte-Croix et du Pré-aux-Clercs. Cette maison était le siège de la vicomté et tout un quartier de Provins l'environnant en dépendait ; nous verrons plus loin que de grands biens disséminés dans de nombreuses paroisses du pays provinois en dépendaient également.

En 1156, Marguerite, vicomtesse de Provins, mère de Pierre Britaud, ratifia une donation faite à l'abbaye de Jouy.

Dans une charte du comte Henri de Champagne, de 1161, en faveur de l'abbaye de Saint-Jacques de Provins, on voit parmi les témoins : *Drooco Britaudus et Petrus frater ejus* (Dreux Britaud et son frère Pierre). Ce fut ce Pierre Britaud qui devint seigneur de la Motte-Beauvoir.

En 1176, une femme serve est donnée à Dreux Britaud par la comtesse Marie de Champagne, qui lui donne encore, en 1194, une femme qui avait été sa servante. En 1190, un Geoffroy Britaud, partant pour la croisade, donna à l'Hôtel-Dieu de Provins l'usufruit du bois de Rouvray jusqu'à son retour, et la toute propriété s'il mourait en Terre-Sainte.

Pierre Britaud apparaît dans les actes dès 1155 et est témoin dans trente chartes concernant surtout Provins. Il était veuf de Hawide, qui fut inhumée en 1166 à Saint-Quiriace de Provins. Ce fut un personnage de valeur qui joua un rôle important, non seulement auprès des comtes de Champagne, mais encore à la cour du roi de France Louis VII, dont relevait directement Nangis. Il devint grand pannetier de France, et transmit cette dignité à ses descendants.

Pierre et sa femme Héloïse sont nommés dans la grande charte du comte Henri de Champagne, en faveur de l'église Saint-Quiriace de Provins, en 1176. Lorsqu'en 1179, le comte de Champagne, Henri le Libéral, partit pour la seconde croisade, il laissa Pierre Britaud, vicomte de Provins, pour gouverner la Brie pendant son absence.

Ce seigneur contribua beaucoup au développement et à la prospérité de Nangis ; ce fut grâce à lui et à ses libéralités que ce centre nouveau, dont le manque d'eau devait entraver l'accroissement, ne resta pas à l'état de simple village comme ceux qui se créaient en même temps autour de lui. Il s'attacha au nouveau fief que venait de lui apporter sa femme, et résolut d'y créer un centre important en rapport avec sa vaste étendue. Ce domaine n'était alors qu'imparfaitement déboisé, il fallait donc de nombreux bras pour le mettre entièrement en culture. Pour attirer la population dont il avait besoin, il eut recours au grand moyen de l'époque et promulgua, en 1173, une charte qu'il fit confirmer par le roi Louis VII ; malheureusement, nous n'avons pu en retrouver le texte.

A cette époque où se créaient tant de centres nouveaux, où il y avait concurrence, c'était parmi les seigneurs et les abbés à qui ferait les plus larges promesses. Le servage avait déjà reçu de fortes atteintes. La couronne et les grands feudataires distribuaient les terres nouvelles aux seigneurs et aux couvents, « à charge d'y édifier un vilage libre de toutes justice, exaction, violence et coutume, sauf que les hommes paieront la taille à leur seigneur et acquitteront envers le suzerain l'ost (service militaire) ». Il n'est déjà plus question de servage.   ;

La charte de création d'une ville avait pour but : d'une part, d'assurer au seigneur les droits qu'il entendait se réserver pour constituer de beaux bénéfices, et de l'autre d'attirer et de retenir les laboureurs et les artisans en leur offrant les plus beaux avantages. Si nous ignorons le texte de la charte de Pierre Britaud, nous trouvons à la bibliothèque de Provins une autre charte qui est de la même époque (antérieure de dix ans) et qui peut être considérée comme un type du genre. C'est la charte donnée par le chapitre de Saint-Quiriace de Provins aux habitants du Bois-Hildon, aujourd'hui Boisdon, canton de Nangis.

Cette charte, datée de 1163, est très courte, elle ne pose que les points principaux qui doivent frapper les masses. D'abord elle détermine le montant des redevances au seigneur : « *Quod homines apud nemus Hildonis habitantes, pro censu ejusdem terræ singuli annuatim persolvent ecclesiæ beati Quiriaci, in festivitate sancti Dionisii, duodecim denarios et unum sextarium avenæ et unum panem et unum gallinacium et unum denarium, in festivitate vero sancti Quiriaci quinque solidos.* » Chaque habitant de Bois-Hildon paiera pour cens, chaque année, à l'église du bienheureux Quiriace, le jour de la fête de saint Denis, douze deniers, un septier d'avoine, un pain, un coq et un denier, et, à la fête de saint Quiriace, cinq sols. Le chapitre s'engage à n'user d'aucune violence au sujet de ce paiement (*nec quicquam super hoc violenter ab eis exigemus*). Comme tous ces habitants devaient être d'origines diverses, qu'il en venait de toutes les provinces de France, la charte leur promet de ne pas changer leurs habitudes et leurs usages, et décide que les habitants seront soumis, pour recueillir l'héritage de la terre, à la coutume de leur pays d'origine (*terram secundum morem patriæ relevabit*) ; pour les ventes et les échanges, ils suivront l'usage local des lods et ventes. Les questions de propriété et de cens seront jugées par la cour du chapitre, mais suivant leurs lois d'origine. Les délits des habitants n'entraîneront pas pour eux la nécessité de sortir de la ville neuve, il leur sera fait justice sur les lieux mêmes en présence du prévôt du chapitre ou du sergent. On sent combien on cherche à plaire à la population nomade qu'on veut attirer ; on ne parle même pas de l'administration intérieure du pays qu'on laisse au libre arbitre des habitants. (Voir M. Bourquelot, *Notice sur Boisdon*.)

La charte donnée à Nangis, postérieurement à celle de Boisdon, était-elle encore plus alléchante ? Toujours est-il que la population afflua, et que, sous la généreuse administration de Pierre et de sa femme Hélcïse, Nangis commença à s'étendre autour de son château et à prendre le dessus sur les autres villages qui étaient aussi en formation autour de lui.

Pierre poursuivit sur ses domaines le défrichement de la forêt de Bièvre, mais, d'accord avec le seigneur du Châtel, avec l'abbé, seigneur de Donnemarie, et les autres riverains, il conserva une longue lisière de bois, large d'environ deux cents mètres, qui enveloppait les deux seigneuries nangisiennes, et les séparait du Montois et des fiefs voisins ; cette longue ceinture de bois s'appelait les Haies de Brie. Il est souvent parlé de ces haies dans les chartes du moyen âge, car c'était dans leurs limites que s'exerçaient les pouvoirs et la justice des seigneurs de Nangis, et qu'ils percevaient les droits de rouage et de péage par terre. Une de ces haies, que les vieillards de Nangis ont pu connaître, prenait naissance aux environs de Closfontaine ; peut-être, primitivement, faisait-elle suite au bois de Monthiboust, elle longeait la Psauve et la ferme de Préhoubreau, gravissait les hauteurs de Rampillon, où depuis a été établi le réservoir des eaux de la ville, passait entre la Bouloie et la ferme du Mesnil, et rejoignait, vers Valjouan, les bois de Villeneuve-les-Bordes. Cette haie a été détruite vers le milieu du XIXᵉ siècle, mais on en retrouve encore la trace ; quelques parcelles conservées de-ci et de-là indiquent son parcours.

Dans un acte que nous rapportons plus loin, nous avons trouvé trace de l'existence d'une autre haie qui s'étendait autour de Nangis dans une direction opposée à celle que nous venons de décrire ; nous en reparlerons en énonçant cet acte. Ces haies de Brie devaient servir à la protection de notre territoire, car une vieille charte, relative à l'abbaye de Jouy, les appelle *firmatas Nangii*, la défense de Nangis.

Ayant vu combien les foires et marchés avaient contribué à la fortune de Provins, Pierre Britaud voulut aussi en instituer dans sa nouvelle seigneurie ; mais cette création, qu'il avait préparée, il ne put la réaliser de son vivant, la mort le surprit vers 1180. Il laissait quatre fils : Henry, Dreux, Gilles et Hugues, et une fille, Marie.

Plusieurs historiens, notamment l'auteur de l'*Histoire des grands officiers de la couronne*, et M. Félix Bourquelot, dans son histoire de Provins, font jouer à Pierre Britaud un rôle qu'il n'a pu tenir. D'après eux, il se serait attaché à la fortune de Charles d'Anjou, aurait participé à la conquête du royaume de Naples, comme son principal lieutenant, et, pour prix de ses services, aurait été nommé connétable de Sicile et gouverneur de Naples. Or, il n'y eut aucune expédition de Naples ou de Sicile pendant la vie de Pierre Britaud. Il n'était pas né lors de la conquête de ce royaume par les Normands de Robert Guiscard, en 1070, et il était mort depuis longtemps lors de l'expédition de Charles d'Anjou, en 1265. Il doit y avoir eu confusion. Nous verrons plus loin quel Britaud a pu porter ces titres.

Héloïse et Adam de Melun

Héloïse, veuve de Pierre Britaud, épousa en secondes noces Adam de Melun. Ce fut ce dernier qui, administrant Nangis au nom de sa femme, donna en 1185 une charte qui institua les foires et marchés en cette ville. Nous donnons plus loin la copie d'un acte relatant les droits des seigneurs de la Motte-Beauvoir sur les marchés de Nangis, acte que nous soupçonnons fortement d'être la reproduction un peu rajeunie de la charte d'Adam de Melun. Cette création de marché était la consécration de l'importance prise par Nangis ; elle dut lui attirer tout le commerce de la contrée.

Cette charte amena la création d'un fief nouveau. Au nord-ouest de Nangis fut créée la grande place du marché aux bêtes sur de vastes terrains qui, donnés à cet effet par le roi, constituèrent la nouvelle seigneurie qui prit le nom de Marché-les-Nangis. Bientôt cette place, qui, ainsi que les mots « les-Nangis » l'indiquent, était créée en dehors de la ville, fut entourée de constructions qui la rattachèrent à Nangis, et devint un fief important surtout à cause des redevances qui étaient perçues sur les marchands. Il résulte d'un acte de foi et hommages de 1437, rapporté plus loin, que ce fief avait haute, moyenne et basse justice, et qu'il relevait directement du roi à cause de son château de Melun.

De même que Provins avait ses places de change et son hôtel des Osches où l'on pesait et mesurait les marchandises, où les officiers du seigneur enregistraient les marchés, percevaient les droits et rendaient la justice, Nangis avait son hôtel de Changart du Marché-les-Nangis ayant la même destination. Cet hôtel, qui était situé à l'angle des rues actuelles de la Poterie et du Commerce, fut le siège de la nouvelle seigneurie. Il resta le centre de l'administration des foires de Nangis tant qu'elles eurent de l'importance; mais lorsqu'elles perdirent de leur vogue, lorsque tombèrent les grandes foires de Champagne et de Brie, n'ayant plus d'utilité, il devint l'Hôtel-Dieu de Nangis.

On peut voir encore, sous la maison portant le numéro 46 de la rue de la Poterie, une grande cave voûtée en ogive, reposant sur un pilier central enterré jusqu'au chapiteau, et offrant tous les caractères d'une construction de la fin du XIIe siècle. Cette cave est tout ce qui reste de l'hôtel de Changart et de l'ancien Hôtel-Dieu de Nangis.

Le nom de Changart explique, à mon avis, la destination première de cet hôtel, c'est un dérivé du mot « change ». Nous avons trouvé de vieilles chartes qu'il existait aussi autrefois à Coulommiers la cour de Changeart.

Par suite de la création de ce nouveau fief, Nangis se trouva partagé entre trois seigneuries ayant leurs sièges, leurs règlements et leurs administrations séparés. Au sud de la ville était le fief de la Motte-Beauvoir, séparé des autres par la rue de la Poterie et la rue Noas-Daumesnil ; au nord-est, le fief du Châtel séparé du précédent par les rues sus-désignées et de celui de Changart par la rue actuelle du Dauphin; enfin le fief de Changart du Marché-lesNangis, séparé des deux autres par les rues de la Poterie et du Dauphin. Ce dernier fief possédé par les seigneurs de la Motte-Beauvoir finit par se fondre dans l'ensemble de leurs domaines et disparut complètement lorsque l'hôtel fut transformé en hôpital; aussi n'a-t-il laissé aucun souvenir dans la population.

Henri Britaud

Henri Britaud, fils aîné de Pierre, hérita des domaines de son père et fut aussi grand pannetier de France et vicomte de Provins. Son nom figure aux anciens registres des fiefs du roi.

En 1193, Henri et sa mère Héloïse, dame de la Motte-Beauvoir, introduisirent dans Provins les Templiers qui étaient déjà établis à Bruille, près la Croix-en-Brie, et à Notre-Dame du Val (l'ermitage), située hors de l'enceinte de Provins.

Par acte en date de cette année, qui a ceci de remarquable qu'il

commence par les mots : *Noverint universi* (sachent tous), comme
les chartes des comtes de Champagne, Henri et sa mère donnent à
Dieu et aux Frères du Temple, en aumône, pour leurs âmes et
l'âme de Pierre Britaud : « La maison qui fut à Etienne Maître,
et la place qui est à l'entour, et la maison de feu Hugues de
Flandre, sept logements contigus à la place de la Grand'Maison,
plus un grenier et deux places près Sainte-Croix, et le cours des
eaux à posséder par eux en toute liberté et sécurité sans aucune coutume, comme mon père les avait ». La désignation des lieux est
bien précise ; la donation contenait les biens qui s'étendent de chaque
côté de la voie des Prés vers Sainte-Croix et le cours d'eau. Ces
biens devaient avoir une grande valeur puisque, bien qu'ils fussent
donnés à titre d'aumône, les Frères du Temple donnèrent en retour
à Henri Britaud trois cents livres à prendre sur la maison du Temple.
Il y a lieu de penser que cette somme ne devait pas constituer toute
la valeur des biens donnés. Henri employa ces trois cents livres en
un achat de cent arpents de terre dans les communs des Essarts de
Bouy.

Par suite de cette donation, la grande Maison des Britaud devint
le siège de la commanderie du Temple à Provins. Les chevaliers établirent un hôpital construit et doté par la vicomtesse Héloïse où l'on
recevait les pèlerins qui allaient à Jérusalem ou en revenaient.

La commanderie possédait alors (dit M. Lefèvre dans son *Histoire
des rues de Provins*) un ensemble de maisons, jardins et prairies
s'étendant de part et d'autre des rues Sainte-Croix et de la chaussée
Sainte-Croix depuis la grande rue du Val jusqu'aux murs de la
ville, et suivant la rue des Caves (aujourd'hui rue aux Aulx) jusqu'à
l'auberge de la Levrette. Il est infiniment probable, ajoute-t-il, que
c'était là le quartier donné par Britaud, là du reste qu'était le
siège de la vicomté, et cette partie de la ville garda longtemps le
nom de Vicomté.

En 1207, les Templiers reçurent encore de Raoul Britaud, neveu
de Henri, le moulin de la vicomté, aujourd'hui le moulin de la
Ruelle. Ce fut la veuve de ce Raoul Britaud qui fonda le village de
Bezalles sans doute sur ses terres.

Ces donations furent louées et ratifiées par Dreux et Gilles Britaud, frères de Henri, et par sa sœur Marie ; à l'égard de Hugues,
il est dit qu'il ratifiera lorsqu'il aura été fait chevalier. On voit également dans cet acte Herbert, Raoul et Godefroy Britaud, sans
doute descendants de Dreux Britaud, frère de Pierre, se porter cau-
tions d'Héloïse, leur tante.

En 1194, Henri et sa mère Héloïse firent une donation à l'Hôtel-
Dieu de Provins, qui fut confirmée par Dreux, frère de Henri.

Nous trouvons encore en 1195 une donation par Henri et sa mère,
au profit des Templiers, de toute la dîme du lieu appelé le Teistre,
situé sur le territoire de Rampillon. A cette occasion surgit une dif-

ficulté soulevée par les religieuses du Paraclet et par le curé du Châtel-les-Nangis, qui avaient aussi des droits sur la dîme de cette contrée. Un accord intervint en 1198, qui fut ratifié par Michel, archevêque de Sens.

En mars 1222, Henri se porta caution de la fidélité de Thibault IV, comte de Champagne, envers le roi Philippe-Auguste (Cat. des *Actes*, n° 1385).

Le 20 juin 1224, Henri Britaud reçoit un acte par lequel Dreux, chevalier, donne à l'Hôtel-Dieu de Provins des prés à Everly, provenant d'Héluine la Britaude, leur mère.

Henri Britaud mourut avant 1233, selon la chronologie du Père Anselme, mais d'après un travail récent de M. l'abbé Bonno, sur l'abbaye de Jouy, il vivait encore en 1241, et, à l'appui, ce dernier énumère des actes où Henri figure. En 1238, il eut un différend avec les moines de l'abbaye de Jouy, au sujet du droit de rouage et de péage sur les chemins avoisinant les bois et grange de Monthiboust, territoire de Gastins, appartenant auxdits moines, différend qui fut porté devant l'archevêque de Sens, et vidé par l'abbé du monastère de Sellières désigné comme juge.

Par un autre acte, en 1241, Henri ratifia un legs fait sur son fief, de quatre arpents de terre situés près le bois de Monthiboust par Arnulf ou Arnoul de Nangis à ladite abbaye de Jouy.

Jean Britaud

Henri Britaud laissa plusieurs enfants : Jean, l'aîné, qui hérita de ses titres et seigneuries ; Héloïdis, qui épousa Guillaume III des Barres, grand-sénéchal de Philippe-Auguste ; Henri, qui est connu par une charte de 1241, par laquelle il fonda à Provins le monastère des Cordeliers, et leur donna des biens sur Courtacon ; et Guillaume, qui mourut jeune.

Jean Britaud, grand-pannetier de France et seigneur de la Motte-Beauvoir, épousa Marguerite de Nemours, dame de Fontaine (Fontains), sœur de Pierre de Nemours, seigneur de la Chapelle-Gauthier, laquelle apporta en dot le domaine de Fontains.

En octobre 1243, un accord intervint entre Jean Britaud, l'abbé de Saint-Jacques de Provins et le prieur de Champcenest, au sujet des dîmes de cette paroisse et pour la création d'une chapelle dans le château de Champcenest.

Par acte de juillet 1248, Héloïdis Britaud, femme de Guillaume des Barres et sœur de Jean, qui avait reçu dans le partage de la succession de son père ce qui restait de la vicomté de Provins, vendit, avec l'assistance de son mari, à Thibault le Chansonnier, comte de Champagne et roi de Navarre, le titre de vicomte et tout ce qui composait encore ladite vicomté, comprenant tous les biens et droits qu'elle pouvait avoir sur les paroisses de Beauchery, Louan, Villegruis, Villiers-Saint-Georges, Mont-le-Pothier, Saint-Martin-Chennetron, Bousac, etc., moyennant trois cent trente livres de monnaie de France. Jean Britaud ratifia cette vente.

Par suite de cette vente et de la cession précédemment faite aux Templiers, la vicomté devait disparaître entièrement. Cependant, nous voyons ce titre reparaître plus tard, porté par les commandeurs de l'ordre de Malte, successeurs des Templiers dans la commanderie de la Croix-en-Brie et de Provins. Il y a lieu de croire que ce fut le résultat d'une usurpation. La donation de 1193 faite par Henri Britaud aux Templiers ne porte pas la cession du titre de vicomte; c'est donc à bon droit que Guillaume des Barres le rétrocéda au comte de Champagne. Du reste, les Templiers ne prirent pas la qualité de vicomtes de Provins, non plus que les premiers commandeurs de l'ordre de Malte. Ce fut Thomas Dubuisson qui prit le premier ce titre en 1369, sans doute parce qu'il occupait l'emplacement du siège de l'ancienne vicomté, et, depuis, cette usurpation s'est perpétrée dans tous les actes des commandeurs de la Croix-en-Brie.

Nous voyons encore que Jean Britaud vend en 1253 aux Dames de l'abbaye du Lys, près Melun, quatre livres tournois de cens assis sur deux cent quarante arpents de terre (la ferme du Corroy), situés à la Croix, d'un revenu annuel de cinq muids de froment, mesure de Nangis

En 1248, Jean Britaud, avant d'entreprendre un voyage sur mer, fit don à l'abbaye de Jouy de cent sols de rente pour plusieurs services anniversaires pour le repos de l'âme de lui, de sa mère et de Guillaume, son frère défunt. Dans le même acte, il reconnaît que son père a déjà fait pareil don à cette abbaye, et il désigne le péage de Nangis pour fournir les sommes données. Marguerite, sa femme, ratifia cette donation.

Nous trouvons encore une autre donation par Jean Britaud, à la même abbaye, de trente arpents de bois situés dans la forêt de Hogis, pour le repos de l'âme de ses parents et de son frère Guillaume, donation qui fut ratifiée par sa femme Marguerite, et confirmée en 1257 par le comte Thibault de Champagne.

Enfin, par acte du 3 octobre 1270, Jean Britaud donne encore à l'abbaye de Saint-Jacques de Provins, pour son prieuré de Champcenest, vingt-quatre arpents de terre et un muid d'avoine à prendre, à Champcouelle, sur la grange de l'abbé de Rebais. D'après le Père Anselme, devenu veuf, Jean se remaria, vers 1275, avec Helvide de Bormont et mourut peu après en 1278. M. F. Bourquelot place sa mort vers 1279.

La Bibliothèque nationale (fond Gaignière, n° 5467, p. 118) possède le testament de Jean Britaud en date de 1263. Il est ainsi conçu :

« *In nomine patris... Ego Johannes Britaudi, miles, notum...
ordino et facio, pro remedio animæ, meæ et Margaritæ carissimæ
uxoris meæ, et predecessorum. Lego monasterio de Joaïco decimas
libratas terræ annui redditus, apud Chamsenes, pro duo pitanciis
in die anniversoriorum nostrum. Item 200 libratas terræ annui redditus pro una missa de defunctis, pro me et Margarita, uxore mea,
et predecessoribus in perpetuum, prius nostrum obituum ubi eligimus
sepulchrum. Item domui Leprosorum de Nangiis, 50 libratas;
domui Dei de Nangiis, 50 libratas; Item Isabelli, filiæ Jacquet de
Chamsenes et heredibus 40 libratas terræ annui redditus apud Camposenes ; si religionem introierit, pro suis necessariis 20 libratas,
quandiu vixerit, et monasterio C libratas annui redditus. Ecclesiæ
de Nangiis C solidatos annui redditus apud Camposenes pro lam-
pade die et nocte.*

« *Executores : dominum Erardum de Valeriaco ; Johannem de
Carrois, milites ; dominum Guillelmum de Nangiis ; Capellanum
domini regis fratrem Henricum dictum Tuebuef, canonicum Pari-
siensem ; et fratrem Johannem de Maregniaco, monacum Joïaci.
Sigillum meum apposui et sigillum Margaritæ carissimæ meæ, et
ad petitionnem meam, Gaufridus. Abbas Joaïci, et dominus
Johannes de Carrois, miles, sigilla sua cum nostris apposuerunt.
1263 in die ascensionis domini.* »

Traduction : « Moi, Jean Britaud, chevalier, ai fait ce testament
pour le salut de mon âme et de celle de Marguerite, ma très chère
femme, et de mes aïeux. Je lègue au monastère de Jouy dix livrées
de terre de revenu annuel sur Champœnest, pour deux distributions
de vivres à faire aux jours de nos anniversaires.

« Je lègue deux cents livrées pour une messe de *requiem* à perpétuité, pour moi, Marguerite, ma femme, et mes ancêtres, et d'abord
pour notre obit là où nous choisissons notre sépulture.

« Je donne à la maison des lépreux de Nangis cinquante livrées,
à l'Hôtel-Dieu de Nangis cinquante livrées ; à Isabelle, fille de Jacquet, de Champœnest, et à ses héritiers quarante livrées de revenu
annuel sur Champœnest ; si elle entre en religion, je lui lègue pour
ses besoins vingt livrées tant qu'elle vivra, et au couvent cent livrées
de revenu. A l'église de Nangis, cent sols de revenu sur Champœnest, pour l'entretien d'une lampe de jour et de nuit.

« Exécuteurs testamentaires : Sire Erard de Vallery et Jean de
Carrois, chevaliers, Sire Guillaume de Nangis, le chapelain du roi,
Frère Henri, dit Tuebœuf, chanoine parisien, et Frère Jean de
Marigny, moine de Jouy.

« J'ai apposé mon sceau, et celui de Marguerite, ma très chère
femme, et, à ma demande, Geoffroy, abbé de Jouy, et sire Jean de
Carrois apposèrent leurs sceaux avec les nôtres, le jour de l'ascen-
sion de Notre-Seigneur, douze cent soixante-trois. »

Erardus de Valériaco, porté au nombre des exécuteurs testamentaires, était Erard, sieur de Vallery, seigneur de Marolles-sur-Seine (près Montereau), connétable de Champagne, chambrier du roi, qui suivit saint Louis à sa première croisade. Jean de Carrois était seigneur du domaine de Carrois, situé sur le territoire de Bailly. De nos jours, le château a disparu, il n'y a plus qu'une ferme. Mais le plus remarquable des personnages témoins de ce testament est Guillaume de Nangis, le célèbre chroniqueur, né à Nangis, dont les récits des événements de son temps ont été mis à contribution par tous les historiens. Sa présence à cet acte prouve combien il était apprécié de son vivant, pour que lui, simple moine de Saint-Denis, fût devenu le familier de son seigneur suzerain.

Jean Britaud ne laissa que deux filles : Philippe, qui fut héritière de ses dignités et domaines, et qui les porta dans la famille de Montmorency par son mariage, en 1260, avec Bouchard de Montmorency, et Marguerite, qui entra dans l'ordre des Sœurs mineures de Provins.

Un acte qui a longuement attiré notre attention est un testament, cité par quelques auteurs, fait en 1310 par Marguerite de Trainel, qualifiée dame de Nangis, femme de Jean Britaud, connétable de Sicile et grand-pannetier de France. Cette Marguerite de Trainel était-elle la même personne que Marguerite de Nemours, première femme de Jean Britaud ? Nous le présumons. Dans ce cas, elle aurait survécu à son mari, et le second mariage de ce dernier avec Helwide de Bormont serait apocryphe. Nous n'avons rien trouvé pour trancher cette question.

Ce qui nous a surtout frappé dans cet acte, c'est le titre de connétable de Sicile donné à Jean Britaud ; cette fois, il ne paraît pas y avoir d'erreur. Si un Britaud fut connétable de Sicile et gouverneur de Naples, ce fut Jean ; plusieurs faits viennent confirmer ce point d'histoire. D'abord Jean vivait en 1265, époque de l'expédition du duc d'Anjou ; nous l'avons vu faire son testament en 1263, longtemps avant sa mort, sans doute en prévision des dangers qu'il allait courir dans cette expédition alors en formation. Qui trouvons-nous comme premier témoin de ce testament ? Erard de Vallery, connétable de Champagne, chef déjà désigné qui devait commander l'armée du duc d'Anjou. Le gendre de Jean Britaud, dont nous parlons ci-après, prit également part à cette expédition ; sa présence y est bien constatée.

Jean, après la conquête de Naples et de la Sicile, paraît être revenu en France, laissant son gendre pour défendre les territoires conquis ; nous parlons plus loin de cette expédition et de ses suites.

La famille Britaud, qui disparaît en 1278 pour faire place aux Montmorency, portait de gueules au sautoir d'or ; son écu était gironné de douze pièces. Ses alliances et ses nombreux dons prouvent qu'elle était puissante et riche. Elle doit être considérée comme la véritable fondatrice de Nangis. C'est elle qui contribua à son prompt

NANGIS. — Église St-Martin (XIIIe siècle)

NANGIS. — Porte et Tour de la ferme de l'ancien Château

développement par ses libéralités qui appelèrent et groupèrent autour du château les populations nomades et les attachèrent à ce nouveau sol. Ce qui prouve la haute situation et le crédit de la famille Britaud, c'est l'alliance de sa dernière héritière avec un membre de la famille de Montmorency. Ces derniers, qui portaient le titre de premiers barons chrétiens, étaient à la tête de la noblesse française et jouaient déjà un grand rôle à la cour.

Les Britaud avaient pris Nangis à l'état de hameau, ils le laissèrent bourg bien constitué et jouissant de tous les organes nécessaires. Ils avaient établi les foires et marchés, avaient construit la vaste et belle église qui existe encore aujourd'hui et qui, malgré les révolutions, porte sans faiblir ses six siècles d'existence. La population avait déjà son administration particulière, et, grâce à sa charte originelle, n'avait pour ainsi dire pas connu le servage. L'église était en effet pourvue d'un clocher et d'un beffroi, ce qui établit qu'à l'époque de sa construction, Nangis était déjà constitué en commune; le clocher et la cloche étant les premiers signes distinctifs de la commune.

Il résulte du testament de Jean Britaud que Nangis était déjà doté à cette époque d'un Hôtel-Dieu et d'une léproserie enrichis par les dons de leurs fondateurs. Il jouissait donc alors de toutes les institutions qui constituaient à cette époque un bourg d'une certaine importance. Aussi désormais le nom de la Motte-Beauvoir, devenu par corruption la Motte-Beauvais, tend à disparaître, et celui de Nangis à le remplacer. Les seigneurs portent désormais le titre de sires de Beauvais-Nangis.

LES MONTMORENCY

Bouchard

[PREMIER DU NOM]

Bouchard, qui devient seigneur de Nangis par son mariage avec
Philippe Britaud, appartenait à l'illustre maison de Montmorency,
qui était déjà dans tout son éclat et toute sa puissance.. Il était seigneur de Saint-Leu et de Dueil dans l'Ile-de-France. Il brisa les
armes de Montmorency d'un franc quartier d'hermines, qui étaient
les armes de la maison de Laval, à laquelle appartenait sa mère.

Son grand-père était Mathieu II de Montmorency, connétable de
France, surnommé le Grand, qui, en compagnie de Guillaume des
Barres, avait repris la Normandie aux Anglais. Commandant l'aile
droite de l'armée à la bataille de Bouvines, il avait dégagé le roi
Philippe-Auguste, enveloppé et en danger d'être pris. En récompense, il fut fait connétable de France et autorisé à ajouter douze
alérions aux quatre que portaient alors ses armes. Le moindre des
mérites de Mathieu II fut d'avoir été grand-oncle, oncle, beau-frère,
neveu et petit-fils de deux empereurs et de six rois, et allié à tous
les souverains de l'Europe. On disait de lui que sa parenté s'étendait
d'une mer à l'autre. Toutes les têtes couronnées de l'Europe sont
descendues de ce grand homme par le mariage de Jeanne de Montmorency-Laval, l'une de ses petites-filles, avec Louis de Bourbon,
comte de Vendôme, aïeul de Henri IV.

Telle était alors la puissance de cette maison que le chef de cette
famille servait le roi dans toutes ses guerres à la tête de trente chevaliers marchant sous sa bannière; Erard de Montmorency-Laval,
d'une branche cadette, en réunissait quinze, et Bouchard, sire de
Nangis, dix. Philippe de Valois, devenu roi de France, n'en réunissait que quarante sous son guidon. (Désormaux, *Histoire de la
Maison de Montmorency.*)

Le nouveau seigneur de Nangis était le second fils de Bouchard VI de Montmorency et d'Isabelle de Laval, sa femme. Son
père se consacra, comme ses aïeux, au service du roi et suivit saint
Louis dans sa campagne de Guienne contre les Anglais. Il contribua
beaucoup au succès des batailles de Taillebourg et de Saintes, mais
il survécut peu à cette glorieuse campagne. Il mourut le 1er janvier 1243. Isabelle de Laval, sa mère, appartenait à la maison de ce

nom, l'une des plus anciennes de l'Europe, passant pour descendre en droite ligne de Charlemagne.

C'est par erreur que le Père Anselme, dans son histoire des grands dignitaires de la couronne, fait de Bouchard, sire de Nangis, le troisième fils de Mathieu III de Montmorency et de Jeanne de Brienne, sa femme; Mathieu III était son frère aîné.

Le partage de la succession de Jean Britaud fut bientôt fait. Philippe, pour l'exécution du testament de Marguerite, sa mère, « et pour le regard de pitié », donna à sa sœur Marguerite, entrée dans l'ordre des Sœurs mineures de Provins, trente livrées de terre de revenu. Tous les domaines et dignités des Britaud passèrent entre les mains de Bouchard, qui devint grand-pannetier de France.

Ce chevalier, homme de guerre comme ses aïeux, se mit au service de Charles d'Anjou, frère du roi saint Louis, et le suivit, accompagné de son beau-père, Jean Britaud, et de son frère Gui, sire de Laval, dans sa campagne pour la conquête du royaume de Naples (1265). Il dut entraîner à sa suite, dans cette expédition lointaine, tous les nobles qui marchaient sous sa bannière et ses vassaux de la Brie, tandis que Jean Britaud subvenait en partie aux dépenses de cette guerre. Bouchard, devenu l'un des principaux lieutenants de Charles d'Anjou, prit part à la bataille de Bénévent, où fut tué le bâtard Mainfroi, usurpateur du trône de Naples, et à celle d'Aquila (1268), qui devait coûter la vie à Conradin, le dernier prince allemand de la maison de Souabe.

Pendant une dizaine d'années, Charles d'Anjou put jouir paisiblement des royaumes de Naples et de Sicile. C'est alors que, pour récompenser Jean Britaud de ses secours tant en hommes qu'en argent, il le nomma connétable de Sicile et gouverneur de Naples, dignités qui passèrent sans doute à son gendre, lors du retour de Jean en France. Mais une révolution soudaine, connue sous le nom de Vespres siciliennes, vint ébranler ce trône qui paraissait si bien établi.

Le lundi de Pasques 1282, les Siciliens se révoltèrent et massacrèrent tous les Français surpris à l'improviste. A la suite de ce sanglant désastre, un nouveau compétiteur, Pierre III, roi d'Aragon, gendre de Mainfroi tué à la bataille de Bénévent, débarqua avec une armée pour faire valoir les prétendus droits qu'il tenait de sa femme, sur le royaume de Naples. Charles d'Anjou ayant fait appel à la France, Philippe III, qui avait succédé à saint Louis sur le trône, envoya une armée formidable pour secourir son oncle et venger le sang des Français traîtreusement répandu aux Vespres siciliennes. L'un des chefs de cette armée était Mathieu IV de Montmorency, neveu de Bouchard.

Pierre d'Aragon, épouvanté par l'approche de toute cette noblesse française dont la réputation de vaillance était alors si grande, eut recours à la ruse. Il connaissait les idées chevaleresques de cette noblesse; il proposa à Charles de vider leur querelle en champ clos, par un combat de cent chevaliers aragonais contre cent chevaliers français conduits par leurs deux rois. Le défi fut accepté d'enthousiasme et les hostilités suspendues. Un traité fut alors signé, qui déterminait le lieu et l'époque du combat; la date en était ajournée à six mois et le lieu choisi, Bordeaux. Bouchard de Montmorency était l'un des quarante barons qui signèrent ce traité et s'obligèrent à faire tenir au roi Charles de Sicile les conventions du combat en champ clos, promettant de l'abandonner s'il manquait à sa parole. Au jour indiqué, Charles ne trouva pas à Bordeaux son adversaire, qui n'avait voulu que gagner du temps et laisser l'armée française se dissoudre d'elle-même. La guerre recommença en Sicile plus terrible que jamais, mais la mort de Bouchard, survenue en Sicile en 1283, peut-être à la suite de la désastreuse bataille navale livrée par le fils de Charles d'Anjou, fut bientôt suivie de celle du roi Charles (1285).

Que de nobles et de soldats briards, entraînés sous la bannière de leur seigneur, par l'appât des conquêtes et des terres à distribuer, durent périr avec leur chef dans cette désastreuse expédition ! Cette guerre, qui se termina de façon si misérable, laissa non seulement de grands vides dans la population de notre contrée, mais atteignit aussi dans leur fortune les chefs qui durent en supporter les frais. Pour subvenir aux dépenses de cette expédition lointaine, Bouchard vendit une partie des domaines lui provenant des Britaud. Ainsi, à la fin du xiii° siècle, nous trouvons Fontains passé entre les mains de Guyot du Pré, écuyer, par des actes de 1290. Nous voyons aussi que le fief de Courtacon est devenu la propriété de Jean de Châteauvilain. Ces deux seigneuries, dont la dernière surtout était un fief héréditaire des Britaud, cessent de faire partie des domaines appartenant aux Montmorency-Nangis.

Bouchard et Philippe, sa femme, firent des dons à l'abbaye de Saint-Jacques de Provins, notamment de cens à percevoir sur Jean du Chatelet, et ils ratifièrent toutes les donations faites par Henri Britaud et la vicomtesse Héloïse, sa mère.

Les mêmes amortirent des héritages vendus à l'abbaye du Lys, par Gilon de Nesles, Simon de Valjouan et Jean du Chatel, et la ferme de l'Epoisse, paroisse de Fontains, vendue par Millon de l'Epoisse.

Les faits suivants tendraient à faire croire que Bouchard ne fut pas un voisin commode. En 1283, en compagnie de Simon du Chatel, seigneur de Vienne, il enleva de la ferme de la Borde, sise paroisse de Rampillon, six vaches et un cheval appartenant aux chevaliers hospitaliers de la Croix-en-Brie; puis il s'empara de vive force de la ferme de Pras, territoire de la Croix-en-Brie, et en chassa les gens des Hospitaliers, sous prétexte que ce domaine ressortait de lui et de Simon, et qu'ils en avaient la justice. Les Hospitaliers en appelèrent au roi, de qui relevaient leurs domaines, et un arrêt du bailli de Melun condamna les envahisseurs.

M. Héron de Villefosse, dans son ouvrage sur les mesures en usage dans la Brie, rapporte qu'un autre procès fut soulevé par Bouchard et Simon du Chatel contre les chevaliers hospitaliers de la Croix-en-Brie auxquels ils contestaient le droit de mesurage de blé, vins et huiles, et la perception des redevances qui en résultaient.

Le 28 janvier 1283, un arrêt fut rendu par Oudart de la Neuville-en-Hez, bailli de Sens, et Jean Chauvel, garde de la prévôté de Melun, qui déclare : « Que les Oppitaux (les Hospitaliers) avaient bien prové contre messire Bouchard de Montmorency et Simon de Vienne, chevaliers, qu'ils étaient en bonne saisine de bailler mesures à blé, à vin et à huile à leurs ostes de la Croix-en-Brie, et d'avoir eu les profits et les amendes, et d'avoir le cen sur leurs terres de Noël jusqu'à la Saint-Jean ».

Mais est-ce bien à Bouchard qu'il faut reprocher ces faits d'agression qui se passent en 1283, alors que la même année nous le voyons prendre part au traité passé entre Charles d'Anjou et Pierre d'Aragon en Sicile, où il meurt en 1284 ? Le vrai coupable me paraît être Simon de Vienne, qui était peut-être le représentant de Bouchard dans ses domaines.

Philippe survécut à son mari. Dans un acte de 1285 elle s'intitule : Philippe, dame de Nangis, jadis fille et hoire de noble homme monseigneur Jehan Britaud, et femme jadis de monseigneur Bouchard de Montmorency, et déclare réitérer la donation faite avec son mari aux Cordelières de Provins de cinquante-six arpents de bois, pour quinze livrées de terre, « parce que, dit-elle, notre sœur Marguerite est dans leur ordre ». Puis nous la voyons, dans un acte de 1289, vendre aux chevaliers hospitaliers de la Croix-en-Brie vingt et une livrées de terre à tournois, assises par prisiée de terre à la Croix-en-Brie, au paroissiage et au finage de ladite ville, en cens, rentes, mesures et autres redevances. (Titres de l'ordre de Malte, S. 5161, n° 7.)

Bouchard de Montmorency

[DEUXIÈME DU NOM]

Bouchard laissa pour héritier son fils Bouchard (deuxième du nom), seigneur de Saint-Leu, Deuil, la Motte-Beauvais et Champcenest, qui fut, comme ses ancêtres, grand-pannetier de France. Il épousa la fille du seigneur de la Houssaye. Il suivit aussi la carrière militaire et se signala à la bataille de Cassel (23 août 1328), remportée par Philippe de Valois sur les Flamands révoltés, qui furent taillés en pièces. Bouchard fut grièvement blessé dans cette bataille. A peine guéri de sa blessure, il fut envoyé par le roi en ambassade auprès d'Edouard III, roi d'Angleterre, pour le disposer à venir, comme vassal, rendre foi et hommage de la Guienne. L'adresse et l'éloquence de Bouchard amenèrent la soumission du monarque anglais, mais le prestige de la victoire de Cassel contribua beaucoup à ce succès. Il fut choisi par Charles de France, comte de Valois, pour un de ses exécuteurs testamentaires.

Nous avons trouvé de lui une transaction qu'il fit avec Pierre du Châtel en 1317, au sujet du marché et de la justice de Nangis. Voici les termes de cette transaction, qui a son importance et nous révèle les droits seigneuriaux à cette époque :

« A tous ceux qui ces présentes lettres verront, nous, Bouchard de Montmorency, et nous, Jehan, sieur du Chastel, chevaliers, salut : comme descors (discorde) ou manière de question fut meu entre nous sur plusieurs demandes, et descors que nous avions à ung à l'autre sur le débat de la justice de la ville de Nangis, et de toutes les appartenances d'icelle ville, seans dedans les hayes et boys, dessus nos terres ; sachent tous que nous, pour bien de paix, d'amiabilité et de concorde garder ensemble, de nos bonnes volontés, et par le conseil de nos amés, considérant la grande affinité et léaulté que nous debvons porter et avoir à ung à l'autre, avons accordé et ordonné, et ordonnons desdits descords en la manière qui s'ensuit :

« C'est assavoir que nous, Pierre du Chastel, aurons, tendrons à toujours, tendons à tenir et avoir, pour nous et pour nos hoirs, la justice en la ville de Nangis et tous les appartenances d'icelle, en la terre et sur la terre dudit Monsieur de Bouchard, au jour du mercredi, par raison du marché qui nous est, durera et doit durer, la justice dudit marché, depuis le mardi, heure des Vespres, jusqu'au jeudi en suyvant, environ heure de messe, excepté l'hôtel dudit Monsieur Bouchard, seant à Nangis, et les deux cours devant icelluy, ainsi comme elles se comportent, à savoir : la grange et la porte de la ville qui ferme à la tournelle, dans lesquels chastel et cours dessus dit, nous, sieur du Chastel, ne demandons ni réclamons justice ni seigneurie au jour dudit marché ni à nul autre jour.

« Item, nous, sieur du Chastel, aurons et debvrons avoir la justice, en la terre dudit Monsieur Bouchard, de toutes les personnes et de leurs biens, qui pourraient être trouvées ou sçu qui soient venuz ou viendraient audit marché de Nangis, amener denrées pour vendre ou achepter ou pour quelconques aucunes choses que ce fust. Mais qu'il fut sçu ou trouvé qu'ils vinssent audit marché réservé et tenu par devant ledit Monsieur Bouchard, la justice des hommes et des femmes, si ils étaient trouvés morts en la terre dudit Monsieur Bouchard, appartiendraient à ce dernier.

« Item, s'il avenait qu'aucunes espaves eschaissent en la terre dudit Monsieur Bouchard au jour du marché, qui despendissent ou touchassent ledit marché, elles seraient et demeureraient audit seigneur du Chastel franches et quittes, sans nul empêchement. Mais se autres épaves y eschaoient au jour dudit marché qui ne fussent ou dépendissent dudit marché, elles seraient et demeureraient audit Monsieur Bouchard, sans que le seigneur du Chastel put rien demander.

« Item, il fut accordé entre nous se (si) aucunes personnes trespassants était arrêtée en la ville de Nangis pour quelconques cas que ce fut, mais qu'ils ne fussent venus pour le marché en la terre de nous, Bouchard, dessus dit, ils nous demoureront et devront demourer pour payer et justicier de leur méfait. Et se icelles personnes étaient saisy d'aucunes denrées, et ils les offraient à vendre durant ledit marché, et ils fussent prins et arrètéz pour raison desdites denrées, ils demoureront et doivent demourer et justicier par devers nous, seigneur du Chastel, dessus nommé.

« Item, il fut accordé que si aucuns des hostes de nous, Bouchard, faisaient aucun mestier sur notre terre, durant ledit marché, justice nous en demouroit se il n'estait trouvé ou sçeu que ce fust pour aulcune chose qui apparteint ou despendist dudit marché.

« Item, il fut accordé que se aulcuns taverniers estaient reprins à vendre vin à maulvaise mesure en la terre de nous Bouchard, durant ledit marché, que nous en appartiendra la congnoissance.

« Item, il fut accordé que nous Bouchard, dessus dit, ne nos gens, ne tiendrons ni ne pourrons faire tenir nos plaidz, nostre court, ne nostre jurisdiction, en la ville de Nangis ne en terres, durant ledit marché, ailleurs que en nostre Chastel et cours dessus dits.

« Item, il fut accordé, pour le temps présent et pour le temps advenir, que les prévots et nos sergents, de nous Bouchard, et de nous sire du Chastel, en la ville de Nangis, sont et seront tenuz de faire sçavoir d'une partie et aultre que se il venait à la congnoissance des prévots ou des sergents de nous Bouchard que appartinst audit seigneur du Chastel ou deppendist de son marché aucune chose, ilz lui renvoyeraient ou rendraient, et à lui en appartiendrait la congnoissance.

« Item, il fut accordé que si aucuns justiciables de nous Bouchard fourfaisaient ou emportaient le droit dudit marché de Nangis, que nous Pierre du Chastel, ou notre sergent les pourrait prendre sur notre terre, en termes durant ledit marché ; à nous en appartiendrait la congnoissance, et se ils ne revenaient sur notre terre, nous ou nos gens les pourraient actionner ou approchier par devant les gens dudit Monsieur Bouchard ; et seu que le fait deppendist dudit marché, les gens dudit Monsieur Bouchard sont et seront tenuz à rendre iceux personnes par devant nous, sieur du Chastel, et à nous en appartiendra la congnoissance.

« Item, il fut accordé que nous Bouchard, dessus dit, ne nos gens, ne feront, ne ne pourront faire en la ville de Nangis, ne en termes durant ledit marché, cri ne ban, mais se aucuns heritaiges ou aucuns biens meubles estaient venduz, ou aucune chose, sur notre terre, nous ou nos gens pourraient faire dire en général, sans cri et sans ban, faire que quiconque aurait droit en la chose, ou aucune enchère y voudrait faire, que il fut prévenu avant.

« Item, il fut accordé que l'accord et l'ordonnance que la mère de nous Bouchard, et la mère de nous sire du Chastel, avaient accordé et faict ensemble sera tenu.

« C'est à savoir : les chemins et les frocs et aucune autre chose. Lequel accord est tel que tant le chemin et tant le froc qui sont dedans les haies et boys seront à icelluy de nous deux auquel les terres seront d'une partye et d'aultre, en laquelle terre que ce soit, soit en censive ou en aultre chose, et se y avait chemin, froc et aultre chose dont les terres ne fussent à nous Bouchard, ni à nous Pierre du Chastel, le chemin et froc ou quelconque autre chose que ce soit seraient communs tant en justice comme en proffit. Et se il y avait aucun seigneur dessus dit de nous qui eut censive ou aultre chose touchant au chemin d'une partye, et elle ne fut sienne d'aultre partye, pour ce ne s'ensuit et ne s'ensuivrait que la justice ne fust et soit en commun de nous deux ; réservé à nous, seigneur du Chastel, la justice de nostre marché en la manière comme dessus est dict.

« Item, il est accordé que durant les termes dudit marché, le mesurage et les toltes et les aultres redebvances dudit marché sont à nous, sire du Chastel, tant en la terre dudit Monsieur Bouchard, comme ailleurs dedans les hayes et boys.

« Item, il est accordé que se les gardes de nous, Bouchard, et nous, sire du Chastel, durant les termes dudit marché, prenaient aucunes personnes foraines sur les terres de nous Bouchard, il serait sceu et enquis par les gens d'iceux qui prins. Lesquelles personnes nous sommes tenus à monstrer les ungs aux aultres, sans délay, toutes les fois que l'ung en requérait l'aultre, et se lesdites personnes dient que ils viennent au marché, la justice en appartiendrait à nous, sieur du Chastel. Et se pour le marché lesdites personnes ne venaient, la justice en appartiendroit à nous, Bouchard, dessus nommé.

« Toutes lesquelles choses dessus dictes ensemble et chacune par soy, en la forme et en la manière que dessus est dict, et accordé, nous promettons l'ung à l'aultre en bonne foi, léalement garder, tenir à toujours, sur l'obligation de tous nos biens, quelque part qu'ils soient. Et quant à ce que dessus est dict, fermement garder, tenir et accomplir, nous en obligeons à ung à l'aultre, nous, nos biens, nos hoirs, et les biens de nos hoirs, pour prendre, saisir et vendre d'icelluy qui contre lesdites ordonnances, accordances et convenance yrait, ne venir ferait par quelconque justice. Ils pourraient être trouvés jusqu'à ce que lesdites convenances fussent fermement tenues et gardées, et pour coulz et pour dommages que icelluy aurait es dites convenances pourchasser ; lesquels dommaiges nous avons voulu que icelluy qui, en toutes lesdites convenances, yrait croire l'autre à son simple serment, sans aucune preuve faire.

« En tesmoincts et en confirmation des choses ci-dessus dictes, nous, Bouchard de Montmorency, et nous, Jehan-Pierre du Chastel, chevaliers, avons scellé les lettres présentes de nos propres sceaulx, desquels nous usons à présent. Données et faictes l'an de grâce mil trois cent dix-sept, le merquedy devant les brandons. »

Ce qui surprend à la lecture de cet acte, c'est de voir le marché de Nangis, qui avait été institué et possédé par les Britaud, passé des mains des seigneurs de la Motte-Beauvais en celles des sires du Chatel. Par suite de quelles circonstances s'est opérée cette révolution ? Malgré nos recherches, nous n'avons pu trouver la date de cette mutation et l'acte qui la consacra. Nous reviendrons plus loin sur ce point.

Mais ce changement, qui dut amener une certaine perturbation dans le commerce nangissien, ne paraît pas avoir été de beaucoup antérieur à l'acte précité. On sent, à la lecture de cette transaction, que le changement du seigneur ne s'était pas opéré sans froissements et sans contestations, et que les officiers des deux seigneuries n'avaient pu encore s'habituer au nouvel état des choses et se mettre d'accord sur bien des points en litige ; que, par suite, une entente était devenue indispensable pour fixer les droits de chacun et déterminer une nouvelle manière de procéder.

Il résulte aussi de cet acte que le sire de Montmorency, qui accepte le nouvel état de choses et n'élève aucune protestation contre la perte du marché de Nangis, avait remédié à ce changement en créant un nouveau marché concurrent, qui se tenait le même jour, mercredi. Ce marché se tenait dans les dépendances de son château, et présumablement dans l'une des cours d'asile qui en dépendaient et qui n'étaient pas soumises à la justice du sire du Châtel. Pendant une longue période, Nangis eut alors deux marchés le mercredi. Enfin, il y a lieu de remarquer que, depuis sa création, le marché de Nangis s'est toujours tenu comme aujourd'hui, un mercredi, et que la justice a toujours tenu son siège le même jour. Cet usage s'est perpétué malgré les changements de seigneurs qui n'ont rien modifié à ce sujet.

Bouchard (deuxième du nom) laissa quatre enfants : Bouchard, l'aîné, qui lui succéda dans ses domaines ; Guillaume et Philippe qui entrèrent tous deux dans les ordres, et furent chanoines de l'église de Meaux, et une fille, Philippe, qui épousa Jean de Mouy, et reçut en dot les terres de Gouville et de l'Apresauve. Il vivait encore en 1333.

Bouchard de Montmorency

[TROISIÈME DU NOM]

Bouchard de Montmorency (troisième du nom) fut seigneur de Saint-Leu, Deuil, la Motte-Beauvais, Champcenest et la Houssaye, conseiller et chambellan du roi. Il épousa Jeanne de Changy.

Changy était un fief situé sur la commune actuelle de Courcelles (canton de Montereau-Faut-Yonne), compris dans la seigneurie de Marolles-sur-Seine et relevant de la tour de Bray. Jeanne, qui portait le nom de ce fief, paraît avoir été la parente et peut-être la fille de Erard de Thianges, seigneur de Marolles et de Courquetaine. Ce fut par ce mariage que le domaine de Changy, et peut-être la place forte de Beaumont-en-Brie, située à Courquetaine, passèrent entre les mains des Montmorency-Nangis.

Bouchard devint grand-maître des eaux et forêts de France, et inquisiteur, pour le roi, sur tous les maîtres de cette administration. Lorsqu'il fut promu à cette nouvelle charge, il se démit de celle de grand-pannetier de France, qui passa entre les mains de Charles de Montmorency, alors chef de la branche aînée de cette maison.

Bouchard fut désigné en 1335 par le roi, avec Jean du Châtel, pour fixer les limites des justices de Preuilly et de Montigny-Lencoup. Il mourut antérieurement à 1344, et sa veuve en 1362. Ils furent inhumés tous deux à Paris, dans l'église Sainte-Catherine-du-Val-des-Ecoliers. Les Montmorency-Nangis avaient établi leur sépulture dans cette église, et avaient obtenu ce droit d'inhumation en faisant don au couvent de Sainte-Catherine du tiers des droits de rouage et de péage par terre perçus par les seigneurs de Nangis en vertu de la charte établissant le marché de cette ville, et le don des fiefs de Malnoue et des clos. Ces donations furent rachetées au XVIe siècle.

Jean de Montmorency

Son fils aîné, Jean, épousa Marguerite d'Andrezel, fille de Jean, sire d'Andrezel, chambellan du roi, mort en 1367. Cette même année, Jean et sa femme figurent dans une charte. Il mourut sans enfant le jour de la Saint-Barnabé (1379). Il fut inhumé aussi à Paris, dans l'église Sainte-Catherine.

Guillaume de Montmorency

Son frère Guillaume fut son héritier. Il était seigneur de Saint-Leu, Deuil, la Motte-Beauvais, Champcenest, la Houssaye, Changy et Champlevois. Il suivit le roi Jean dans la guerre contre les Anglais et prit part à la bataille de Poitiers où le roi fut fait prisonnier. Dans le traité de paix de Brétigny qui suivit cette défaite, le roi d'Angleterre avait exigé la remise de quarante otages pour assurer l'exécution du traité ; au nombre des otages, avec les ducs d'Anjou et de Berry, fils du roi, et le duc d'Orléans, son frère, figuraient Charles de Montmorency, chef de la branche aînée, et son cousin Guillaume, sire de Beauvais-Nangis. Ils restèrent prisonniers en Angleterre de 1360 à 1363.

Guillaume mourut le dimanche après la fête des Rois (1385) et fut aussi inhumé en l'église Sainte-Catherine. Il avait épousé Jeanne d'Andrezel, sœur de Marguerite, femme de son frère aîné. Il laissa de ce mariage trois enfants : Jean, deuxième du nom, qui lui succéda ; Jeanne, mariée à Gaucher de Thorotte, seigneur de Chastelier, puis à Eustache de Gaucourt, seigneur de Viry, grand-fauconnier de France, et Denise, dame de Saint-Leu, femme de Gaucher d'Arzillières, morte sans enfant.

Jean de Montmorency

[DEUXIÈME DU NOM]

Jean, deuxième du nom, qui avait joint aux domaines paternels celui d'Andrezel lui provenant de sa mère, avait épousé Isabeau de Villesauvètre et de Prouilly. Il mourut sans postérité en 1402. Avec lui s'éteignit la descendance masculine des Montmorency-Nangis et la famille qui avait donné à Nangis, depuis sa création, cette longue suite de seigneurs ; car si les noms ont changé plusieurs fois, ce fut par suite d'alliances.

Jean de Parois, Jean de Cramailles et Jean de Noez

Jean de Montmorency laissait pour héritières ses deux nièces, filles de sa sœur Jeanne de Thorotte, et mariées, l'une à Jean de Parois, et l'autre à Jean de Cramailles.

Ces deux derniers, à la mort de leur oncle, se hâtèrent de s'emparer de sa succession et de prendre possession de ses places fortes et domaines, puis ils offrirent de prêter foi et hommage au roi ; mais leurs prétentions furent repoussées comme contraires au droit féodal, et, à défaut de foi et hommages, tous les fiefs furent déclarés en deshérence, saisis et confisqués au nom du roi Charles VI.

Les terres de Saint-Leu et Deuil, dans l'Ile-de-France, également saisies, furent rendues par le roi à la branche aînée des Montmorency ; quant aux domaines briards, le roi ne paraît pas en avoir pris possession et en avoir disposé. Peut-être y eut-il contestation, procès ou résistance de la part des héritiers; peut-être l'état de démence du roi, la situation précaire de la France, déchirée alors par les factions des Bourguignons et des Armagnacs, ne permirent pas au pouvoir royal de faire acte d'autorité. Toujours est-il que les deux héritiers paraissent s'être maintenus dans leurs places fortes jusqu'au moment de l'invasion de la France par les Anglais. Alors ils embrassèrent le parti des envahisseurs qui reçurent leur foi et hommage, et les maintinrent en possession de leurs domaines usurpés. C'est grâce, sans doute, à ces circonstances que le château de la Motte-Beauvoir ne paraît pas avoir soutenu de siège.

Jean de Parois eut dans le partage la seigneurie de la Motte-Beauvoir, et Jean de Cramailles la forteresse de Beaumont-en--Brie, située à Courquetaine, et l'hôtel de Changart, du Marché-les-Nangis; cela résulte d'un acte de 1437 que nous rapportons plus loin.

D'après le nobiliaire de l'abbé Ythier, qui se trouve à la bibliothèque de Provins, le seigneur de la Motte de Nangis, en 1421, était Jean de Noez, écuyer, se disant en outre seigneur de la Houssaye, Andrezel, Champcenest et Villiers-Damp-Georges. Ce Jean de Noez qui s'était taillé une si large part dans la succession du dernier Montmorency-Nangis, était sans doute aux lieu et place de Jean de Parois et peut-être son gendre.

D'un autre côté, nous voyons par ce même acte de 1437, dont copie est donnée plus loin, que le fief de Changart et la place forte de Beaumont-en-Brie étaient passés vers la même époque entre les mains de Louis de Cramailles et de Michel Le Signe, chacun pour moitié. Ces deux derniers étaient sans doute les héritiers de Jean de Cramailles.

Mais lorsque Jeanne d'Arc eut relevé les courages, que Charles VII, victorieux enfin des Anglais, les eut chassés des principales places fortes de la Brie, le roi, mettant à exécution la confiscation prononcée par son père, se saisit de tous les domaines dépendant de la succession de Jean de Montmorency, et s'en servit pour récompenser les services de ses meilleurs lieutenants dans la Brie.

Il donna à Denis de Chailly, qui n'avait jamais cessé de combattre l'étranger dans notre contrée, les places fortes de la Motte-Beauvoir et de Beaumont-en-Brie, les fiefs de Changart et de Bussang et autres. Nous n'avons pu trouver la date de ces dons, mais il existe aux archives de Melun (E. 277) un acte de foi et hommage qui a dû suivre de bien près cette donation et en fut la conséquence.

Par cet acte, reçu par Jean Pasquier, écuyer, garde de la prévôté de Melun, le 3 octobre 1437, le roi Charles VII reconnaît que Denis de Chailly « lui a rendu les foi et hommages que tenuz lui estait de faire à cause des choses qui s'ensuivent et estant : de la haulte justice de la ville de Chailly-en-Bière, ainsi qu'elle s'estend et comporte par tous les lieux et terrouers d'icelle tenuz et mouvant· de nous à cause de notre chastel de Melun. De la place et forteresse de la Mote-de-

Nangis, avec la première basse-cour et fossés, et de la haulte justice moyenne et basse appartenant à icelle, et des deux parts de péage par terre avecques les droits qui y appartiennent, de trente livres ou environ de menus cens deubz à plusieurs fêtes, de dix-sept arpents de terre et quatre arpents de prés, avec plusieurs rentes de bléds et advennes, appelées les mines et mineaux, et environ trente fiefs que arrière-fiefs tenuz et mouvant à cause de ladite Mote, de environ deux cents arpents de bois assis près dudit Nangis et Hayes-de-Brie et en plusieurs autres lieux, avecques environ cinquante poules et chapons, tenuz et mouvant de nous à cause de notre dit chastel de Melun, de dix livres ung muy de blé de rente qu'il a droit de prendre sur la terre de Corroy-les-Nangis;

« De la terre et seigneurie de Montanglaut-les-Coulemiers-en-Brye, avec castel, jardins, fossés et appartenances; toute la haulte justice, moyenne et basse, avec la jurée qui est due par chacun an par les hommes d'icelle, ensemble deux estangs qui y appartiennent, tenuz et mouvant de nostre chastel de Coulemiers;

« De toute la terre qui fut et appartint à Michel Le Signe : c'est à savoir l'hostel de Changart du Marché-les-Nangis, de l'hostel de Busseaulx-en-Brie, et de toutes les appartenances quelconques de sol, hostels, que nous avons donnez audit de Chailly et nous appartenant, parce que ledit Michel Le Signe les a confisqués envers nous;

« De toute la terre qui fut à Louis de Cramailles, que pareillement lui avons donnée, et nous appartenait à cause de confiscation; c'est à savoir : les deux parts de la place de Beaumont-en-Brie, avec les terres, cens, rentes, revenus et justice appartenant audit ostel; de la moitié de l'ostel du Marchiéz-les-Nangis, et des appartenances, haulte justice, terres, prés, bois et censives tenuz et mouvant de nous à cause de nostre dit chastel de Melun, auxquels foy et homaige nous l'avons reçu, sauf nostre droit et l'autrui.

« Donné en nostre ost, devant Montereau, le tiers jour du mois d'octobre 1437 et de nostre règne le quinzième. »

Cet acte jette une grande clarté sur les faits que nous avons plus haut rapportés, et nous révèle ce qui s'est passé à Nangis pendant les désastres de l'occupation anglaise. Il nous montre également toute l'importance qu'avait déjà à cette époque la seigneurie de la Motte-Beauvoir.

Ce qui, à première vue, paraît singulier dans cet acte de 1437, et m'a occasionné bien des recherches, c'est qu'après avoir confisqué l'hôtel de Changart du Marché-les-Nangis sur Michel Le Signe, le roi paraît confisquer encore le même hôtel sur Louis de Cramailles. Ce double emploi n'est qu'apparent. Il ne faut pas confondre l'hôtel de Changart *du Marchés-les-Nangis* que détenait Michel le Signe, avec l'hostel *du Marchiez-les-Nangis* repris sur Cramailles. Le premier fief était, comme nous l'avons dit, situé dans l'intérieur de Nangis, et était formé d'un quartier de la ville; l'autre, appelé plus

tard le Marchais-les-Nangis, était un fief composé d'un manoir et
de bâtiments de culture et de terres; il était situé à l'extrémité du
vieux parc du château, en face la garenne du Moulin-des-Vignes, et
près le moulin de ce nom; ce n'était plus qu'une ferme lorsqu'il disparut vers la fin du xviiiᵉ siècle.

Que devint Nangis pendant cette longue guerre de Cent ans?
Souffrit-il autant que les autres bourgs de la Brie où la plus grande
partie des habitations étaient en ruines, où les terres sans culture
étaient retournées à l'état sauvage et recouvertes de broussailles et
de bois, où toutes les fermes étaient rasées, et la population en fuite
devant la misère et la famine ? Nous n'avons pas trouvé trace du
siège de l'un ou l'autre de ses châteaux. Les seigneurs d'alors, ayant
suivi le parti des Anglais et ouvert à ces derniers les portes de leurs
châteaux, Nangis ne connut sans doute pas les horreurs d'un siège
et d'une prise d'assaut. D'un autre côté, après leurs défaites, et les
reprises de Melun et de Provins, les Anglais ne paraissent pas avoir
résisté dans Nangis où la situation n'était plus tenable; peut-être,
grâce à ces circonstances, la ville n'eut-elle à supporter que le passage continuel des troupes et des bandes vivant de pillage.

Cependant son territoire faillit servir de champ de bataille. En
août 1429, Charles VII, accompagné de Jeanne d'Arc, revenant du
sacre de Reims, se dirigea sur Paris, et, après une tentative sur
Bray, vint camper avec son armée à Provins dont il chassa la garnison anglaise. Celle-ci, en se repliant sur Nangis, brûla Sognolles,
Lizines, Landoy et Vanvillé. L'armée française la poursuivit jusqu'à
Nangis et vint camper dans la plaine qui s'étend devant le château
de la Motte-Beauvoir, faisant face aux Anglais de Bedford qui
occupaient Nangis et offrant la bataille. Mais ce dernier refusa le
combat, ne se sentant pas en forces suffisantes, et se retira dans les
plaines de la Brie.

Denis de Chailly

Denis de Chailly était seigneur de Chailly-en-Bière; il appartenait
par sa mère, Jeanne de Villiers, à la famille de Villiers qui devait
donner encore le grand-maître Villiers de l'Isle-Adam. Son père,
Guillebaut de Chailly, maître forestier en la forêt de Bière, fut
tué au début de la guerre en combattant contre l'étranger. Denis
se leva aussi pour la défense de son pays dès le début de l'invasion
anglaise. Son premier fait d'armes connu fut la défense de Moret,
dont il avait été nommé gouverneur. Il ne fut pas heureux. Manqua-
t-il d'hommes, de vivres ou de moyens de défense? Toujours est-il
qu'il résista peu de temps et dut livrer la ville. Ce premier insuccès
lui fut vivement reproché. Mais il se jeta dans Melun avec ses
troupes et prit une part très active au siège long et meurtrier de cette
ville ; puis on le vit, par une lutte sans trêve de plus de vingt

années, venger sa première défaite. Avec Nicolas de Giresme, commandeur pour l'ordre de Rhodes de la Croix-en-Brie, il fut à la tête de la défense dans la Brie, fut de tous les sièges, de tous les combats dans cette contrée. Si les noms de Chailly et de Giresme n'ont pas dans l'histoire la notoriété des Lahire et des Xaintrailles, c'est que, tandis que ces derniers combattaient près du roi, commandaient à de véritables armées et avaient un théâtre d'action beaucoup plus vaste, nos deux héros briards, n'ayant d'autres troupes que les bandes qu'ils recrutaient et entretenaient eux-mêmes, confinés dans la province de Brie qu'ils connaissaient si bien, ne pouvaient livrer que des combats partiels et faire la guerre de surprises et d'embuscades. Mais leurs services n'en furent pas moins réels et considérables. C'est ainsi qu'ils reprirent le château de Blandy aux Anglais en 1429, Melun en avril 1430, Provins en 1432 et repoussèrent les Anglais de Coulommiers en 1433, pour ne parler que des places rapprochées de Nangis

Le roi, qui avait apprécié les services de ce hardi capitaine, lui fit plusieurs dons, même au cours de la guerre. Ainsi, par lettres royales de mars 1422, le roi déclare vouloir que Denis de Chailly, son chambellan et bailli de Meaux, tienne la ville de Crécy-en-Brie, en jouisse du revenu, jusqu'à ce qu'il lui eût payé en une fois la somme de deux mille livres. Cette somme avait été avancée par Denis pour l'entretien de ses troupes.

Par autre lettre royale de 1431 (archives de Melun, E 280), le roi octroie à Denis de Chailly, en récompense de ses services dans la guerre contre les Anglais, le droit de haute, moyenne et basse justice sur la seigneurie de Chailly-en-Bière, dont un de ses prédécesseurs avait été privé pour en avoir fait abus envers le roi. Cette justice était depuis lors jointe à celle de Melun.

Le roi avait pris en amitié ce vieux chef de routiers qu'il appelait « son amé et féal chevalier ». Outre les nombreux dons de seigneuries comprises dans l'acte de foi et hommage ci-dessus rapporté, il le nomma conseiller, chambellan, bailli de la ville de Meaux. Si on récapitule les nombreux fiefs qu'il devait à la libéralité royale, nous voyons que Denis était seigneur de Chailly-en-Bière, de Beauvais-Nangis, de Montigny, de Bourron, de Changy, de Montanglaut, de Beaumont-en-Brie. Le don viager des droits féodaux de Crécy-en-Brie lui fut confirmé par le roi en 1440. Copie de cette donation se trouve aux archives de Melun (carton E 1914).

Par cet acte, le roi Charles VII fait donation à Denis, pendant sa vie, de l'office de garde et capitaine de Crécy-en-Brie, avec les revenus et émoluments de la seigneurie, « pour acquitter, dit cette charte, la loyauté, les biens qu'il a perdus, la réduction en obéissance royale du chastel de Crécy, occupé par les Anglais, pour son pourchas qui a aussi réduit en la même obéissance plusieurs autres villes ; et IIᴹ (2000) livres tournois à lui deubes tant pour sommes avancées par lui pour ravitailler la ville de Laigny-sur-Marne (Lagny) pendant le siège des Anglais, et, en outre, II^c (200) moutons d'or et III^c (300) francs. Les II^c moutons d'or en récompense du chastel de Chinon par luy conquis sur les Anglais, où il a grandement dépensé du sien, et qu'il bailla sur le commandement royal au comte de Richemont, connestable de France, et les III^c francs payés du sien pour sa recouvrance de plusieurs aultres places, pour ses bons, louables, continuels et recommandables services, sans avoir eu du roi aulcune récompense, et les grandes pertes et dommaiges qu'il a supportés ».

Charles VII avait aussi nommé Denis gouverneur des chasteaux et hostels des fiefs du Montois. Après sa belle défense de Provins en 1437, le roi, en récompense, lui fit don de ces mêmes châteaux du Montois qui se trouvaient la plupart sans maîtres, soit que ces derniers aient péri dans cette longue guerre, soit qu'ayant suivi la fortune des Anglais, ils eussent été dépouillés de leurs fiefs. Denis, à son tour, fit don, en 1445, de la plupart de ces châteaux du Montois aux officiers qui avaient servi sous ses ordres, et qu'il avait chargés de leur défense pendant la guerre.

C'est ainsi qu'Antoine du Roux, l'un de ses lieutenants, qui avait fait une défense désespérée du château de Sigy, et avait forcé les Anglais à en lever le siège, reçut en récompense le domaine de Sigy (canton de Donnemarie), don qui fut ratifié par le roi, avec autorisation d'employer les manants du Montois pour relever le château qui n'était plus qu'une ruine. Nous verrons plus tard les du Roux de Sigy, qui ont conservé jusqu'à notre époque le domaine donné à leur ancêtre par le roi et de Chailly, contracter des alliances avec les seigneurs de Nangis.

Parmi les lieutenants de Chailly, qui furent par lui pourvus de fiefs, nous trouvons le sire de Saint-Phalle, qui reçut les domaines de Parousseau, Bourbitou, Villenavotte et Pantourtel, petits fiefs situés au centre du Montois, et peut-être aussi la seigneurie de Chalautre-la-Reposte. La famille de Saint-Phalle, implantée ainsi dans la Brie, y prospéra, et joua un rôle important jusqu'à la Révolution.

Dans cette distribution, nous voyons apparaître un nom nouveau dans la contrée, celui de Jean de Brichanteau, officier dont les services étaient peut-être peu importants, car sa part fut de peu de valeur; Denis lui donna le fief de la Millière, métairie située près de Gurcy. Il donna encore à son neveu, Jean de Hémery, commandant des hallebardiers du Montois, le château-fort de la Motte-de-Gurcy. Nous retrouvons plus loin ces deux personnages et verrons les suites de ces dernières donations. Ces dons furent faits à charge pour les nouveaux seigneurs de reconnaître qu'ils relevaient de la grosse tour de Bray, et à charge de quelques cens et honneurs au profit du donateur. C'est ainsi que les seigneurs de Pailly (Yonne), descendants de Denis, eurent des droits seigneuriaux sur certains domaines du Montois, notamment sur la basse-cour de Gurcy. (Voir Delettre, *Histoire du Montois*.)

En présence de ces dons, nous ne pouvons ne pas remarquer quelle profonde perturbation la guerre de Cent ans avait jetée dans la propriété. Combien de châteaux du Montois changèrent ainsi de maîtres, au gré de Denis de Chailly, que de fiefs abandonnés ou confisqués pour forfaiture, passèrent ainsi en des mains nouvelles sans bourse délier; combien d'anciennes familles nobles se trouvèrent ruinées; et, s'il en fut ainsi dans la noblesse, que ne se passa-t-il pas dans le peuple ? Les terres, abandonnées depuis de longues années, tombèrent aux mains du premier venu, ou récompensèrent des services de guerre. La population presque entière avait fui loin de notre contrée sans cesse sillonnée par les armées belligérantes et surtout par les compagnies, composées de gens sans aveu, qui tuaient et pillaient sans merci. Quand la guerre prit fin, on doit penser dans quel état se trouvait Nangis, lorsque après en avoir chassé les Anglais, Denis de Chailly en prit possession comme nouveau seigneur. Heureusement, la ville tombait entre les mains d'un homme influent et entreprenant, dont le nom seul pouvait rendre la confiance. Il rappela les anciens habitants disséminés et en recueillit de nouveaux, s'évertua à relever les maisons, et à rendre aux anciennes familles les biens qu'elles avaient possédés, et, grâce à l'appui de son nouveau seigneur, Nangis se releva peu à peu de ses ruines.

Il s'attacha d'abord à restaurer l'agriculture, mais il n'était plus possible aux rares possesseurs qui restaient de retrouver les limites de leurs champs. Il dut nommer des commissaires pour recueillir les renseignements et tracer au profit de chacun l'abornement des parcelles. Cette tâche fut confiée par lui à Jean Normand, Simon Pierre et Jean Meusnier, mesureurs-jurés au baillage de Melun.

Denis de Chailly avait épousé Denise Pisdoë ou Pidoux, d'origine columérienne, qui mourut le 16 mars 1442, et fut inhumée dans l'église Notre-Dame de Melun, à laquelle elle avait fait avec son mari des libéralités comme lieu de sépulture de la famille de Chailly.

Denis se remaria, étant plus que sexagénaire, avec Agnès de Moy. En 1456, il fit don aux religieux du prieuré de Saint-Nicolas des Basses-Loges, près Fontainebleau, de sa seigneurie de Changy (Avon) avec tous droits seigneuriaux, à charge de célébrer cinq messes par semaine et deux obits chaque année.

Le 31 mars 1453, il donna, en sa qualité de bailli de Meaux et Provins, des statuts aux maîtres-tailleurs de cette dernière ville. (Voir *Histoire de Provins*, par F. Bourquelot.)

Denis mourut dans un âge fort avancé, environ quatre-vingts ans, vers 1464, puisqu'il fut remplacé en 1465 comme bailli de Meaux et comme usufruitier de Crécy. Il habitait alors à Meaux l'hôtel Saint-Jean, rue du Château.

Il voulut aussi être inhumé dans l'église Notre-Dame de Melun, auprès de sa première femme, sous la même pierre funéraire. Cette pierre se voit encore en cette église; elle a été relevée contre l'un des murs latéraux. Cette dalle porte les deux effigies de Denis et de sa femme; elle a dû être gravée lors des funérailles de cette dernière dont elle indique la date du décès, tandis que celle du mari est restée en blanc. Cette lacune n'ayant été remplie ni par la famille, ni par les chanoines, cette pierre ne peut nous renseigner pour trancher la question controversée de la date du décès de Denis.

Jean de Chailly

Denis de Chailly laissait deux enfants : Jean, qui se fit chevalier de Rhodes, et Jeanne, qui épousa Mathieu, bâtard d'Harcourt, seigneur de Reugny en Touraine et de Valjouan, près Nangis. Il était fils naturel de Jacques d'Harcourt, comte de Tancarville-en-Brie. Le roi Charles VII l'avait lui-même armé chevalier en son ost devant Montereau, avant l'assaut de cette ville, en présence de Denis de Chailly dont il devint le gendre.

Par lettres royales, en date à Laon d'avril 1440, Charles VII, qui ne pouvait rien refuser à son féal Denis, déclara légitimer Mathieu d'Harcourt; ce dernier, peu après, rendit hommage au roi de ses fiefs personnels, de Valjouan, de Vienne et de Saint-Martin-en-Brie, qui mouvaient du château de Melun.

A la mort de Denis de Chailly, son fils recueillit notamment les seigneuries de Chailly et de la Motte-de-Nangis; d'autres fiefs furent la part de Jeanne d'Harcourt.

Le seul acte que nous connaissions de Jean de Chailly est une donation en date du 7 décembre 1475, au profit des chanoines de Notre-Dame de Melun, de toutes les dîmes sur ses domaines de Chailly, et d'une masure située dans la rue de la Bretonnière, à Melun, à convertir en grange dimeresse, et ce, en reconnaissance de ce que ses père et mère sont inhumés dans cette église collégiale. Les seigneurs de Chailly étaient très attachés à cette église Notre-Dame; il résulte même de titres se trouvant aux archives de Melun (E. 288) qu'ils avaient le droit de se qualifier chanoines de cette église et de prendre place dans les stalles pendant les offices.

Jeanne d'Harcourt

Jean de Chailly paraît n'avoir survécu que peu de temps à cette donation; comme chevalier de Rhodes, il n'avait pas contracté mariage et laissait pour héritière sa sœur Jeanne, qui réunit entre ses mains tous les domaines paternels.

Celle-ci, déjà veuve, était sans doute, dans les dernières années de sa vie, impotente et malade de corps ou d'esprit, car il résulte d'un acte de 1488 qu'elle avait comme curateur de sa personne et de ses biens, noble homme Anthoine de Berriet, écuyer, qui administrait ses domaines.

La guerre de Cent ans avait laissé des traces si profondes dans la contrée que, cinquante ans après la fin de cette guerre, les seigneurs discutaient encore entre eux sur les limites de leurs domaines. Pierre de Saint-Phalle, seigneur de Chalautre-la-Reposte, eut alors un débat très vif avec le curateur de Jeanne d'Harcourt, à cause de sa seigneurie de Valjouan, et le comte de Roussy comme possédant le fief de Villeneuve-l'Abbé, pour retrouver les limites de leurs seigneuries respectives.

Cette discussion se termina par une transaction « suivant acte reçu par Jean Godin, clerc-juré à Nangis, pour et en l'absence de Didier Gittard, clerc, tabellion-juré, établi de par le roi, notre sire, au tabellionage d'icelle prévoté de Melun, le 6 novembre 1488, les parties reconnurent et confessèrent que comme proces fut meu, ou espéré à mouvoir entre elles, pour raison et à cause des séparations de leurs seigneuries, et pour ce que, par la fortune des guerres, tout le pays est venu en ruines, non valoir et désolation, pour quoi on ne peut pas bien savoir et connaître les séparations, divisions, fins et limites d'icelles seigneuries. Et aussi pour avoir, nourrir et entretenir toujours paix et amour entre elles parties, ont en présence de noble homme Gilbert de Béguyeu, écuyer, seigneur de Paroy, tracé de nouvelles limites. » Ils procédèrent alors à la plantation de trois chênes sur un même point, pour marquer les limites desdites trois seigneuries. L'un de ces chênes, qui a traversé quatre siècles, existe encore à l'extrémité du bois de Gurcy, lieu dit la Croix-Durbet.

Jeanne d'Harcourt mourut aussi sans enfant, en 1496.

A son décès, la seigneurie de la Motte-Beauvais, ainsi que tous les autres domaines, furent saisis au nom du roi, comme vacants, mais deux des plus proches parents, Antoine et Jean de Vères, seigneurs d'Amillis, nés sans doute d'une sœur de Denis de Chailly, ayant demandé mainlevée de cette saisie, elle leur fut accordée. Les services de Chailly étaient encore trop récents pour qu'il y eût refus. Ces deux réclamants furent admis par le roi à foi et hommage comme héritiers de leur cousine Jeanne.

Le partage de la succession eut lieu alors entre Antoine et Jean de Vères, héritiers du côté paternel, et Etienne de Villiers, seigneur de Livry et de l'Isle-Adam, héritier du côté maternel ; nous avons vu en effet que la mère de Denis de Chailly était née de Villiers. La seigneurie de Beauvais-Nangis échut à Jean de Vères, celle de Chailly-en-Bière tomba en partage à Etienne de Villiers et resta dans la famille de ce dernier jusqu'à la fin du XVIe siècle ; la forteresse de Beaumont-en-Brie paraît être échue au même ; les autres fiefs furent la part d'Antoine de Vères.

Jean de Vères

Jean de Vères, qui tirait son nom du fief de Vères, actuellement canton de la Ferté-Alais, s'intitulait seigneur de la Motte-Nangis, de Vienne, de Valjouan, de Bailly, d'Encuens (Ancœur), de Nesles-la-Gilberte, de, Cerqueux, de Beauvoir et d'Amillis. Il avait épousé Marie de Coustes, fille de Jean de Coustes, seigneur de Nesles-la-Gilberte et d'Antoinette de Launoy. C'est dans l'héritage de ces derniers qu'il recueillit les seigneuries de Nesles et de Cerqueux qui furent vendues peu après par sa fille Marie, dont il va être parlé.

Jean de Vères laissa trois enfants : Geoffroy et Michel de Vères, et une fille, Marie, qui, le 16 août 1507, épousa Louis de Brichanteau.

Geoffroy et Michel moururent jeunes et sans enfants. Par suite de leurs décès, les domaines d'Amillis, du Corbier et de La Fosse-Bonnain, dépendant de leurs successions, furent saisis au nom de dame Germaine de Foix, reine de Navarre et d'Aragon, dame de Coulommiers, à cause d'honneurs, droits et devoirs non rendus. A ce sujet, il intervint deux ordonnances du roi François Ier, l'une en date, à Saint-Germain-en-Laye, du 9 mai 1523, donnant mainlevée de la saisie sur les terres de Geoffroy et Michel de Vères, en faveur de Marie de Vères, leur sœur; l'autre en date, à Compiègne, du 22 septembre 1527, ordonnant l'exécution de la lettre précédente concernant Marie de Vères. Par suite de ces deux décès, Marie de Vères, dame de Brichanteau, réunit entre ses mains tous les domaines dépendant de la succession de son père.

LES BRICHANTEAU

Leur origine

Avec la famille des Brichanteau, nous entrons dans l'histoire des temps modernes. Elle a joué un si grand rôle, elle a tellement contribué à la prospérité et au bon renom de la ville de Nangis, que nous trouvons utile de suspendre notre récit pour remonter à ses origines.

Les Brichanteau tirent leur extraction d'un fief de ce nom situé en Beauce, près de Maintenon, et mouvant de la terre de Villers-le-Morhier. Leur noblesse est très ancienne.

Le premier dont on trouve trace est Etienne de Brochantel, qui figure dans un aveu de 1139, puis l'on voit successivement apparaître dans les chartes :

En 1225, Robert Neptun de Brochantel.

En 1265, Robert, puis Ferry de Brochantel.

En 1331, Jean de Brochantel et Mabille, sa femme.

En 1362, Jean de Brochantel, leur fils, fait aveu de son fief à Philippe Morhier.

En 1386, un Jean de Brichantel est écuyer au service de l'évêque de Beauvais.

En 1389, Philippe de Brichantel fait aussi aveu à Etienne Morhier.

Le 13 mars 1398, nouvel aveu de ses fiefs par Beaudoin de Brichantel. Ce dernier suivit le parti des Anglais, comme Simon Le Morhier, prévôt de Paris, son oncle. En 1435, il était capitaine pour les Anglais de la tour de Venin, à Saint-Denis, lorsqu'il apprit le meurtre de Simon Le Morhier, dans un mouvement populaire ; il voulut s'échapper, mais il fut pris par la population soulevée de Saint-Denis, et massacré.

Le 7 juillet 1396, aveu par Robert de Brichantel de ses seigneuries des Granches et de Chastres, près Montlhéry.

En 1440, Jean de Brichanteau épouse Jeanne de Bourron, fille de Simon, seigneur de Bourron. On voit cette famille, par ses alliances, se rapprocher peu à peu de la Brie.

Ce Jean de Brichanteau, peut-être cadet de famille et officier de fortune, servit sous Denis de Chailly pendant la guerre des Anglais, il fut l'un de ses lieutenants dans le Montois. C'est lui qui, lors de la distribution par Denis des seigneuries du Montois, reçut en partage la métairie de la Millière, près Gurcy. Il s'attacha ensuite à Jean d'Hémery, neveu de Denis de Chailly, qui avait reçu

de ce dernier le château-fort de la Motte-de-Gurcy, et il en devint le
gouverneur. Nous le voyons, le 14 mars 1440, limiter ses biens de la
Millière avec les seigneurs de Chalautre-la-Reposte, de la Haie-
Jutard et de la Malmaison.

Son fils, Charles de Brichanteau, épousa Jeanne d'Hémery ; il
acheta le 14 juin 1486 de Gilles d'Hémery, seigneur d'Hémery et
de Sergines, son beau-frère, ses droits indivis dans la succession de
Philippe de Chailly, leur tante, dans laquelle figurait la seigneurie
de Vertron, sise sur la commune actuelle de Montacher (Yonne).
Puis, dans un partage fait avec le même Gilles, le 27 août 1487,
il reçut pour sa part, dans la succession de Hémery père, « le château de la Motte, près Provins (la Motte-de-Gurcy), qui relève du
roi, et la basse-cour de Gurcy, qui relève de la terre de Pailly
(Yonne) ». Ces domaines étaient alors plus importants par leur
étendue que par leur valeur, puisque nous les voyons plus tard, pendant la minorité d'un Brichanteau, loués avec les fiefs de Beaugui-
chet et de Poigny, moyennant 400 livres. Vers le milieu du
XVIIIe siècle, la terre de la Millière fut plantée en bois, et le nom
disparut.

En 1491, Charles de Brichanteau plaida contre les religieux de
Preuilly, relativement à leurs prétentions sur la Motte-de-Gurcy.
Son testament, en date du 19 mai 1496, nomme pour exécuteurs
Louis de Brichanteau, son fils, Jean du Roux, seigneur de Sigy,
mari de sa fille Catherine, et Louis de Saint-Phalle, seigneur de
Cudot, marié à Marie de Brichanteau, ses gendres. Il mourut
le 11 décembre 1496 et fut inhumé à Gurcy, où on lui éleva un
monument. Il laissait une troisième fille, Pernelle, épouse de Pierre
Leprince, sieur de la Bretonnière.

La famille de Brichanteau avait donc des alliances et des
domaines aux portes de Nangis lorsqu'eut lieu le mariage de Louis
de Brichanteau avec Marie de Vères ; ils étaient, du reste, cousins
par Jeanne d'Hémery, mère de Louis, et petite-nièce de Denis de
Chailly.

Louis de Brichanteau et Marie de Vères

Louis s'intitulait seigneur de Brichanteau, de la Motte-Gurcy, de
Germainville, d'Orienville, de Serville, de Vertron, de la Brosse et
de Montrigault, etc. Il avait épousé le 20 juillet 1503, en premières
noces, Agnès de Choiseul, qui mourut sans enfant, et en secondes
noces, le 16 août 1507, Marie de Vères qui lui apporta en dot les
terres d'Amilly, de Bailly, de Beauvoir, de Valjouan et de Vienne.
Mais après la mort de ses deux frères, Geoffroy et Michel, elle
réunit entre ses mains tous les biens de la famille et s'intitula dame
de Nangis, de Valjouan, de Vienne, de Bailly, d'Encuens, de
Nesles-la-Gilberte, de Cerqueux, de Beauvoir et d'Amillis.

Louis fit son testament le 15 mai 1519 et mourut peu après, en 1522. Sa veuve se remaria le 26 mai 1523 à François d'Anglure. Par suite de ce second mariage, la tutelle des neuf enfants du premier lit fut confiée à Jean de Bresne, seigneur de Bombon.

En 1532, Marie de Vères obtint de François Ier que Nangis prît le nom de ville. Ce privilège pouvait flatter l'amour-propre des habitants, mais ils le trouvèrent insuffisant pour leur sécurité.

La population de la Brie avait éprouvé les plus effroyables souffrances pendant la guerre de Cent ans, qui n'avait laissé que des ruines et arrêté pendant de longues années toute culture des champs ; et le souvenir en était encore tout vif. Nos contrées avaient enfin trouvé un peu de calme sous Louis XII et au commencement du règne de François Ier, et en avaient profité pour relever les habitations et les métairies, et remettre lentement les terres en culture, lorsque le désastre de Pavie et le commencement des troubles précurseurs des guerres de religion vinrent de nouveau jeter l'alarme. Les temps paraissaient s'assombrir ; aussi les habitants de Nangis, après s'être concertés, prirent une grande détermination.

Le 15 août 1544, il y eut une grande assemblée des habitants de Nangis, et il fut arrêté entre eux « qu'à cause de plusieurs larcins, vols, pilleries, rançonnements, violences de filles et autres efforts et violences qui se commettaient par chaque jour audit bourg de Nangis, ils demanderaient au roi des lettres de permission d'imposer sur un chacun des habitants dudit bourg, y ayant maison ou autres biens, une somme de trois mille cinq cents livres pour subvenir aux frais de fortification et de fossés dudit lieu ».

Sur cette demande, le roi François Ier, par lettres patentes qui furent enregistrées à Melun le 17 octobre 1544, autorisa la ville de Nangis à se clore et à se fortifier pour se mettre à l'abri des larcins, vols et pilleries et à s'imposer de la somme de 3 500 livres tournois.

Les habitants étaient triomphants et croyaient n'avoir plus qu'à exécuter les travaux, mais ils n'étaient pas au bout de leurs peines. L'entérinement des lettres royales provoqua une longue procédure.

Le 26 septembre 1544, intervint une sentence du bailli de Melun, qui, avant faire droit, ordonna que les habitants comparants feront apparoir le consentement de tous les habitants en général et permit de faire une nouvelle assemblée pour demander leur avis.

Le 29 septembre suivant, les habitants donnèrent procuration pour poursuivre l'entérinement des lettres du roi.

Le 19 octobre suivant, le bailli donna acte du consentement des seigneurs de la Motte-Beauvais et du Châtel à la clôture de la ville, comme aussi des protestations et des réserves élevées par ces derniers. Dans leur consentement du 12 octobre 1544, Marie de Vères, dame de Nangis, et le sire de Louviers, seigneur du Châtel, soutinrent que les travaux proposés portaient atteinte à leurs droits seigneuriaux et à leurs propriétés. En effet; le château de la Motte-Beauvais, compris dans la future enceinte, se trouvait coupé de son parc; et d'un autre côté l'accès du château ne se trouvait plus libre de jour et de nuit.

Les habitants, comprenant qu'ils ne pourraient triompher de l'opposition des deux seigneurs, entrèrent en composition avec eux; il y eut un rapprochement et la transaction suivante intervint entre la dame de Nangis et les habitants :

« Par-devant Jean Bellanger et Richard Saussoy, notaires royaux à Nangis, le Chatel et es environs, furent présents en leurs personnes : vénérable et discrète personne Me Denis Gcdin, prêtre, curé de Boissise-le-Roi et vicaire de Nangis; honorable homme Claude Chaudet, Pierre Sauvaige, Nicolas Cressin, Michel Noël, Michel Fleury, Jean Dalenson, Louis Pelletier, Claude Testallaut, Gilles Gesu, Martin Le Coq, François Arnoul, Remond Sauvaige, Nicolas Hadrot, Etienne de la Serve, Jean Pigré, Jean Prévot, Jean Rischer l'aîné; Denis Gillier, Jean Lambert, Antoine Cerveau dit de Saint-Brisson, Guillaume Dumondé, Jean Dumondé, boucher; Jean Canat, Etienne Truchon, Etienne Menard, Louis Camelin, Sébastien Guyot, Pierre Hardy, Pierre Chatelain, Mathieu Grillon et Jean Goussart, tous manants et habitants dudit bourg et village de Nangis, faisant et représentant la plus grande et saine partie des habitants dudit lieu; disant qu'ils ont obtenu lettres du roi, notre sire, afin de pouvoir faire faire clore et fortifier ledit bourg et village de Nangis, desquelles lettres ils demandaient et requéraient l'entérinement par-devant M. le bailli de Melun ou son lieutenant, à l'encontre de noble dame Marie de Vères, dame dudit Nangis, Vienne, Valjouan, Fontains, Bailly, Nesles, Serqueux, Arcis, Beauvoir et Admillis, veuve de feu messire François d'Anglure, en son vivant chevalier, seigneur vicomte d'Estoges, baron des baronnies de Boursault et Givry-en-Argonne, conseiller chambellan du roi, notre dit seigneur, gouverneur de Mouzon, capitaine de cinquante hommes d'armes des ordonnances dudit seigneur, et des ville et chatel de Sainte-Ménéhould, laquelle dame aurait empêché l'entérinement d'icelles pour plusieurs raisons par elle alléguées, et voyant par iceux habitants qu'ils ne sauraient faire clore ledit bourg et village dudit Nangis sans le congé et consentement de ladite dame, et que le château, lieu seigneurial et maison-forte que ladite dame a audit Nangis, qui est franche, libre et sans aucune subgestion ni servitude à ladite dame, ne soit comprise dedans l'enclos et circuit que lesdits habitants entendent faire.

« A ces causes, lesdits habitants, de leur bonne volonté et sans contrainte aucune, ont promis et promettent, en consentant par icelle dame l'entérinement desdites lettres, par-devant M. le bailly et son dit lieutenant, purement et simplement, sans aucune charge ni condition, ce nonobstant qu'eux et leurs hoirs, successeurs et ayant cause, à toujours, seront tenus et à ce se sont obligés et obligent par ces présentes :

« D'entretenir à toujours les ponts et chaussées es endroits des grands chemins et passages où ils feront faire fossés, portes et ouverture de terre, jusqu'à une toise outre lesdits ponts, fossés et ouvertures de terre, tant dehors que dedans seulement, en sorte que toutes personnes, denrées et marchandises, tant de cheval, harnais que à pieds y puissent sûrement passer et repasser pour raison du péage dudit Nangis, à ladite dame appartenant, lequel s'étend tant audit lieu de Nangis que plusieurs autres lieux circonvoisins.

« Item, qu'ils ont promis et seront tenus faire une porte bonne et convenable au lieu et endroit où il leur sera montré par ladite dame, ou autre pour elle, laquelle servira pour l'aisance dudit château et maison-forte de ladite dame seulement, et de laquelle icelle dame, ou ses gens étant dedans ledit château, auraient les clefs en leur possession.

« Item, que en faisant faire ladite cloture, fossés et circuit, ils seront tenus et ont promis enclore le lieu de la Bretonnière dedans le circuit de ladite ville qu'ils entendent faire et es autres endroits passer par les lieux les plus commodes, ainsi qu'il y sera avisé ci-après par ladite dame ou commis pour elle et lesdits habitants.

« Item, que ci-après ils ne pourront rien entreprendre pour les affaires d'icelle ville et gouvernance d'icelle, comme à créer procureurs, échevins, gardes des portes, et autres choses qui concernent les droits préhéminences de ladite dame, comme dame du lieu, sans y appeler icelle dame en son château audit Nangis, ou son procureur, ou commis pour elle, et sans son consentement.

« Et aussi de récompenser ladite dame des dommages et intérêts qui lui pourraient être faits en faisant ladite clôture et fortification ; et que, en défaut de ce faire et accomplir par iceux habitants, ladite dame les pourra royaument et de fait contraindre à ce faire, et empêcher la clôture fortification, et perfection d'icelle ville comme auparavant ledit consentement par elle fait de l'entérinement desdites lettres. Et aussi l'ont voulu, promis et accordé les dessus dits habitants, si, comme ils disaient, promettant, obligeant et renonçant.

« Fait et passé par-devant nous notaires soussignés, l'an mil cinq cent quarante-quatre, le seizième jour du mois de mars (16 mars 1545, nouveau style). Et nous notaires soubsignés promettons entretenir les choses ci-dessus dites. (Signé) Bellanger et Saussoy, notaires, avec paraphes. »

Le même jour, 16 mars, intervint une ordonnance du bailli de Melun, ordonnant de produire les lettres patentes et de les faire entériner.

Le 23 mars 1544 (1545) intervint enfin une sentence du bailli, Jacques le Vigneron, qui prononçait l'entérinement des lettres du roi.

Et enfin, le 8 avril 1545, le même bailli nommait le seigneur Dalençon, procureur des habitants de Nangis, pour la recette et l'administration des deniers nécessaires à la clôture de la ville.

Il y eut plus tard une nouvelle transaction entre le seigneur et la ville de Nangis, en date du 9 avril 1589, qui fut ratifiée par sentence rendue le 12 mars 1617, par Pierre Caillau, seigneur de Courtenain, bailli de Nangis.

En 1577, la clôture n'était sans doute pas achevée, car les habitants se pourvoient auprès du roi Henri III pour être autorisés à s'imposer de 1 293 livres restant sur la levée de 3 500 livres précédemment autorisée, et ce, pour la continuation des fossés et murs de la ville. Sur cette nouvelle demande intervint un arrêt conforme du Conseil du roi en date du 8 mars 1577.

Bien en prit aux habitants de Nangis d'avoir décidé cette mesure énergique, et de l'avoir menée à bonne fin, car ils évitèrent ainsi de sanglants désastres. Les Nangissiens qui, de nos jours, ont vu remblayer ces pauvres fossés, réceptacle d'immondices, à moitié comblés, ne peuvent se figurer à la suite de quelles alarmes continuelles et de quelles souffrances leurs ancêtres se sont décidés à creuser à leurs frais cette faible défense, et quels services elle a rendus.

Les guerres de religion n'avaient pas tardé à éclater, mettant les populations aux prises, et la France à feu et à sang. Si nous nous reportons aux mémoires du curé, Claude Hatton, qui vivait à cette époque, nous voyons qu'aux fêtes de Pâques 1563, les habitants de Nangis, Rampillon, la Croix-en-Brie, et de tous les villages voisins, coururent s'enfermer dans Provins avec famille, bestiaux et récoltes, fuyant l'approche des reîtres, appelés par les protestants. La clôture de Nangis n'était sans doute pas terminée alors. Ce fut une fausse alerte, les reîtres ayant changé de direction.

Dèjà, en 1560, l'église de Vanvillé avait été détruite par les protestants. En 1562, le prince de Condé, n'ayant pu surprendre Provins, se retira sur Coulommiers, en brûlant au passage Cucharmoy et Saint-Just.

En 1567, ce fut plus terrible; l'armée protestante, vaincue à Saint-Denis (le 10 novembre 1567), fut rejetée sur la Brie. Elle pilla Montereau, Bray et Nogent-sur-Seine, et menaça Provins, défendu par du Roux de Tachy, qui força les huguenots à se retirer. Ces bandes brûlaient sur leur passage les monastères et les églises. Elles brûlèrent le prieuré et le clocher de Voulton et pillèrent Villenauxe-la-Grande. Une bande détachée pour renforcer la garnison protestante de Bray-sur-Seine, dévasta au passage Chalautre-la-Petite et en détruisit l'église, ainsi que celle de Chalmaison, dont elle massacra le curé, Jean Pesloë, vieillard de 70 ans.

Une autre bande de 1 500 huguenots vint camper à la Croix-en-Brie qu'elle mit au pillage, maltraitant les habitants et emmenant les prêtres prisonniers à rançon.

Le 15 août 1572, les habitants du Montois et des pays voisins, qui n'avaient pas versé dans le protestantisme, firent, après la Saint-Barthélemy, chanter un *Te Deum* pour remercier Dieu de les avoir délivrés des huguenots. Cette guerre impie, suscitée par l'ambition des grands seigneurs et entretenue dans les masses par l'appât du pillage, avait jeté la terreur dans tout le pays, même chez ceux qui étaient restés étrangers aux querelles religieuses. Hélas! ces troubles devaient durer encore longtemps.

Le passage des troupes royales était aussi néfaste que celui des protestants. Le 9 août 1574, la reine-mère, allant à la rencontre de Henri III, qui revenait de Pologne, traversa avec ses troupes la Brie et le Montois; les soldats d'escorte pillèrent au passage Rampillon, Vauvillé et Landoy.

Le 25 novembre 1576, ce fut le tour des protestants. Un corps de troupes, détaché de l'armée du prince de Condé, surprit Rampillon pendant la nuit; les maisons furent pillées, les femmes violentées, l'église saccagée. Le lendemain, après avoir mis le feu aux habitations, les pillards regagnèrent Mormant où était le principal corps d'armée.

Provins avait été pillé en 1572 par une troupe de huguenots commandée par le seigneur de Beauchery. En 1578, le clergé de Provins adresse des remontrances au roi, constatant que Rampillon et Courlon venaient encore d'être pris et pillés.

Puis vinrent les troubles de la Ligue. En 1581, le capitaine Beaulieu, chef d'une bande de vagabonds, jette la terreur autour de Provins et dans le Montois. Les troupes du ban de ces contrées parvinrent à exterminer cette bande en la poursuivant jusqu'à Joigny. En 1582, Villeneuve-les-Bordes fut pillée et son église incendiée.

En 1584, neuf cents pénitents blancs, hommes et femmes et enfants, allant de Paris vers Provins, causèrent de grands dégâts dans les villages se trouvant sur leur passage.

Provins, tombé au pouvoir de la Ligue, est pris en 1590 par le duc de Longueville, chef de l'armée royale, puis repris d'assaut par le duc de Mayenne en octobre 1590, et enfin se rend à Henri IV le 4 septembre 1592. S'il retrouva alors du calme, il ne revit jamais sa splendeur passée.

Henri IV, puis Richelieu, avaient pacifié le pays, mais la minorité de Louis XIV amena les troubles de la Fronde; ils furent sanglants et désastreux pour notre contrée. Ce fut surtout dans la Brie qu'évoluèrent les trois armées en présence, celles de Condé et du duc de Lorraine, et les troupes royales commandées par Turenne. Le pays, à trente lieues à la ronde de Paris, fut de nouveau pillé, brûlé et rançonné.

Ces troupes quoique ennemies s'entendaient parfois très bien pour piller. En juin 1652, les troupes royales, commandées par le maréchal de la Ferté-Sénectère, vinrent camper dans les plaines de Vimpelles, après avoir pillé sur leur passage Chalautre, Sourdun, Jutigny, Chalmaison, Everly et autres villages. D'un autre côté, les soldats lorrains avaient forcé le pont de Bray, et tous pillaient de conserve le Montois. Les troupes du ban de Nangis et du Montois marchèrent contre eux pour en débarrasser la contrée. Le 28 juin 1652 ils les joignirent campés sur la voie de Chantemerle, près Vimpelles, ayant leur droite appuyée au fort d'Heurtebise, et leur gauche à celui de la Pescherie. L'attaque fut rude, mais à la fin de la journée, l'aile droite des ennemis fut coupée et acculée à la Seine. Les Lorrains durent, dans la nuit, repasser le fleuve au gué de Chatenay, mais non sans avoir pillé l'abbaye de Preuilly.

L'armée du duc de Guise menaça Provins qui se racheta moyennant trois mille livres. Le duc opéra sa retraite en pillant et brûlant les villages et les églises au nord de la route de Nangis. Le ban du Montois, posté à Vanvillé et appuyé au château de ce village, l'empêcha de ruiner le pays au midi de cette route. Il se retira sur Mormant en évitant Nangis, mais non sans avoir pillé et ruiné encore une fois Rampillon.

Que devenait Nangis pendant cette sanglante époque, tandis que les armées et les bandes de partisans évoluaient autour de lui ? Faut-il croire que ses fossés en imposèrent aux bandes de pillards qui préféraient se jeter sur les villages ouverts, et que, grâce à leurs nouvelles défenses, les habitants purent traverser sans trop souffrir cette longue période de troubles ? Toujours est-il qu'aucune chronique ne fait mention de la prise et du pillage de Nangis. Ses habitants ne durent pas alors regretter les lourdes charges qu'ils s'étaient imposées, surtout en voyant autour d'eux tous les villages dévastés et pillés, principalement Rampillon qui n'avait pas pu terminer sa clôture. Si Provins est riche en vieilles chroniques, il n'en est pas de même de Nangis. Aucun habitant n'a songé à transmettre à la postérité les événements qui se sont passés dans ses murs pendant cette sombre époque; est-ce le cas de répéter le vieil adage : « Heureux les peuples qui n'ont pas d'histoire... » ?

Nous avons groupé, pour les rendre plus saisissants, les tragiques événements qui, pendant les guerres de religion et la Ligue, ensanglantèrent ce coin de la Brie, et se passèrent aux portes de Nangis, bien abrité derrière ses fossés. Revenons en arrière et reprenons notre récit à l'époque où nous l'avons interrompu.

Marie de Vères, par un premier testament en date du 30 juin 1527, avait donné la Motte-de-Nangis, avec le Buisson et Montrimble, à Claude d'Anglure, son fils du deuxième lit, mais deux ans après elle révoqua cette donation pour que tous ses biens fussent partagés entre ses enfants des deux lits selon la coutume. Par son dernier testament, en date du 13 mars 1553, elle donna à Nicolas de Brichanteau, son fils aîné, le domaine de la Motte-Nangis, Ecuens (Encœur), Bailly-le-Buisson, les Clozeaux, la Psauve, les Loges Villerot, Corbenant, Vienne, Montrimble et Amillis, et demanda à être inhumée à Saint-Antoine-d'Estoges, près de son deuxième mari, dont la mort fut antérieure à 1545, puisqu'elle était déjà veuve lors de la transaction avec les habitants de Nangis, rapportée plus haut. C'est donc à tort que l'*Almanach de Seine-et-Marne*, dans sa notice sur Dagny, donne le 1er avril 1554 comme date de la mort de François d'Anglure.

Marie de Vères mourut à Amillis le 20 août 1554; son cœur fut inhumé en l'église de Nangis, et son corps en l'église d'Estoges.

Outre Nicolas, dont nous parlerons ci-après, elle laissait de nombreux enfants :

Jean, mort en bas âge.

Crespin, né en 1514, qui fut sous-prieur de l'abbaye de Saint-Denis. Ce fut un prêtre de mérite. Il fut choisi pour être confesseur du roi François II, qui lui donna l'abbaye de Saint-Vincent de Laon, et le fit nommer en 1559 à l'évêché de Senlis; mais ce prélat mourut en 1560, avant d'avoir pris possession de son siège. Il fut inhumé en l'église de Nangis, où il avait été sacré évêque. Avant la Révolution, on voyait dans la chapelle des seigneurs une dalle très richement ornée qui portait cette inscription :

« Cy gist révérend Père en Dieu, Crespin de Brichanteau, docteur en théologie, évêque de Senlis, abbé de Saint-Vincent de Laon, confesseur et conseiller du roi François II, lequel trépassa le XIII jour de juin MDLX, priez Dieu pour son âme. »

Michel et Claude, morts enfants.

Geoffroy, qui se fit chevalier de Malte et fut tué au combat de Zoara en Barbarie, le 14 août 1552.

Marie, qui épousa le 25 mai 1525, Gilles d'Anglure, puis Louis de Billy.

Anne et Jeanne, mortes enfants, et Geneviève, religieuse aux Dames du Montcel, près Saint-Maixant.

Et de son second mariage :

Jean Saladin, mort enfant, et Claude d'Anglure, qui eut dans la succession de sa mère le domaine de Beauvoir, près Mormant.

Dans le Bulletin de la Société de l'histoire de Paris, 1893, M. E. Goyecques, dépouillant les minutes de Jean Crozon et Pierre Crozon, notaires à Paris, signale une minute du 6 mai 1522, contenant : « Marché entre Jean Lemoine, tombier à Paris, rue Saint-Jacques, à l'enseigne du Lion d'or, et Marie de Vères, dame de Beauvais et Nangis-en-Brie, veuve de Louis de Brichanteau, sieur du lieu, de Gurcy et de Vertron, pour l'exécution d'une tombe de liais, de sept pieds de longueur et trois et demi de largeur, figurant un homme d'armes entre deux piliers remplis d'images; à ses pieds, un levrier; sur sa tête, un tabernacle garni d'un Abraham et de deux anges; un écusson aux quatre coins; livrable en Grève ou à la Tournelle, moyennant quatorze livres tournois. » Ce monument devait être transporté par bateau à Montereau, et, de là, à Gurcy.

A la Bibliothèque nationale, collection de Champagne, manuscrit tome 25, f° 335 (1554) se trouve l'épitaphe de Marie de Vères, qui est dans la chapelle des seigneurs de Nangis :

« Cy gist le cueur de deffuncte et puissante dame Marie de Vères, en son vivant dame de Nangis, Vienne, la Croix-en-Brie, Valgouën, Fontains, Bailly, Nesles-la-Guilberde, Serqueulx, Amillis, Dagny, Montanglost, Beauvoir, Arcis, et du fief de Tancarville, laquelle a eu deux maris :

« Le premier, haut et puissant seigneur Mre Loys de Brichanteau, en son vivant, chevalier-seigneur dudit lieu, et de Vertron, Gurcy, Chalautre, Pugny et Everly.

« Le second, haut et puissant seigneur Mre François d'Anglure, aussi en son vivant chevalier, seigneur, vicomte d'Estoges, et capitaine de cinquante hommes d'armes.

« Laquelle décéda au lieu d'Amillis le vendredi, 20e jour du mois d'août mil VCIIII. Son corps est inhumé dans l'église d'Estoges. Priez Dieu qu'il en ait l'âme. »

Dans la même collection de Champagne, à la Bibliothèque nationale (volume 25, page 333) se trouve la copie de l'épitaphe du petit Saladin d'Anglure, qui est dans l'église de Nangis, à l'entrée de la chapelle de la famille de Brichanteau, sur une tombe où est la figure d'un enfant au maillot :

« Cy gist noble personne Jéhan Saladin, fils de noble homme Mre François d'Anglure, vicomte d'Estoges, baron et sieur de Boursault et de Givry-en-Argonne, et de dame Marie de Vères, sa femme, dame de Nangis, Valjouën, Beauvais, Amillis, Nesles, Serqueux et Arcis, trépassé à l'âge de trois mois, le 3 octobre 1530. » (Voir M. Maurice Lecomte, *Notes sur Nangis*.)

Nicolas de Brichanteau

Nicolas, fils aîné de Louis et de Marie de Vères, naquit le 30 juin 1510. Ce fut lui qui commença la réputation militaire de la maison de Brichanteau.

Il servit près de trente ans dans la compagnie des ordonnances du roi, sous les ordres d'Antoine de Bourbon, depuis roi de Navarre, et prit part à toutes les guerres de la fin du règne de François Ier et sous ses successeurs. Il fit campagne surtout dans les Pays-Bas, défendant le nord de la France contre les invasions des armées de Charles-Quint ; il se signala dans la défense de Thérouenne et dans les sièges de Landrecies et de Boulogne.

Il fut nommé en 1553 gentilhomme de la chambre du roi, et en août 1557, capitaine de cinquante hommes d'armes. Le 3 mars de la même année, il fut nommé commandant de la ville de Guise, et gratifié d'une pension de 2 000 livres. Il fut fait chevalier des ordres du roi à Poissy, le jour de Saint-Michel 1560, et enfin nommé au commandement de la ville de Tours en juillet 1562.

Il prit une part active dans l'armée royale aux guerres de religion qui ensanglantèrent la France à cette époque, et fut gravement blessé à la bataille de Dreux, le 19 décembre 1562, où il commandait la cavalerie royale, et resta prisonnier. Sa rançon fut de 3 000 écus. Il se retira à Nangis pour soigner sa blessure, mais elle l'emporta le 11 des calendes de septembre 1564; il était âgé de 54 ans. Il fit un testament en date du 19 août précédent, et fut inhumé en l'église de Nangis, où l'on voyait son tombeau.

A la même bataille de Dreux périt, à la fleur de l'âge, son neveu, René d'Anglure, baron de Givry et comte de Tancarville-en-Brie, petit-fils de Marie de Vères et de François d'Anglure, son second mari.

Nicolas laissa la réputation d'un capitaine audacieux et habile. Moréri, dans son *Dictionnaire généalogique*, dit de lui : « Homme qui avait beaucoup de courage et de prudence, et savait très bien la guerre. » On a trouvé de lui un jeton frappé en 1558, portant cette devise : *Quod semel assumpsit, nunquam demisit*, c'est-à-dire : « Ce qu'il prit il ne le rendit jamais ». N'est-ce pas là l'équivalent du « J'y suis, j'y reste » du maréchal de Mac-Mahon ?

Il assista en 1558 à la rédaction de la coutume de Melun dont Nangis ressortait.

Un chroniqueur de l'époque, André Thevet, en son ouvrage intitulé *Portrait des hommes illustres*, et dédié au roi Henri III, n'hésite pas à placer Nicolas au nombre des meilleurs officiers du roi, et s'exprime ainsi à son égard dans le langage ampoulé et boursouflé de l'époque :

« Je m'esbahis de quelques-uns de nos historiens qui, parmi leurs discours et longs narrés, ne font retentir que les glorieux exploits de ceux qui, avancés es grandeurs, ont fait de grandes choses; mais de particulariser la spécialité des faits magnanimes de ceux qui n'étaient connétables, grands-maîtres, ducs ou grands, ils en ont fait conscience. Telle considération a certainement fait que je me suis déporté d'icy entasser plusieurs éloges. Mais aussi quand j'ai trouvé personnages qui méritaient, je me suis estendu. Du nombre desquels j'entends que soit le seigneur de Beauvais, les gestes duquel si nous considérons, nous trouverons qu'en toutes sortes, il est fort recommandable.

« Il était si adroit aux armes, qu'à l'âge de dix-huit ans, au tournoy qui se fit à Paris pour la reine Eléonore, il porta l'un des plus roides chevaliers de France par terre, et en tombant se froissa une jambe. Par la continue de ses martiaux exploits, s'acquist-il telle réputation, qu'il était tenu pour l'un des plus gaillards et dispos seigneurs de France. Cela fit qu'en l'année 1536, le comte de Marle, qui depuis fut roi de Navarre, le fit guidon de cinquante hommes d'armes qui lui avaient été donnés, dignité qu'il méritait bien pour avoir souvent fait preuve de sa personne en maints endroits, même en la présence d'icelui seigneur. La hardiesse n'était-elle pas grande d'être entré dans Thérouenne, assiégée par le comte de Bure, lieutenant de l'empereur Charles-Quint, où il fit trois non pareilles et très hasardeuses saillies en l'année 1537. En la première fut prins le sénéchal de Hainaut et Frédéric de Melun, maître de l'artillerie des Bourguignons. En la seconde, sachant que Claude d'Annebaut, admiral de France, venait pour lui donner secours, et lequel y fut prins, il sortit avec quinze chevaux, passa au travers du camp de l'ennemi, et tua neuf ou dix capitaines allemands. En une autre se trouva ledit sieur de Beauvais, près Guinegatte, où furent défaits beaucoup de gens de pieds. L'an 1542, il se trouva aussi à la prise de l'Andrecy, et, depuis, au ravitaillement d'icelle ville, à la prinse de Trélon, Glaion et Couvins. Durant le siège de Boulogne, en l'an 1544, Monsieur de Vendôme s'en alla sur l'advenue du camp des Anglais, où notre guerrier de Brichanteau eut charge de mener tous les coureurs, qui chargea si brusquement et de si près les Bourguignons, que la plupart d'eux demoura sur la place, d'où il rapporta un los incroyable tant envers les Français que les Bourguignons, qui redoutaient grandement sa présence et magnanimité. N'est-ce pas lui qui fut cause aussi de la prinse de trois pièces d'artillerie avec les munitions de tout leur camp? Si très fort était-il redouté au camp ennemi que les plus hardis d'entre eux, entendant le vent de sa furieuse approche, aimaient beaucoup mieux faire largue, et laisser fendre la presse... », etc. (A. Thevet, livre V, chapitre 69.)

Nous arrêtons notre citation sur cette phrase par trop hyperbolique, et tirons de ce récit la preuve que jusqu'au milieu du XVIᵉ siècle, les seigneurs de Nangis portaient encore le titre de sires de Beauvais, ce qui n'est pas de nature à favoriser les recherches.

Nicolas avait épousé, le 15 mai 1539, Jeanne d'Aguerre, et eut d'elle cinq enfants :

1° Antoine, l'aîné, dont nous parlerons ci-après ;

2° Claude, mort en bas âge ;

3° Marie, mariée le 8 mai 1571, à Claude de Beaufremont, seigneur de Sénecey, auquel elle apporta en dot la terre d'Amillis, huit mille livres, et une rente de deux mille livres. Cette dame mourut en 1614, laissant deux filles, Catherine, veuve de Jean de Vieuxpont, et Madeleine, mariée à Cléry-Adrien de Vergy, comte de Champlitte, gouverneur et lieutenant-général de Bourgogne.

4° Madeleine, morte en bas âge ;

5° Et Françoise, qui épousa, le 18 août 1580, Louis de Lhospital, marquis de Vitry, seigneur de Coubert, le même qui fut gouverneur de Meaux pour la Ligue et livra cette ville à Henri IV.

Elle fut mère de deux maréchaux de France, le maréchal de Vitry et le maréchal de Lhopital, qui laissèrent une grande réputation militaire. Elle mourut à Coubert le 6 janvier 1640.

Antoine de Brichanteau

Antoine, né le 6 janvier 1552, embrassa, comme son père, la carrière militaire et passa une grande partie de sa vie aux armées. Il fut d'abord guidon dans la compagnie du grand-prieur de France. Il prit part au siège de Mucidan, à la bataille de Moncontour et au siège de Saint-Jean-d'Angély.

En 1571, il se laissa entraîner, comme la jeunesse d'alors, dans une sorte de croisade, et accompagna le duc de Mayenne dans sa campagne contre les Turcs. En 1573, il suivit le duc d'Anjou, qui venait d'être nommé roi de Pologne, pour l'installer sur son trône; mais le roi Charles IX étant mort, laissant la couronne de France à son frère, le duc d'Anjou, Antoine contribua à faire évader ce dernier de la Pologne, et à le ramener en France (1574).

Il fut alors nommé maistre de camp et colonel du régiment de Picardie; se signala aux combats de Bois-Commun et de Dormans contre les reîtres allemands. En 1576, le roi lui donna le régiment des gardes. Il prit part, sous les ordres de Mayenne, à la campagne de 1577 contre les religionnaires, prit Nesles en Poitou et fit le siège de Brouage.

En 1579, il fut envoyé en ambassade près le roi de Portugal et fut fait conseiller du roi le 14 juillet de la même année. Il combattit les troubles de la Ligue, et commandait les troupes royales au cimetière Saint-Jean, à Paris, dans la journée des Barricades (1588).

Il fut désigné par le roi Henri III pour assister aux Etats généraux de Blois, et député aux mêmes Etats par la noblesse du bailliage de Melun. D'après les mémoires de son fils, il aurait été prévenu la veille du projet de tuer le duc de Guise, et l'aurait vivement combattu. Il croyait le complot abandonné, lorsqu'il apprit le lendemain matin le meurtre du duc.

Antoine fut pourvu de la charge d'amiral de France par lettre datée de Blois du 20 février 1589, dans laquelle le roi le qualifie de « cher et bien aimé cousin ». Cette charge, qui avait été tenue par Coligny, allait de pair avec celle de maréchal de France.

Antoine, fervent catholique, avait passé une grande partie de sa carrière militaire à combattre les protestants et leurs alliés les Allemands, mais, lorsque la cour traita avec les huguenots, il se jeta dans la Ligue et se joignit au duc de Guise. Cette manière de protester faillit lui être fatale, d'après le récit suivant que nous trouvons dans les mémoires de son fils.

Le parti de la cour ayant appris par un marchand de chevaux que l'amiral devait partir tel jour de Nangis pour rejoindre l'armée du duc de Guise, résolut de lui tendre une embuscade, et de le capturer mort ou vif. Une escouade des quarante-cinq, gardes du corps du roi, fut envoyée dans ce but. Ces derniers s'embusquèrent à la Croix-en-Brie, à l'angle de la Garenne, sur le bord du chemin que devait suivre leur victime. Mais après avoir attendu vainement toute la matinée, ils allèrent aux informations, et apprirent que l'amiral était passé dans la matinée en suivant la sente de Vienne. Ils poursuivirent ce dernier jusqu'à Villiers-Saint-Georges sans pouvoir le rejoindre. Ce ne fut que plus tard qu'Antoine connut le danger auquel il avait échappé.

Les habitants de Nangis ne versèrent pas dans les idées nouvelles du protestantisme et restèrent attachés à la religion de leurs ancêtres. L'influence de leur seigneur n'y fut peut-être pas étrangère.

Après le meurtre de Henri III, Antoine s'attacha à la fortune de Henri IV, son successeur, se mit à la tête de cent vingt gentilhommes briards et se rendit au siège de Paris, où il fut mis dans le régiment du comte de Soissons. Il se trouva aux sièges de Chartres, de Rouen et autres villes, et suivit le roi de 1590 à 1592 à la tête de gens d'armes qu'il entretenait à ses frais.

Le 2 janvier 1592, il fut fait chevalier des ordres du roi, et fut reçu le 7 janvier 1595. Mais il tomba alors en disgrâce pour n'avoir pas voulu servir sous d'Epernon ; il fut obligé de se démettre de sa charge d'amiral et refusa l'ambassade de Rome et le gouvernement du Bourbonnais qu'on lui offrait en compensation.

Cependant, en juillet 1598, il obtint des lettres patentes du roi créant quatre foires chaque année à Nangis, outre celle existant déjà, savoir : la première, au jour de la mi-carême ; la deuxième, le premier jour de mai ; la troisième, le quatrième jour de septembre, et la quatrième, le vingt-cinquième jour de novembre, pour durer, chacune desdites foires, trois jours.

Après la mort de Henri IV, Antoine assista au sacre de Louis XIII, à Reims, en 1610, et obtint enfin, en novembre 1612, en récompense de ses longs services à la cause royale et des énormes sacrifices qu'il s'était imposés, des lettres patentes du roi portant érection de ses terres en marquisat de Nangis.

Les Brichanteau qui déjà, par leur seul mérite, s'étaient placés parmi les premiers de la noblesse de la Brie, devinrent par cette érection l'une des premières familles nobles de la contrée. Désormais, les noms de la Motte-Beauvais et de Beauvais seul disparaissent tout à coup complètement ; il ne sera plus question que des seigneurs de Nangis et du château de Nangis.

Est-ce à cette époque, et par suite de la création du marquisat, qu'Antoine, pour occuper ses loisirs pendant sa disgrâce, fit reconstruire le château de Nangis ? Nous n'avons trouvé aucune pièce pouvant indiquer l'année de cette transformation. Nous penchons à croire que ces travaux eurent lieu quelques années plus tard par suite de l'ordonnance que fit rendre Richelieu, le 31 juillet 1626, ordonnant le démantèlement de tous les châteaux-forts féodaux. Ce fut l'arrêt de mort de tous les vieux castels. Le donjon de Nangis dut être rasé; on n'en conserva que les soubassements et les tours d'angles, et sur le terre-plein fut élevé, dans le style de l'époque, le château dont une aile existe encore.

Le vieux marquis fut encore député de la noblesse du bailliage de Melun aux Etats généraux de Paris en 1614. Il mourut à Nangis le 9 août 1617. Il avait épousé, le 19 février 1577, Antoinette de La Rochefoucauld, dame de Linières, fille de Charles de La Rochefoucauld, de la branche des La Rochefoucauld-Barbezieux, lieutenant-général au gouvernement de Champagne et de Brie, et grand-sénéchal de Guyenne, et de Françoise Chabot, fille de Philippe Chabot, seigneur de Brion, amiral de France. Antoinette de La Rochefoucauld apporta en dot trente mille livres et la baronnie de Linières, avec les seigneuries de Meillan, Bénégon, Mareuil, Frolois, situées dans le Bourbonnais, d'une valeur de quatre mille livres de revenu. Elle mourut le 5 mai 1627, après avoir donné à son mari quinze enfants :

1° Henri, 2° Charles, 3° Antoine, morts tous trois en bas âge;

4° Nicolas, devenu l'aîné et dont nous parlerons ci-après;

5° Jean, mort en bas âge;

6° Philippe, baron de Linières, chevalier des ordres du roi, capitaine des Suisses, marié à Claude de Meaux, dame de Boisboudran. Il fut la souche des Brichanteau, seigneurs de Boisboudran. Il mourut à Paris le 2 mars 1639; son cœur fut inhumé en l'église de Nangis, *in sepulchro patribus*, dit l'acte dressé par le curé Maussoyer, et son corps inhumé à Linières;

7° Françoise-Marie, non mariée;

8° François, baron de Gurcy et de Bénégon. Il prit du service dans l'armée du duc de Savoie et mourut en 1656. Il fut la souche des Brichanteau, barons de Gurcy;

9° Benjamin, évêque et duc de Laon, et abbé de Sainte-Geneviève. Il succéda sur le siège de Laon, en 1612, à Geoffroy de Billy, son parent (descendant de Louis de Billy que nous avons vu épouser, en 1525, Marie de Brichanteau) et mourut le 13 juillet 1619, laissant, dit Moréri, la réputation d'un prélat de grand mérite. Il fut inhumé en l'église Sainte-Geneviève où l'on voyait son tombeau.

10° Philibert, abbé de Saint-Vincent de Laon, succéda à son frère comme évêque de Laon et abbé de Sainte-Geneviève;

11° Alphonse, chevalier de Malte, fut tué à la prise de Saint-Maur en Barbarie, le 26 mai 1625;

12° Charles, chevalier de Malte, fut tué dans un combat livré près de Saragosse, entre les galères de Malte et les galiotes de Bizerte, le 26 juin 1625. Un monument lui fut élevé dans l'église de Nangis : il disparut à la Révolution;

13° Antoine, abbé de Barbeaux et d'Escurrey, mort en 1638.

14° Antoinette, qui épousa Renaud de la Roche-Aymon ;

15° Et Lucie, qui épousa, le 16 février 1618, Claude de Régnier, baron de Guerchy, dont la famille avait possédé la seigneurie de Vaux-le-Pénil, près Melun. Ils furent la souche des Guerchy, que nous verrons plus tard recueillir l'héritage des Brichanteau, lors de l'extinction de la maison ; extinction que cette nombreuse lignée ne laissait guère prévoir.

C'était cette nombreuse famille que représentait la fresque qui entourait la chapelle des marquis dans l'église de Nangis.

Nicolas de Brichanteau

[DEUXIÈME DU NOM]

Nicolas (deuxième du nom), marquis de Nangis, baron de Meillan et Charenton et autres lieux, fut chevalier des ordres du roi, capitaine de 50 hommes d'armes, puis maréchal de camp, et conseiller au Conseil d'Etat et privé. En réalité, il passa la plus grande partie de sa vie dans la retraite et dans une disgrâce complète. Il n'avait pas su pressentir à la cour la fortune de Richelieu et s'était attaché au prince de Condé ; Richelieu ne lui pardonna jamais et le traita toujours en ennemi. Il tenta vainement d'obtenir quelque emploi à la cour, il ne fut que capitaine des toiles de chasse du roi, maigre fonction que son père avait conservée dans sa disgrâce. Il obtint cependant, le 5 août 1636, le commandement de la ville de Laon, et, le 25 juin 1641, le commandement de la ville de Troyes.

Aux archives de Melun se trouve une déclaration, faite par Nicolas, des nobles personnages habitant sur ses domaines et des fiefs qui relevaient du château de Nangis. Cette déclaration, en date du 3 août 1635, fut faite sur une ordonnance de Richelieu qui, venant de faire déclarer la guerre à la maison d'Autriche, avait besoin d'officiers et voulait connaître les gentilshommes qui n'étaient pas aux armées Si les nobles ne payaient pas l'impôt, en revanche ils étaient soumis, en tous temps, au service militaire, et Richelieu n'était pas homme à permettre des infractions.

Cette déclaration, fournie au bailli de Melun, faisant partie du rôle du ban et de l'arrière-ban dressé par Jacques Riotte, président du bailliage de Melun (B. liasse 507), est ainsi conçue :

« Roolle des nobles demourant en dedans des terres deppendantes du marquisat et baillage de Nangis, ensemble des fiefz qui en relèvent, les dictz fiefz extraictz et tiréz de l'adveu et dénombrement fourny au roi par feu Mre de Beauvais-Nangis, le dixième jour de febvrier, l'an mil cinq cent soixante et dix-neuf.

« Premièrement, les nobles et gentilshommes sont :

« Robert de Blond, escuyer, sieur de Boispoussin, à Fontains; son fief dudit Boispoussin relève du Chastel.

« Jacques Dollet, escuyer, sieur de Courmignoust, en la paroisse de Bailly, demeurant audit Nangis.

« Claude Caillau, escuyer, sieur de Courtenin. Son fief de Courtenin consiste en maison manable, grange, estables, court, jardin et accin, avec soixante de douze à quinze arpents de terres labourables, dont on rend deulx boisseaux et demy de bled froment l'arpent, mesure de Nangis, suivant la déclaration dudit sieur de Courtenin.

« Le sieur Damours, demeurant en son fief, terre et seigneurie de la Borde des Montilz, en la paroisse de la Chapelle-d'Arablay. (Cette seigneurie des Bordes-des-Montilz ne serait-elle pas le domaine actuel des Moyeux qui aurait changé de nom?)

« Nicolas Adenet, escuyer, sieur de Paroy, demourant en la paroisse dudit Nangis, tient sondit fief.

« Damoiselle Hélye de Saint-Paul, veuve de feu Charles, en son vivant escuyer, sieur d'Assy, demourante audit Nangis, n'a point déclaré qu'elle ayt aucun fief deppendant dudit marquisat de Nangis.

« Estat des aultres fiefz relevant dudit Nangis, dont les propriétaires ne sont demourant au dedans des seigneuries dudit Nangis :

« Premièrement, le fief, terre et seigneurie de Grand-Brizon, sis en la paroisse de la Croix-en-Brye, où y a moyenne et basse justice et droitz de cens. Il y une fermière dans le lieu.

« Idem, le fief de Closfontaine appartenant aulx religieux Chartreux de Paris, où y a moyenne et basse justice avec cens. Jehan, notaire, demourant audit lieu, en est fermier.

« Le fief de Chantemerle, deppendant de la Boulaye, paroisse de Closfontaine, appartenant à Jehan Tardif, advocat à Paris. La veuve Jehan Moreau en est fermière et demeure à ladite Boulaye.

« Idem, le fief du Presbytaire dudit Closfontaine, tenu par Me Thomas Cocherel, prebstre curé dudit lieu y demeurant.

« Idem, le fief d'Enfer, aultrement appelé Villemarie, en la paroisse dudit Closfontaine, appartenant au Sr de Morin, à cause de sa femme, auparavant veuve de feu noble homme Me Pierre Duboys, vivant lieutenant général au siège présidial de Provins. Ledit Sr de Morin demeure audit Provins, et ledit fief est tenu par Estienne Hadrot, fermier demeurant audit lieu. Il y a moyenne et basse justice avec droitz de cens audit fief.

« Duquel fief dépend un aultre fief appelé le Petit-Enfer, qui appartient au Sr Duru avec le fief de Chantemerle, près ledit Closfontaine, contenant six arpents de terres et six arpents de boys, appelé le bois des balliveaux, tenu aussi par ladite Moreau, fermière.

« Item, le fief du Petit-Brizon, appartenant au Sr de Rocquemont, sis en la paroisse de la Croix-en-Brye, dont Thomas Poisson est fermier, demeurant dans ledit fief.

« Item, le fief de Tournebœuf, sis en la paroisse de la Chapelle-d'Arablay, tenu par le Sʳ de Boirond, à cause de sa femme, auparavant veuve de feu Mᵉ Estienne Danyau, demeurant à la Chapelle-Gaultier.

«Item, le fief du Mez, en la paroisse de la Chapelle-d'Arablay, où y a haulte, moyenne et basse justice, cens et rentes seigneuriales, appartenant à Bordier, advocat en parlement, demeurant à Paris, auquel fief est demeurant Estienne Desnot qui en est fermier.

« Duquel fief sont tenus en plein fief, le fief de la Charmée et le fief de Bois-Peleux, appartenant à l'enfant myneur de deffunct Mᵉ Jacques Charlot, vivant Esleu à Melun; il y a haulte, moyenne et basse justice avec droitz de cens et rentes seigneuriales. François Buret est fermier, demeurant à ladite Charmée.

« Item, le fief et seigneurie du château du Pré et Fontenailles, appartenant à Claude de Brunfay, escuyer, seigneur de la Courouge et dudit Fontenailles. Il y a haulte, moyenne et basse justice avec droitz de cens et rentes seigneuriales. Laurent Boyer en est fermier, demeurant audit lieu du château du Pré.

« Le fief de Cornillon, sis en la paroisse de Fontains, appartenant à Louys de Crillan, escuyer, seigneur de la Brosse–Moceaux. Marthe Mousset en est fermier.

« Item, le fief de l'Hostel du Pré, sis en la paroisse de Chartrettes, où y a moyenne et basse justice.

« Item, le fief de Bressoy, en la paroisse de Mormant, avec moyenne et basse justice, et ung autre fief avec vingt-cinq arpens de terre, sis entre Bombon et Lady, le tout appartenant à Mʳᵉ le général Lefebvre.

« La moitié du fief de Courtelle en la paroisse de Mormant, avec moitié du Chastel.

« Item, le fief de Courtery (Courtry) avec haulte, moyenne et basse justice, duquel fief est tenu en plein fief, le fief de Massoris (Massouris) Auquel fief de Courtery il y a un autre fief de deux arpents de pré. Cela appartient à M. le marquis de Sourdis.

« Le fief de Milly-lez-Melun avec moyenne et basse justice.

« Le fief d'Ailly, tenu par le sieur Donnoy, ou ses héritiers, contenant IIII ˣˣ dix arpents de terre et préz assis entre les Granges et Milly-près-Melun.

« Item, le fief de Maincy, qui est la plus grande partye dudit lieu et villaige de Maincy, appartenant à Mʳᵉ le marquis de Sourdis.

« Item, un fief assis à Pecy, appelé la Fontenelle, qui se consiste en terres et prez, appartenant à Mʳᵉ de Beaulieu.

« Item, un fief assis à Chasteaubleau, appelé la Grande-Maison de Chasteaubleau, avec six vingt arpents de terre et prez, et dix solz de menus cens dont Rémy de Grandrue, demeurant audit Chasteaubleau en tient partie; il peult scavoir ceulx qui tiennent le reste.

« Item, le fief des Mautresses, paroisse de Nangis, appartenant aux Célestins de Marcoussis, où y a moyenne et basse justice, droitz et censives, et autres fiefs qui relèvent, notamment le fief de Chantemerle. Eloy Gervais demeurant aux Mautresses en est fermier.

« Item, le fief de Ponmellin, appelé les Petites-Mautresses, où y a moyenne et basse justice avec censives et autres fiefs en relevant. Ledit fief de Ponmelin appartient aulx enfants myneurs de deffuntz Nicolas Ryotte et de Me Pichon de Melun. Anthoine Guilvert en est fermier.

« Il y a encore plusieurs autres petits fiefz desquels on a peu de cognaissance; pour lesquels la propriété n'est déclarée au greffe dudit Nangis, quoyque nous l'ayons fait publier es églises de leurs paroisses, notamment à la Croix-en-Brie, Closfontaine, Bailly, Fontenailles, Fontains, la Chapelle-d'Arablay et audit Nangis. Ce que nous, procureur fiscal et greffier au baillage dudit Nangis, soubzigné, certifions vray, et ne pouvoir donner les valleurs des revenus des fiefs ci-déclarés. Faict le troisième jour d'aoust, l'an mil six cent trente-cinq (signé) Dumond. »

Cette longue liste ne comprend pas les fiefs qui étaient la propriété du seigneur de Nangis et constituaient le marquisat, mais seulement ceux qui, appartenant à des tiers, relevaient du château de Nangis et devaient au marquis foi et hommage et sans doute aussi des redevances. On voit que ces droits seigneuriaux s'étendaient sur beaucoup de domaines entourant la seigneurie de Nangis, et dont plusieurs étaient assez éloignés, comme Courtry, Chartrette et Maincy

Nicolas avait épousé en premières noces, le 15 septembre 1612, Aimée-Françoise de Rochefort, fille de Anne de Rochefort, seigneur de Moreuil et de Croisette, en Berry, d'une famille d'origine bourguignonne, descendant du chancelier de Louis XI. Le grand-père de la mariée, Claude de Rochefort, avait été tué en 1557, à la bataille de Saint-Quentin, et son aïeul, Jean, premier écuyer tranchant de François Ier, avait été fait prisonnier avec lui à la bataille de Pavie.

Le contrat de ce mariage se trouve aux archives de Melun (B. 434, page 149). Il présente un certain intérêt à cause des personnages qui y figurent, nous révélant quelles alliances avaient les Brichanteau dans la haute noblesse de France.

Cet acte, en date du 5 octobre 1612, reçu par Jehan Le Camus, notaire à Paris, constate comme présents, du côté du marié : ses père et mère, l'évêque de Laon et le baron de Gurcy, ses frères;

La princesse Marguerite Chabot, dame d'Elbeuf, cousine, veuve du prince Charles de Lorraine, duc d'Elbeuf, comte d'Harcourt, de Lillebonne et de Rieux, pair, grand-écuyer et grand-veneur de France;

Messire François de la Baume, comte de Montrevel, lieutenant général des armées, cousin ;

Messire Jacques, comte de La Rochefoucauuld, seigneur de Chaumont, maître de la garde-robe de Sa Majesté, cousin maternel ;

D⁰ Françoise de Brichanteau, tante paternelle, dame de Vitry, veuve de messire de l'Hospital, marquis de Vitry, capitaine des gardes du corps du roi, gouverneur de Meaux..

Du côté de la mariée :

Messire Antoine d'Aumont, comte de Châteauroux, gouverneur de Boulogne et du Boulonnois, cousin ;

Messire Jacques d'Aumont, baron de Chappes, gentilhomme de la chambre du roi, prévôt de Paris, cousin ;

Messire Philippe Hurault de Chiverni, seigneur du Marais, évêque de Chartres, cousin ;

Messire Louis Hurault de Chiverni, comte de Limours, cousin, et dame Isabelle d'Escoubleau, son épouse;

Messire Charles de la Baume, marquis de Rostaing, cousin par sa femme Anne Hurault de Chiverni.

Ces trois derniers fils et gendre du comte de Chiverni, chancelier de France.

La clause des apports de ce contrat est ainsi conçue :

« Ledit Sʳ de Rochefort donne à sa fille la terre et seigneurie de Moreuil, sise au baillage d'Issoudun, avec les bois qui en dépendent, ainsi que les forges et bois qui ont été distraits de la terre de Croisette, sauf réserve de l'usufruit au seigneur de Rochefort de la moitié des fruits de ladite terre. Ladite donation faite d'icelle terre pour la part que ladite demoiselle, future épouse, peut prétendre es biens et succession de la defuncte dame, sa mère, jusqu'à la somme de quatre-vingt-trois mille livres; de laquelle somme entrera en la communauté desdits époux quatorze mille livres.

« Ledit seigneur de Beauvais-Nangis et la D⁰ Antoinette de La Rochefoucauld, son épouse, ont fait don au futur époux, leur fils, de la terre et seigneurie de Nangis, avec ses dépendances : Bailly, la Chapelle-d'Arablais, Closfontaine, Vienne, Corrois, le Marchais, Malnoue et les Clos. Ladite terre donnée franche de toutes dettes, excepté des droits et devoirs seigneuriaux, et de cent livres de rente foncière non rachetable, due au couvent de Sainte-Catherine-du-Val-des-Ecoliers, de Paris, et 600 livres de rente dus au prieur dudit couvent pour le prix desdites terres de Malnoue et des Clos acquises desdits sieurs de Sainte-Catherine.

« Ledit seigneur de Nangis donne, en outre, au futur époux la terre et seigneurie de Meillan, sise en Bourbonnais, ensemble la baronnie de Charenton et de Chandueil, réservée la coupe de bois de haute futaie que le donateur se réserve pour une fois. Ledit sieur époux assure à sa femme un douaire de 3 000 livres de revenu avec une habitation en la terre de Meillan. »

Cet acte nous apprend qu'Antoine de Brichanteau s'était dépouillé de son vivant de toutes ses seigneuries au profit de son fils aîné Nicolas, espérant sans doute que ce dernier, devenu marquis de Nangis, réussirait mieux à la cour ; mais ces projets d'avenir devaient se heurter à la volonté hostile de Richelieu.

Nicolas eut de sa femme, Aimée de Rochefort, six enfants :

1° François ;

2° Charles ;

3° Claude-Alphonse, qui tous trois furent successivement marquis de Nangis ;

4° Antoinette, mariée à François de l'Hotel, marquis d'Escos, seigneur de la Chapelle-Gauthier et de Landoy, qui laissa deux fils : François-Gaston, marquis d'Escos, colonel du régiment d'Artois, marié à Elisabeth de Flécelles de Brégy, et Philippe-Bernard, chevalier de Malte. Devenue veuve, Antoinette se remaria, le 8 janvier 1657, avec Philibert Sbire de la Motte-Seurlin ;

5° Anne, religieuse à Provins, dans la Congrégation de Notre-Dame. Elle était assistante à la supérieure, lorsqu'en 1688 eut lieu la bénédiction de la nouvelle chapelle de cette communauté ;

6° Et Madeleine, religieuse au même ordre.

Retiré à Nangis, Nicolas occupa ses loisirs en écrivant ses mémoires, connus sous le nom de *Mémoires du marquis de Nangis* : « Des favoris français depuis Henri II. » La Société de l'Histoire de France les a fait réimprimer au cours du siècle dernier. Ces mémoires ne sont, en réalité, qu'une longue lamentation sur la disgrâce qui a frappé si injustement son père, et sur l'oubli dans lequel le laisse la tenace rancune de Richelieu.

Nicolas perdit sa femme en 1638 ; son acte de décès, dressé par Maunoyer, curé, est ainsi conçu :

« Le samedi, dix-septième jour de septembre, fête de la dédicace de l'église de Nangis, mourut au château dudit lieu, après quatre heures du soir, haulte et puissante dame Aymée-Françoise de Rochefort, épouse de hault et puissant seigneur, messire Nicolas de Brichanteau, conseiller du roi, chevalier de ses ordres, elle était âgée de 44 ans seulement. Son corps fut honorablement inhumé dans sa chapelle, le dimanche dix-neuf du courant, à quatre heures du matin, (signé) Maunoyer. »

Voyant sa carrière brisée sans espoir, Nicolas voulut lancer jeunes ses fils à la cour. Il fit ce que son père avait fait à son égard. Pour l'aider à figurer, il donna à François, son fils aîné, son marquisat de Nangis, Fontaine (Fontains), Bailly, la Chapelle-Arablais, Closfontaine, Vienne, Montrimble, Carrois, Marchais, Malnoue, les Clos, Lizine, Sognolles et Brichanteau-les-Chartres, et vécut dans la retraite, retiré à Paris dans l'hôtel Saint-Denis, près l'hôtel de Guise.

Il s'était remarié, le 16 décembre 1640, avec Catherine Hennequin, dame de Champœnest, veuve de Charles de Balzac, seigneur de Dunes, et de César de Balzac, seigneur de Gié. Cette dame mourut quelques années après, le 9 juin 1644, à l'hôtel Saint-Denis, à Paris, paroisse de Saint-Nicolas-des-Champs. Son corps fut inhumé à Nangis, dans la chapelle seigneuriale, et son cœur porté à Champcenest.

Nicolas vit encore ses vieux jours empoisonnés par les décès successifs de ses deux fils aînés.

Nous avons vu dans la ferme de la Poste, à Maison-Rouge, une pierre carrée, incrustée dans le mur d'une bergerie et portant cette inscription :

I. H. S. M. I. O. S. E. P. H.

« Haut et puissant seigneur messire Nicolas de Brichanteau, chevalier des ordres du roi, conseiller en ses conseils d'état et privé, marquis de Nangis, baron de Lignières, Meillan, Mareuil, Frolois, etc. Fait le 23 avril 1643. »

Cette pierre provient de la démolition des bas-côtés de l'église de Lizines. Elle rappelait que ces bas-côtés avaient été construits en 1643 par Nicolas, qui avait acheté récemment cette seigneurie et celle de Sognolles.

François de Brichanteau

François, né le 4 octobre 1618, prit le titre de marquis de Nangis, du vivant de son père, par suite de la donation à lui faite par ce dernier. Il fut cornette des chevau-légers, mestre de camp d'un régiment d'infanterie connu sous le nom de Nangis. Le 27 août 1640, il fut nommé mestre de camp du régiment de Picardie, maréchal de camp le 13 juin 1643, et enfin conseiller du roi le 27 février 1644.

Il épousa, le 24 février 1644, Marie de Bailleul. Voici, du reste, ce que le curé de Nangis consigna à ce sujet dans son registre des mariages, bien que la cérémonie ait eu lieu à Paris :

« Le mardi 24 février 1644, à dix heures du matin, et ce dans la deuxième semaine du carême, fut marié par dispense hault et puissant seigneur François de Brichanteau, marquis de Nangis et maréchal de camp du régiment de Picardie, fils de messire Nicolas de Brichanteau, marquis de Nangis, et de défunte dame Aymée-Françoise de Rochefort, ses père et mère, et madame Marie de Bailleul, fille de messire Nicolas de Bailleul, président à mortier, chancelier de la reine régente, et son intendant des finances de France, et de dame Elisabeth Marie Maillier, ses père et mère. Icelui mariage fut célébré dans l'église des Pères de la Mercy, anciennement appelée la chapelle des Braques, proche l'hôtel de Guise à Paris, par le ministère de messire Pierre de Maillier, révérendissime évêque de Troyes et abbé de Saint-Père à Melun. (signé) Maunoyer. »

Ce mariage devait être de bien courte durée. François, ayant dû rejoindre son régiment qui prenait part à la guerre dans les Flandres, fut tué au siège de Gravelines le 14 juillet de la même année, cinq mois environ après son mariage. Nous laissons encore la parole au curé Maunoyer qui a relaté cet événement sur son registre des décès :

« Le mercredi 20 juillet, on célébra le quarantain de feue madame Catherine Hennequin, marquise de Nangis, décédée à Paris le 9 juin précédent, et le même jour on reçut la triste nouvelle de la mort de messire François de Brichanteau, marquis de Nangis, mestre de camp du régiment de Picardie et maréchal de camp de l'armée, pour lors au siège de Gravelines, auquel lieu il fut tué, autour de neuf à dix heures du soir, d'un coup de mousquet à l'œil gauche, étant sur les tranchées. Son corps fut amené à Nangis avec pompe et solennellement inhumé en l'église de Nangis, dans la chapelle seigneuriale, le lundi 25 du courant, autour huit à neuf heures du soir, non sans de grandes lamentations publiques, un chacun regrettant la mort d'un si gracieux, et sy tot; car alors, il n'était âgé que de 25 ans, 9 mois et 12 jours. Madame Anne d'Autriche, reine régente en France, lui fit célébrer un service solennel dans l'église de Paris. Et le lendemain de son inhumation, on en a célébré un en l'église de Nangis, où il y avait grande assemblée de prêtres et de religieux, et aussi toute la noblesse circonvoisine. Le tout selon les ordres de noble homme Nicolas Caillau, écuyer, seigneur de Courtenain, maître-d'hôtel de la reine régente, et bailli de Nangis, lequel avait toute charge de messire Nicolas de Brichanteau, père dudit seigneur défunt, restant du jour à l'hôtel Saint-Denis, à Paris. (signé) Maunoyer. »

Suivent l'épitaphe du jeune seigneur et des vers latins composés en sa mémoire par le même curé. Puis il ajoute :

« Et le mardi, 23e jour d'août 1644, fut célébré en grande munificence le quarantain de messire François de Brichanteau, décédé ainsi qu'il est dit ci-dessus. Il y eut plus de 60 prêtres séculiers et au moins 25 religieux, tant de la Mercy, des pénitents de Bréau, Carmes, Cordeliers et Jacobins. Y assistaient aussi M. l'abbé de Preuilly, messires de Chenoise, des Aulnois, des Montjay et plusieurs autres seigneurs et gentilshommes, damoiseaux et damoiselles. Il y eut chapelle ardente. Les prêtres officiaient à la grande nef, où il y avait des bancs disposés. La grande et dernière messe fut célébrée par moi, ainsi que ci-devant en pareille circonstance; et l'oraison funèbre dudit seigneur marquis fut prononcé par le Révérend Père Castaigne, commandeur des Pères religieux de la Mercy-les-Che-noise, lieu anciennement appelé Notre-Dame des Ermites. Et après, on célébra et chanta un *Libera* sur la sépulture ; et à sept heures du soir, on fit encore des prières à l'intention du seigneur défunt ; sur ce, prie Notre-Seigneur avoir pour agréable (s'il lui plaît). Ainsi soit-il. (Signé) Maunoyer. »

Sa veuve, Marie de Bailleul, qui ne lui avait pas donné d'enfant, se remaria au marquis d'Huxelles et fut mère du maréchal d'Huxelles. Elle mourut en 1712, à l'âge de 86 ans, et toucha pendant 70 ans six mille livres de douaire des marquis de Nangis.

« C'était, dit Saint-Simon, une femme de beaucoup d'esprit, qui avait eu de la beauté et de la galanterie, qui savait et avait été du grand monde toute sa vie, mais point de la cour. Elle était impérieuse et s'était acquis des droits d'autorité. Des gens d'esprit et de lettres s'assemblaient chez elle, où elle soutenait une sorte de tribunal très décisif. »

Charles de Brichanteau

Charles, deuxième fils de Nicolas, était abbé de Barbeaux. A la mort de son frère aîné, il rentra dans la vie civile, mais il ne paraît pas avoir suivi la carrière militaire de ses ancêtres.

Par acte du 16 mars 1648, Nicolas, son père, lui donna à son tour le marquisat de Nangis, tel qu'il avait été donné à François ; et, par un autre acte du 29 juillet 1652, il ajouta à cette donation les terres de Mareuil-en-Berry, Meillan, Charenton, Pont-Dix, et Mareuil-en-Bourbonnais.

Charles, qui avait alors pris le titre de marquis, épousa, le 23 mai 1650, Marie Le Boutheiller de Senlis, fille de messire Le Boutheiller de Senlis, comte de Moncy, et de dame Isabelle de Prunelay. Ce mariage fut également de courte durée ; Charles mourut deux ans après, sans enfants, au château de Nangis, le mardi 16 avril 1652, à l'âge de 29 ans. Il fut inhumé le lendemain dans la chapelle seigneuriale en l'église de Nangis.

Claude-Alphonse de Brichanteau

Il ne restait plus au vieux marquis Nicolas, qui vivait encore, qu'un fils, Claude-Alphonse, né le 21 décembre 1632, et baptisé à Nangis sous le nom de Claude seulement. Il ne se rebuta pas, et, par acte de 1652, il donna pour la troisième fois, à ce dernier fils, son marquisat et les terres précédemment données à ses frères. Claude était âgé de vingt ans lorsqu'il accepta cette donation.

Nicolas survécut peu à tous ces deuils, il mourut le 4 février 1654, et fut inhumé dans l'église de Nangis, en la chapelle seigneuriale, sous le marchepied sur lequel il avait coutume de se tenir lorsqu'il assistait aux offices. Il ne vit pas la fin tragique et prématurée de son troisième fils ; la mort lui épargna ce dernier coup.

Claude recueillit, dans la succession de son frère, la commande de l'abbaye de Barbeau. Il fut aussi mestre de camp du régiment de Picardie et gouverneur de Ham. Il commanda six ans le régiment de Picardie, et venait d'être nommé lieutenant général des armées lorsqu'il fut blessé d'un coup de mousquet à la tête, au siège de Berghes-Saint-Vinox, le 29 juin 1658. Il mourut à Calais, de sa blessure, le 15 juillet suivant, à l'âge de 26 ans.

Voici comment s'exprime son acte de décès :

« Hault et puissant seigneur messire Claude-Alphonse de Brichanteau, chevalier, seigneur, marquis de Nangis. Naquit au château de Nangis le vingt-unième décembre de l'année 1632, et ayant commandé l'espace de six ans son régiment de Picardie, fut blessé à la tête d'un coup de mousquet, au siège de la ville de Bergues, assiégée par le maréchal de Turenne, commandant l'armée de Sa Majesté en Flandres, le vingt-neuvième jour de juin 1658, duquel coup il décéda dans la ville de Calais le quinzième juillet suivant, et son corps arriva en ce lieu le mardi, dernier jour dudit mois de juillet et fut inhumé en sa chapelle, le lendemain, premier jour d'août. Le quarantain dudit seigneur se fit le mardi dixième septembre en suivant, avec un concours très grand de tous les ecclésiastiques, tant séculiers que réguliers, et de toute la noblesse du pays. Lesdites cérémonies ayant été faites par moi, prêtre, curé de Nangis. (signé) Egan. »

Claude avait épousé, le 21 juin 1656, Anne-Angélique d'Alloigny de Rochefort. Le jour où il fut mortellement blessé était donc presque, jour pour jour, le deuxième anniversaire de son mariage. Sa femme, qui était alors enceinte, mit au monde, un mois après, un fils posthume qui reçut les noms de Louis Faust et fut baptisé en l'église Saint-Paul, à Paris, le 28 août 1658.

Louis-Faust de Brichanteau

Louis-Faust qui, en naissant, se trouva marquis de Nangis, resta sous la tutelle de sa mère jusqu'en 1676, date de la mort de cette dernière.

Nous connaissons de la veuve de Claude-Alphonse, une donation de cent cinquante livres de rente au profit de l'Hôtel-Dieu de Nangis.

Nous avons également trouvé une déclaration par elle faite, comme tutrice de son fils, à la chambre du trésor, au parlement de Paris, des droits du marquis de Nangis, relativement aux foires et marchés et à la justice de cette ville. Cette déclaration a d'autant plus d'importance qu'elle paraît reproduire le texte même de la charte qui créa le marché de Nangis, aussi en donnons-nous une copie intégrale.

Par un règlement du 22 septembre 1667, la chambre du trésor, au parlement, avait prescrit qu'il serait procédé à la reconfection du papier terrier de la vicomté de Melun. La seigneurie de Nangis relevant du château de Melun, le marquis fut appelé à faire la déclaration des fiefs et droits seigneuriaux qu'il possédait, relevant de ladite vicomté. Voici le texte de cette déclaration, sous forme d'extrait :

« De la déclaration fournie à la chambre du trésor, au palais de Paris, le 20 novembre 1669, pour satisfaire à l'arrêt du conseil d'état du roi, du 28 décembre 1666, jugements et règlements de ladite chambre, donnés en conséquence les 7 et 22 septembre 1667 et 3 mars 1668, il appert qu'il appartient à ladite dame marquise de Nangis, comme tutrice de son fils :

« Le droit de marché, hallage, foirage, minage, étape de vins, aulnage, pieds fourché, lequel droit de marché s'étend tant dans la ville et faubourgs de Nangis que dans les hayes de Brie. Et pour la commodité des marchands forains et autres, y a au milieu de la ville de Nangis une grande halle couverte en tuiles appartenant à ladite dame. Et est tel ledit droit de marché, qu'à cause d'icelui marché, qui se tient par chacune semaine, à jour où ladite dame a tous droits de haute justice au dedans desdites hayes de Brie, et sur tout ce qui est aux environs de ladite ville, depuis le mardi, heure de vêpres, jusqu'au jour du jeudi, neuf heures du matin, il n'est loisible à autre qu'à ladite dame de faire aucuns exploits de justice, fors et excepté en la maison seigneuriale du Châtel, basse-cour et accins du Chatel, où ladite dame n'a et ne prétend aucun droit de justice, ledit jour de mercredi ni autre jour.

« Item, le droit de quatre foires par chacun an, a toujours accordées par lettres patentes, signées Henri et scellées du grand sceau de cire verte, en date du mois de juillet 1598, dûment publiées et enregistrées, savoir : la première au jour de la mi-carême, la deuxième le premier jour de mai, la troisième le quatrième jour de septembre et la quatrième le vingt-cinquième jour de novembre, pour durer chacune desdites foires trois jours, aux droits et privilèges accoutumés ; l'établissement desdites quatre foires ainsi fait, outre celle qui y était déjà établie le quatrième jour de juillet, jour et fête de Saint-Martin-Bouillant, et le marché tenu et établi en ladite ville de Nangis le jour de mercredi de chaque semaine.

« Item, appartient à ladite dame, le droit de péage sur toutes marchandises, harnais, chevaux, gens passant et repassant les détroits desdits péages, fins et limites de la terre et seigneurie, et étendue d'icelui péage, qui est depuis le grand chemin Paré, qui passe par Chateaubleau, et de là tenant à Pécy, et depuis Pécy jusqu'à Courpalais, et dudit lieu par devers Grandpuits et le hameau de Feuillet, qui est de la terre des religieux et abbé du couvent de

Saint-Denis, en France, et, de là, suivant le long de la Haye-de-Brie, jusqu'à la pierre du Compas, et dudit lieu, en suivant toujours la haie de Brie, jusqu'à Valjouan, et dudit lieu, en retournant, jusqu'à la Maison-Rouge et jusqu'au lieu de Chateaubleau. Et à cause du droit de péage, appartient à ladite dame la connaissance par justice sur toutes, et une chacune, les personnes et les denrées qui auront passé et repassé lesdits détroits sans payer les droits de péage ; avec les droits de les poursuivre par tous les lieux pour être amenées audit lieu de Nangis, par-devant le bailli et officiers dudit marquisat de Nangis et par-devant eux répondre actes et droits, jusqu'à ce qu'elles aient payé lesdits droits de péage qu'elles pourraient devoir pour lesdites denrées, chevaux, harnais et autres choses et en l'amende de soixante sols Parisis pour le défaut qu'ils ou chacun d'eux pourront avoir fait de passer et repasser lesdits détroits de péage, et en tous les frais et dépens qui se pourraient faire. Lesquels droits sont savoir :

« Pour le chariot ferré, seize deniers parisis ; pour charrette ferrée, huit deniers parisis, et s'ils ne sont pas ferrés, doivent ledit droit savoir : ledit chariot, huit deniers parisis, et ladite charrette, quatre deniers parisis.

« Item, un cheval de marchand passant par lesdits détroits, doit quatre deniers parisis, et, s'il n'est ferré, ne doit que deux deniers parisis.

« Item, un cheval panneau passant par lesdits détroits, étant chargé, doit quatre deniers parisis. Item, un cheval ayant bats et panniers chargés de denrées comme huile, œufs, fromages et autres denrées, doit quatre deniers parisis ; et, s'il a bats et charge de panniers et qu'ils soient vides, ne doit rien.

« Item, le porc doit un denier parisis ; la truie, un denier parisis ; le bœuf ou taureau doit un denier parisis ; la vache, obole parisis. Item, la douzaine de moutons ou brebis doivent trois deniers parisis.

« Item, un lit, traversin, oreillers de plumes, garnis de taies, doivent chacun un denier parisis, et, par pièce, quatre deniers parisis. Item, une lumière, chacun lumeton doit un denier parisis. Item, un trépied, chacun pied doit un denier parisis. Item, futaille, pointe ou rallée, portant à col ou vallée, doit comme les autres denrées, et si elle n'est point cordée, doit obole parisis.

« Item, toutes chèvres passantes par lesdits péages doivent chacune dix-huit deniers, et s'il y a un bouc avec lesdites chèvres, il les affranchit toutes, payant dix-huit deniers.

« Item, un cheval sellé, portant ficelles, cordes, doit deux deniers parisis. Item, un mulet, chargé de ficelles, cordes, doit douze deniers parisis.

« Item, tous marchands passant à cheval, portant cordes, épiceries, draps de soie, fils, soies et autres marchandises, doivent quatre deniers parisis.

« Item, s'il passe aucuns marchands le mercredi, jour du marché de Nangis, et s'ils se présentent et demeurent depuis huit heures du matin jusqu'à douze heures au marché, ne doivent rien ; mais s'ils passent outre, sans s'arrêter ledit temps, doivent péage entier des denrées qu'ils mènent.

« Toutes personnes qui achètent denrées dans lesdits péages, tant chevaux qu'autres choses, doivent demi péage. Item, tous ceux qui demeurent es limites desdits péages, les denrées et marchandises qu'ils mènent hors desdits péages, doivent demi péage.

« Item, les habitants de Grandpuits et Feuillet, qui sont de la terre de Saint-Denis, ne doivent rien de leur cren, parce qu'ils ont Charte-Dieu, mais s'ils vendent ou achètent l'un à l'autre et le mènent hors du péage, et pareillement tous marchands étrangers qui vendent ou achètent en ladite terre marchandises, et les mènent hors d'icelle, doivent ledit péage de ce qu'ils conduisent.

« Lequel péage ensemble ladite dame tient les deux tiers en scel du roi, et l'autre tiers des religieux de Sainte-Catherine-du-Val-des-Écoliers, à Paris, le tout de longtemps appartenant à ladite dame, audit nom. »

A la lecture de cet acte, on a la certitude qu'il n'a pas été rédigé au XVIIe siècle, mais que sa rédaction remonte à une époque très reculée. La copie que nous avons trouvée contient beaucoup d'erreurs ; on sent que l'écrivain a eu beaucoup de difficultés pour déchiffrer le texte originel. Cet acte est, à notre avis, la reproduction rectifiée, un peu rajeunie et mise au point de la charte créant le marché de Nangis, donnée en 1185 par Adam de Melun. C'est dire toute l'importance de ce document qui nous révèle l'étendue et les limites du vaste territoire sur lequel les seigneurs de Nangis exerçaient leur droit de péage, et le montant des droits, parfois singulièrement fixés, que payaient nos ancêtres.

Dans cette déclaration, il est souvent parlé des haies de Brie ; il résulte de sa rédaction qu'il y en avait au moins deux : l'une, dont nous parlons au début de ce travail, qui commençait vers Closfontaine, gagnait la Psauve, passait entre Nangis et Rampillon, et, par la Boulaye, s'étendait jusqu'à Valjouan. Nous avons dit qu'elle fut détruite au cours du siècle dernier, et qu'on en voit encore les traces sur les terrains qu'elle occupait. L'autre, d'après l'acte ci-dessus, commençait vers Feuillet, qui est aujourd'hui une ferme sur la commune de Grandpuits, se dirigeait, enveloppant la commune de Fontenailles, vers la pierre au Compas, qui se trouve à l'extrémité des Montils, à l'entrée de la forêt de ce nom, et, de là, gagnait Valjouan, où elle rejoignait sans doute la première. Ainsi, ces bois longs et étroits que l'on appelait les haies de Brie, enveloppaient de tous côtés le territoire de Nangis.

Ce qui frappe aussi à la lecture de cette déclaration du

20 novembre 1669, c'est qu'elle se trouve en contradiction avec la transaction de 1317, intervenue entre Bouchard de Montmorency (deuxième du nom) et Pierre du Chatel, dont nous avons donné copie plus haut. Dans l'acte de 1317, la perception des droits et l'exercice de la justice pendant le jour du marché du mercredi appartenait au seigneur du Chatel, même sur les domaines de la seigneurie de la Motte-Beauvais, excepté dans l'intérieur dudit château, et Pierre du Chatel soutenait ses prérogatives avec une certaine âpreté. Au contraire, dans la déclaration de 1669, ces mêmes droits sont déclarés appartenir depuis longtemps aux marquis de Nangis et s'étendre sur les domaines du Chatel, excepté dans l'intérieur de ladite maison seigneuriale. Comment s'est de nouveau opérée cette interversion des rôles?

Nous avons vu que le marché de Nangis fut créé par une charte de 1185 de Adam de Melun, qui avait épousé en secondes noces la veuve de Pierre Britaud; les droits de péage, de marché et de justice appartenaient donc alors aux seigneurs de la Motte-Beauvoir. Ils appartinrent à la famille Britaud tant que celle-ci posséda Nangis. Nous en avons la preuve dans le procès qui surgit entre Henri Britaud et les moines de Jouy-l'Abbaye, dont nous avons parlé plus haut, relativement à un droit de rouage et de péage contesté sur les routes avoisinant la ferme de Monthiboust, commune de Gastins. Comment ces droits ont-ils passé aux seigneurs du Chatel? Nous n'avons rien trouvé à ce sujet.

Mais comme cette mutation s'est opérée sûrement après la mort du dernier Britaud, après la prise de possesion de son gendre, Bouchard de Montmorency, et avant l'avènement de Bouchard II, ne pouvons-nous pas en conclure avec raison que, lorsque Bouchard, premier du nom, vendit une partie de ses domaines, pour subvenir aux frais de son expédition de Naples, il vendit aussi au seigneur du Châtel le péage et la justice du marché de Nangis? Ce changement, qui froissait de vieilles habitudes et d'anciens intérêts, ne put sans doute s'opérer sans tiraillements; des contestations surgirent qui amenèrent la transaction de 1317 entre les deux seigneurs.

Ces droits seraient donc restés la propriété des seigneurs du Chatel jusqu'en 1437, époque à laquelle nous avons vu le roi Charles VII confisquer l'hôtel de Changart du Marché-les-Nangis sur Michel Le Signe, qui le tenait des Anglais, pour le donner à Denis de Chailly, déjà possesseur du domaine de la Motte-Beauvoir. Ainsi les droits de péage et la justice du marché qui dépendaient de ce fief de Changart auraient fait retour aux seigneurs de la Motte-Beauvoir. Du reste, dans l'acte de foi et hommage de 1437 donné ci-dessus, parmi les dépendances de la Motte-de-Nangis figurent « les deux parts de péaige par terre avec les droits qui y appartiennent ». Nous savons que la troisième part dudit péage appartenait alors aux religieux de Sainte-Catherine-du-Val-des-Ecoliers, à Paris, qui l'avaient sans doute reçue en don de Bouchard (premier du nom) et de Philippe, sa femme, pour prix d'une chapelle, en leur église, devant servir de sépulture à cette branche des Montmorency.

Ainsi, d'après la déclaration ci-dessus, tels étaient encore, en 1669, les droits du seigneur sur le marché de Nangis, pendant la minorité de Louis Faust.

Ce dernier n'attendit pas sa majorité pour suivre la carrière militaire, qui avait été si néfaste à tant des siens. Le 4 août 1676, il était nommé colonel du régiment royal de marine infanterie ; le 5 janvier 1682, il était nommé brigadier général des armées du roi. En 1690, il servait dans l'armée du Rhin, sous les ordres du maréchal de Lorges, lorsqu'il fut blessé à la tête dans un combat de fourrageurs livré dans les plaines d'Offenbourg. Il fut transporté à Strasbourg, où il mourut le 22 août 1690. Son cœur fut rapporté à Nangis et fut inhumé dans l'église après trente jours d'exposition. Il était âgé de 33 ans. Voici ce que contient à ce sujet l'acte mortuaire :

« Cejourd'hui, jour de la Nativité de la Sainte Vierge, huitième jour du mois de septembre de l'année 1690, fut apporté dans cette ville de Nangis le cœur de défunt haut et puissant seigneur, messire Louis-Faust de Brichanteau, chevalier, marquis de Nangis, etc. ; lequel, d'un coup de mousquet qu'il reçut à la tête, est mort le 22 août de la présente année à Strasbourg, et fut déposé en cette église, dans le chœur, sous un pavillon noir, ledit jour huit septembre, pour y attendre l'inhumation au bout de quarante jours ; regretté et pleuré de tous ceux qui avaient l'honneur de le connaître, mais particulièrement de ses officiers et de ses vassaux, à qui il a toujours pendant sa vie témoigné un amour et une affection d'un véritable père. (signé) Denis, curé de Nangis. »

« Et ce jourd'hui, onzième jour du mois d'octobre de l'année 1690, a été inhumé dans la chapelle de Messieurs de Nangis, le cœur de haut et puissant seigneur messire Louis-Faust de Brichanteau, après avoir reposé dans le chœur de l'église de Nangis, sous un lit de parade, l'espace de trente jours, par moi, curé de cette église (signé) Denis. »

Louis-Faust avait épousé Marie-Henriette d'Alloigny de Rochefort, sa cousine germaine, dont il eut trois enfants, deux fils :

Louis-Armand, dont nous parlons plus loin ;

Et Pierre-César de Brichanteau, né le 6 novembre 1683, qui devint chevalier de Malte ; il fut successivement enseigne, lieutenant et capitaine de vaisseau. Ayant perdu son bâtiment, il fut acquitté par le conseil de Toulon, le 23 août 1719, mais il quitta l'ordre de Malte, fut chevalier de Saint-Louis et mourut à Soliers (Provence), le 14 juin 1728, sans avoir été marié.

Et une fille, Madeleine-Louise-Thérèse, qui épousa Georges d'Entraigues.

Louis-Armand de Brichanteau

Louis-Armand, marquis de Nangis et du Chatel, naquit le 27 septembre 1682. Il se trouva tout enfant sous la garde de sa mère, Marie-Henriette d'Alloigny de Rochefort, qui donna à ses enfants, comme tuteur onéraire, Claude Bureau, avocat au parlement, et ancien bailli de Nangis. Cette dernière était fille du marquis d'Alloigny de Rochefort, maréchal de France, et appartenait par sa mère à la maison de Montmorency, branche de Laval. Ne serait-ce pas de ce marquis de Rochefort que descend notre grand pamphlétaire Henri Rochefort, qui porte aussi le titre de marquis? L'esprit paraît du reste héréditaire dans cette famille, si l'on en croit Saint-Simon, qui, dans ses mémoires, fait de la marquise de Nangis ce portrait peu flatté :

« On ne pouvait avoir plus d'esprit, plus d'intrigue, plus de douceur, d'insinuation, de tour et de grâce dans l'esprit, une plaisanterie plus fine et plus salée, ni être plus maîtresse de son langage, pour le mesurer à ceux avec qui elle était. C'était en même temps de tous les esprits le plus méchant, le plus noir, le plus dangereux, le plus artificieux, d'une fausseté parfaite, à qui les histoires entières coulaient de source, avec un air de vérité, de simplicité qui était prêt à persuader ceux mêmes qui savaient, à n'en pouvoir douter, qu'il n'y avait pas un mot de vrai; avec tout cela une sirène enchanteresse dont on ne se pouvait défendre qu'en la fuyant, bien qu'on la connût parfaitement. Sa conversation était charmante et personne n'assénait si plaisamment ni si cruellement les ridicules, même où il n'y en avait point, et comme n'y touchant pas. »

Saint-Simon avait sans doute passé sous sa langue perfide, et en avait gardé un souvenir cuisant, car il n'est jamais tendre lorsqu'il s'agit d'elle ou de son fils. Il reproche notamment à la marquise d'avoir, sans qu'il y parût, ruiné son fils qui était fort riche, en lui dévorant plus de deux millions.

Elle s'était bientôt remariée au comte de Blansac, lieutenant général des armées, de qui elle eut deux enfants : une fille, qui devint la comtesse de Clermont-Tonnerre, et, en secondes noces, comtesse de Donges, et eut un fils qui fit son chemin à la cour, et obtint le brevet de duc d'Estissac, en épousant une fille du duc de La Rochefoucauld. Il fut la souche des ducs de La Rochefoucauld-d'Estissac.

Louis-Armand fut destiné comme ses ancêtres à l'état militaire. Le trois septembre 1690, à huit ans, il fut nommé colonel-lieutenant du régiment de marine-infanterie. Le 15 janvier 1700, il devint colonel du régiment de Bourbonnais, et comme tel, prit part à la campagne d'Allemagne, se trouva à l'attaque du pont d'Huningue, au combat de Friedlingen, où, d'après le rapport au roi du maréchal de Villars, « il montra une valeur infinie »; puis à la malheureuse bataille d'Hochted; et le 26 septembre 1704, il fut nommé brigadier des armées du roi.

Dans l'intervalle, le 7 janvier 1704, il s'était marié à Marie-Marguerite Fortin de la Hoguette, fille du marquis de la Hoguette, lieutenant-général des armées du roi, qui possédait le domaine du Houssaye, près Provins, érigé pour lui en marquisat, et nièce de l'archevêque de Sens.

Saint-Simon, qui relate ce mariage, en disant que Nangis, ce favori des dames, épousa une riche héritière, trace de lui ce portrait aigre-doux, dans lequel il éclabousse jusqu'à la duchesse de Bourgogne, femme du Grand Dauphin :

« Nangis, que nous voyons aujourd'hui fort plat maréchal de France, était alors la fleur des pois ; un visage gracieux, sans rien de rare, bien fait, sans rien de merveilleux, élevé dans l'intrigue et la galanterie par la maréchale de Rochefort, sa grand'mère, et Madame de Blansac, sa mère, qui y étaient des maîtresses passées ; produit tout jeune par elles dans le grand monde, dont elles étaient une espèce de centre, il n'avait d'esprit que celui de plaire aux dames, de parler leur langage, et de s'assurer les plus désirables par une discrétion qui n'était pas de son âge, et qui n'était plus de son siècle. Personne que lui n'était alors plus à la mode ; il avait eu un régiment tout enfant, il avait montré de la volonté, de l'application et une valeur brillante à la guerre, que les dames avaient fort relevée et qui suffisait à son âge. Il était fort de la cour de Mgr le duc de Bourgogne, et à peu près de son âge, et il en était fort bien traité. Ce prince, passionnément amoureux de son épouse, n'était pas fait comme Nangis, mais la princesse répondait si parfaitement à ses empressements, qu'il est mort sans soupçonner jamais qu'elle eut des regards pour un autre que pour lui. Il en tomba pourtant sur Nangis, et bientôt ils redoublèrent. Nangis n'en fut pas ingrat, mais il craignit la foudre, et son cœur était pris. Madame de la Vrillière, qui, sans beauté, était jolie comme les amours, et en avait toutes les grâces, en avait fait la conquête. »

Malgré ses succès à la cour, le marquis ne négligeait pas sa carrière militaire ; il continua à servir sous les maréchaux de Villars et de Broglie, et se signala dans la campagne d'Allemagne de 1706.

Il fut fait maréchal de camp le 19 juin 1708, au camp de Brunelaleu, servit cette année en Flandre sous les ordres du duc de Bourgogne et du duc de Vendôme, et s'illustra dans cette campagne. Dans la retraite qui suivit le malheureux combat d'Oudenarde, sans ordre, il parvint à former une arrière-garde, et sauva ainsi un corps de troupes abandonné. Voici, du reste, comment Saint-Simon, qu'on ne peut accuser de partialité à son égard, rapporte ce fait d'armes :

« L'armée surprise se trouva enveloppée. Tandis que les chefs délibéraient, le vidame d'Amiens, à la tête de son régiment, perça une ligne de cavalerie ennemie, puis une autre d'infanterie, dont il essuya tout le feu, mais qui s'ouvrit pour lui donner passage. A l'instant, le reste de la maison du roi, profitant d'un mouvement si hardi, suivit cette compagnie, puis les autres troupes qui se trouvèrent là, et toutes firent leur retraite ensemble et en bon ordre jusqu'à Gand. Les autres débris se retirèrent comme ils purent, avec tant de confusion, que le chevalier du Rozel, lieutenant-général, n'en eut aucun avis, et se trouva le lendemain matin avec cent escadrons qui avaient été totalement oubliés. Sa retraite ainsi esseulée, et en plein jour, devenait très difficile, mais il n'était pas possible de soutenir le poste qu'il occupait jusqu'à la nuit ; il se mit donc en marche.

« Nangis, ainsi tout nouveau maréchal de camp, aperçut des pelotons de grenadiers épars, il en trouva des traîneurs, bref de pure bonne volonté, il en ramassa jusqu'à quinze compagnies, et, par cette même volonté, fit avec ses grenadiers l'arrière-garde de la colonne du chevalier de Rozel, si étrangement abandonné. Les ennemis passèrent les haies et un petit ruisseau, l'attaquèrent souvent, il les soutint toujours avec vigueur. Ils firent une marche de plusieurs heures qui fut un véritable combat. A la fin, ils se retirèrent par des chemins détournés que l'habitude d'aller à la guerre avait appris au chevalier du Rozel, grand et excellent partisan. Ils arrivèrent au camp après avoir causé une cruelle inquiétude pendant quatorze ou quinze heures qu'on ignora ce qu'ils étaient devenus. »

Pendant la même campagne, Nangis donna la mesure de sa valeur et de ses capacités militaires par un autre fait d'armes presque semblable au premier.

L'armée était près de Tournay dans une tranquillité profonde, lorsqu'il vint plusieurs avis de la marche des ennemis. Le duc de Vendôme, qui commandait, décida que l'armée marcherait à la rencontre le lendemain matin ; mais dans la nuit même, l'ennemi, commandé par le prince Eugène, passa l'Escaut, coupant l'armée française. Mais laissons la parole à Saint-Simon :

« Hautefort (commandant d'un corps d'armée) se voyant pris par ce passage des ennemis par sa droite et par sa gauche, se retira sans avoir pu être entamé. Souternon, lieutenant général, voisin du lieu du passage, et averti de quelques mouvements, manda à Nangis, maréchal de camp, de marcher à lui avec le détachement qu'il avait, qui était de neuf bataillons et de quelque cavalerie. Il obéit et reçut en chemin l'avis d'un gros corps ennemi qui le séparait du quartier d'où il sortait, par conséquent du gros des autres quartiers. Les avis continuèrent. Il arriva au quartier de Souternon et n'y trouva personne. Il prit donc un grand tour pour retourner d'où il était venu dans l'obscurité de la nuit.

« Le jour venu, il continua sa marche sur les quartiers voisins, de proche en proche, pour essayer de joindre Hautefort. Il fut attaqué et fit une vigoureuse défense, toujours marchant et gagnant du terrain sur une chaussée, entre des marais, et ramassant les traîneurs des autres quartiers qui filaient devant et après. Dépêtré enfin de cette rude escarmouche, il rencontra du canon abandonné, qu'il ne voulut pas laisser et qu'il emmena. Ce retardement donna lieu à une autre attaque plus vive, et qui, plus ou moins vigoureusement poussée et repoussée, selon qu'il pouvait se retourner dans l'incommodité de ce long défilé, dura, avec une grande valeur et beaucoup de pertes, jusqu'à ce qu'il eut joint la queue de quelques autres quartiers, qui s'arrêtèrent pour l'attendre. Souternon était avec ceux-là. Ils furent encore suivis et toujours attaqués jusqu'à un ruisseau au delà duquel Hautefort s'était posté pour les attendre et protéger leur passage par le feu qu'il fit de derrière le ruisseau, qu'il avait bordé d'infanterie à droite et à gauche. Là finit le combat désavantageux qui fit perdre beaucoup de monde. Les quartiers épars, ainsi rassemblés là, s'y rafraîchirent un peu, et à quelques jours de là, rejoignirent l'armée. Hautefort fut fort approuvé, même des ennemis qui louèrent fort sa retraite. Souternon, au contraire, perdit la tramontane, et fut fort blâmé ; Nangis, au contraire, aujourd'hui maréchal de France, s'en tira avec tête et valeur. »

Eh ! mais, pour un jeune officier de cour, que Saint-Simon nous représentait comme n'ayant d'esprit que celui de plaire aux dames, il nous semble que, dans les deux circonstances ci-dessus relatées, il se montra à la hauteur de la situation difficile qui lui était faite, qu'il déploya beaucoup de présence d'esprit, d'énergie et de courage, et que sa ténacité fut telle qu'un vieux général n'aurait pu mieux faire. Quel tapage aurait fait Saint-Simon s'il avait eu dans sa carrière militaire, à son avoir, un seul fait d'armes pareil à nous raconter !

Nangis fit, sous le maréchal de Villars, la campagne de Flandre de 1709 et assista le onze novembre de cette année à la bataille de Malplaquet. Villars, qui l'aimait et avait voulu, pendant l'action, l'avoir à sa gauche, sous sa main, sentant l'importance d'envoyer au roi un homme qui avait du crédit et des appuis à la cour, le choisit pour aller rendre compte au roi du détail et du succès de la bataille, et présenter les drapeaux pris à l'ennemi. Nangis, dit Saint-Simon, rendit bon compte, mais concis, ne se piqua pas de parler de ce qu'il n'avait point vu, évita par là force questions, et se tira d'affaire sans s'en être fait avec personne. Il assista aussi à la bataille de Denain, aux sièges de Douai, du Quesnoy et de Bouchain.

En 1711, le roi, lassé de voir son régiment d'infanterie dans un assez mauvais état, l'ôta à du Barail et le donna à Nangis. Cela parut un grand commencement de fortune parce que le colonel de ce régiment avait fréquemment tête-à-tête avec le roi, qui se croyait le colonel particulier de ce corps, avec le même goût qu'un jeune homme qui sort des mousquetaires. (Voir Saint-Simon.)

Mais Louis XIV étant venu à mourir, le marquis pensant que le régiment du roi ne lui serait plus d'aucune utilité, à cause du jeune âge du nouveau suzerain, demanda la liberté de le vendre, bien qu'il ne lui eût rien coûté. Le régent, toujours facile, le lui permit. Par suite, il vendit au comte de Pezai, en 1719, le régiment du roi moyennant 120 000 livres, sur lesquels il employa 65 000 à l'achat du gouvernement de Salces, en Languedoc, dont le revenu fut alors porté à 16 000 livres, en sorte, dit Saint-Simon, que Nangis tira plus de 15 000 livres de rente de ce qui ne lui avait jamais rien coûté.

Le marquis de Nangis fut fait, le 8 mars 1718, lieutenant général des armées du roi ; le 1er mars 1722, il fut nommé directeur de l'infanterie française ; le 30 mai 1725, il fut choisi comme chevalier d'honneur de la jeune reine que devait épouser Louis XV ; puis il fut fait, le 10 mai 1728, chevalier des ordres du roi ; enfin il fut élevé en 1741, à la dignité de maréchal de France.

Ce seigneur avait réuni au marquisat de Nangis, confirmé par lettres patentes du roi, du mois de novembre 1712, les terres du Verger, au terroir de Vanvillé, et la seigneurie de Valjouan. Il acheta aussi la seigneurie du Chatel, et réunit enfin entre ses mains les deux domaines seigneuriaux de Nangis, qui, jusqu'alors, avaient toujours eu leurs seigneurs particuliers. Mais, d'un autre côté, sans doute pour payer ses nouvelles acquisitions, il vendit ses terres et baronnies du Bourbonnais, Meillan, Charenton, Chandeuil, Pont-Dix, Mareuil, la Croisette, Bois-Jaffier, et Saint-Dominique, à Pierre-Georges d'Entraigues et Madeleine-Louise-Thérèse de Brichanteau, sa femme, ses beau-frère et sœur, moyennant 387 000 livres.

D'après une quittance qui se trouve aux archives de Melun (B. 3), l'Hôtel-Dieu de Nangis toucha, sur le prix de cette vente, la somme de 4 949 livres, pour rachat des 150 livres de rente constituée au profit dudit Hôtel-Dieu par Anne-Angélique de Rochefort, veuve de Claude-Alphonse de Brichanteau, ainsi qu'il a été dit plus haut.

Le maréchal de Nangis s'intitulait dans les actes, marquis de Nangis, comte de Gien, baron de Semontier, seigneur de Brichanteau et de Brienon, engagiste des comtés de Mantes et de Meulan ; après la mort de son beau-père, il ajouta marquis du Houssay.

Il mourut sans postérité à Versailles, le 8 octobre 1742. Voici ce que dit à ce sujet l'acte d'état civil de Nangis :

« Le vendredi 12 octobre 1742, avant midi, le corps de très haut et très puissant seigneur, Monseigneur Louis-Armand de Brichanteau, marquis de Nangis, maréchal de France, chevalier des ordres du roi, gouverneur, pour Sa Majesté, des ville et château de Salces, chevalier d'honneur de la reine, seigneur de Brichanteau, de Semoutier, de Brienon et par engagement des comtés de Mantes et de Meulan, décédé au château de Versailles le 8 du présent mois, âgé de soixante ans, apporté en cette église le jour d'hier, a été inhumé dans la chapelle de sépulture de sa maison, en ladite église, avec les cérémonies accoutumées par nous, curé soubsigné, en présence de Nicolas-François Espaulart, écuyer, gentilhomme-servant de la reine, intendant des maison et affaires de mon dit feu seigneur maréchal de Nangis, demeurant à Paris, rue de l'Eperon, paroisse Saint-André-des-Arts, et Me Louis Gaspard Martin, avocat en parlement, bailli de la présente ville, et autres témoins soussignés. (signé) Espaulart, Martin, Boudet, curé de Nangis, Desprez, ancien curé du Chatel, curé de Sigy ; Boudier, curé de Closfontaine ; Pain, curé de Rampillon, Meignen, curé de Valjouan. »

Avec le maréchal s'éteignit la branche aînée des Brichanteau, marquis de Nangis. Nous verrons, quelques années après, la branche cadette des Brichanteau-Gurcy s'éteindre également par la mort, sans postérité, de Louis, dernier baron de Gurcy ; quant aux Brichanteau, seigneurs de Boisboudran, ils étaient disparus au commencement du XVIIIe siècle, se fondant par alliances dans les familles des Roches-Herpin et de Sigy. Ainsi, malgré la nombreuse lignée de l'amiral, ce nom qui, pendant plus de deux siècles, avait figuré avec éclat à la cour et dans l'armée, disparut complètement de l'armorial de la noblesse.

De nos jours, Victor Hugo a ravivé ce nom de Brichanteau en le transportant au théâtre. Il le donna à l'un des personnages de son drame de *Marion Delorme*, dont une partie de l'action se passe au château de Nangis ; mais cette introduction à la scène ne lui fut pas favorable. Aujourd'hui, triste ironie du sort, ce nom de Brichanteau si noblement porté pendant plusieurs siècles, et arrosé du sang de tant des siens, n'évoque plus que la silhouette ridicule d'un vieux cabotin tout farci de ses triomphes de théâtre. Dans l'argot des coulisses, Brichanteau donne la réplique à Matuvu.

En résumé, Nangis, depuis son origine jusqu'à la Révolution, n'a vu que deux familles se succéder dans son château. La première, descendant du fondateur de cette seigneurie, de Flore, fils naturel du roi Philippe Ier, s'est appelée successivement, par suite d'alliances, Venizy, Britaud et Montmorency. La seconde, descendant de Denis de Chailly, a changé aussi de nom, par suite d'alliances, et a pris successivement ceux de d'Harcourt, de Vères, de Brichanteau, et nous allons voir apparaître les de Guerchy, leurs héritiers.

Louis de Guerchy

Le maréchal de Nangis laissait un testament reçu par Doyen, notaire à Paris, le 31 mai 1742, faisant le partage de sa succession.

Dans la ligne paternelle, il ne laissait que deux héritiers de parenté éloignée : le plus proche était Louis de Regnier, comte de Guerchy, cousin par représentation de son aïeule, Lucie de Brichanteau, fille de l'amiral, que nous avons vu, en 1618, épouser Claude de Régnier, baron de Guerchy. Le second était Louis, marquis de Brichanteau, baron de Gurcy, venant par représentation de son bisaïeul François, baron de Gurcy et de Bénégon, fils aussi de l'amiral de Brichanteau.

La ligne maternelle était représentée par Louis-Armand-François de Roye de La Rochefoucauld, duc d'Estissac et comte de Blansac, et Marie-Louise de Roye de La Rochefoucauld, vicomtesse de Meaux, veuve en premières noces de Eynard, comte de Clermont-Tonnerre, et épouse en secondes noces de Guy-Marie de Lopiat, comte de Donges, frère et sœur utérins du maréchal, comme nés du second mariage de Marie-Henriette d'Alloigny de Rochefort avec Charles de Roye de La Rochefoucauld, comte de Blansac.

Aux termes de ce testament, le maréchal de Nangis, entre autres dispositions, créait une fondation pour l'installation de trois Sœurs de charité à l'Hôtel-Dieu de Nangis, à l'effet de soigner les malades et d'instruire les jeunes filles, et léguait la somme que son exécuteur testamentaire jugerait nécessaire pour subvenir aux frais de cette fondation et à l'entretien de l'Hôtel-Dieu. L'exécuteur testamentaire était Pierre Grassin, seigneur châtelain de Mormant. Nous verrons plus loin, à l'article Hôtel-Dieu, l'exécution de cette partie du testament.

Ce fut au comte de Guerchy que fut attribué le marquisat de Nangis. L'acte de partage ne lui donnait pas le domaine dans son intégralité, plusieurs parties en étaient distraites au profit des autres co-héritiers; le comte de Guerchy parvint, par des rachats successifs, à rattacher au marquisat les parties qui en avaient été disjointes. Il racheta les droits du baron de Gurcy par acte passé devant Briscault, notaire à Paris, le 7 avril 1743, et ceux du duc d'Estissac et de la comtesse de Donges, par acte devant Me Laideguive le jeune, notaire à Paris, en date du 13 avril de la même année, et, par suite, recomposa dans son entier l'ancien marquisat.

Louis de Régnier, comte de Guerchy, le nouveau marquis de Nangis, petit-fils de Claude et de Lucie de Brichanteau, et fils de Henri de Guerchy et de Marie de Brouilly de Piennes, était âgé de quatre-vingts ans environ lorsqu'il recueillit la succession du dernier Brichanteau. Il était lieutenant général des armées du roi, baron de la Guerche, seigneur de Bazarne, de Fresne et autres lieux, chevalier des ordres du roi et gouverneur de Huningue; tels étaient les titres qu'il prenait dans les actes.

Les de Régnier descendaient d'une vieille famille originaire d'Auvergne, qui paraît remonter assez loin dans l'histoire de ce pays et y avoir occupé des postes importants. Un Philippe Régnier, écuyer,

6

était seigneur de Saint-Pourçain; plus tard, cette famille fut transplantée en Bourgogne, par le mariage, en 1456, de Jean Régnier, fils de Philippe, avec Marie Régnier, dont le père était seigneur de Guerchy et grand bailli d'Auxerre. Nous trouvons encore un Georges Régnier de Guerchy, chevalier de Malte, qui devint grand-prieur de France; il était fils de Claude Régnier de Guerchy, l'un des cent gentilshommes de la chambre du roi.

Les de Guerchy portaient d'azur à la croix dentelée, cantonnée de quatre molettes d'or; mais, en héritant des Brichanteau, le nouveau marquis prit leurs armoiries d'azur à quatre besans d'or.

Par lettres patentes de juillet 1749, le titre de marquis de Nangis fut confirmé par le roi, au profit du comte de Guerchy, mais déjà celui-ci était décédé. Il mourut à Paris le 1er février 1748, âgé de 85 ans. De son mariage avec Jeanne-Louise Marion de Dray, il laissait un fils, Claude-Louis-François, qui prit le titre de marquis de Guerchy et de Nangis.

Avant de mourir, le vieux marquis avait vu son château honoré d'une illustre visite. Le 6 février 1747 fut un jour de grande liesse à Nangis. Madame la Dauphine, Marie-Josèphe de Saxe, fille du roi de Pologne, se rendant à Paris, où devaient avoir lieu les fêtes de son mariage avec le Dauphin, qui fut père de Louis XVI, s'arrêta ce jour à Nangis et y fit séjour. Il y eut grande réception au château. On prétend même que le Dauphin vint incognito à Nangis, au-devant de sa future femme, et la servit, déguisé en page, pendant le banquet qui lui fut donné dans le château.

La ville ne resta pas en arrière : pour donner à cette princesse des marques de la joie publique, il fut tiré, du consentement des habitants, dans le parterre du château, vis-à-vis des appartements occupés par la Dauphine, un feu d'artifice, pour le paiement duquel il fut accordé au Sr Ruggiéri, artificier italien, une somme de 1 500 livres à prendre sur les fonds des octrois de la ville. Il fut en outre payé pour cette fête, à M. Berthelin de Neuville, illuminateur des menus plaisirs du roi, la somme de 4 000 livres pour prix des illuminations.

Claude-Louis-François de Guerchy

Claude-Louis-François, marquis de Guerchy et de Nangis, seigneur du Chatel, de Vienne, de Guerchy, Cordeil et autres lieux, dont toute la vie se passa aux armées, laissa une belle réputation militaire. Né en 1715, il épousa, le 3 mai 1740, Gabrielle-Lydie d'Harcourt, troisième fille du maréchal duc d'Harcourt. Nous ne pouvons mieux faire que de donner le contenu d'un article fort élogieux que lui consacre la *Biographie universelle* (tome 19, page 22) :

« Guerchy (Claude-François-Louis Régnier, comte de), chevalier des ordres du roi, et lieutenant général de ses armées, naquit en 1715, d'une famillle de Bourgogne très bien alliée. Un de ses ancêtres avait été tué à la Saint-Barthélemy. Il entra au service en 1729, et fit ses premières armes sous le marquis de Guerchy, son père. En 1734, il passa en Italie, où était le théâtre de la guerre, en qualité de capitaine de la guerre; il fut blessé à Guastalla; peu après, le roi lui donna le régiment de Royal-Vaisseaux qui était en Bohème. Il s'empara d'Ems, y soutint un siège, et, sur le point de voir donner le dernier assaut à la place, il s'ouvrit un passage à travers une troupe ennemie bien supérieure en nombre, joignit l'armée, et entra dans Lintz qui fut bientôt assiégé. Après quelques jours de défense, ayant appris qu'il était question de se rendre, le comte de Guerchy proposa des sorties dans l'une desquelles il reprit une barrière dont l'ennemi s'était emparé. Enfin on capitula malgré son avis, mais il refusa de signer. Employé ensuite en Flandre, dans l'armée commandée par le maréchal de Saxe, on le vit à Fontenoy charger trois fois, à la tête de son régiment, la formidable colonne anglaise, et trois fois être repoussé. Maurice de Saxe, remarquant dans le fort de la bataille un régiment dont les rangs entiers tombaient, et qui ne se dérangeait pas, reconnut que c'était Royal-Vaisseaux et son colonel Guerchy. « Comment se peut-il faire, s'écria-t-il, que de telles « troupes ne soient pas victorieuses ! » Tous les officiers furent mis hors de combat, mais quoique son habit fût criblé de balles,

« Guerchy n'est point blessé, la vertu peut te plaire »

dit Voltaire au dieu Mars, dans le poème de *Fontenoy*.

« Sa valeur, son humanité pendant la guerre, son amour de l'ordre et de la discipline, une probité également incorruptible dans les armées, à la cour, et dans les affaires, enfin la réunion des qualités d'un brave officier et d'un bon citoyen, ont justifié le jugement en quelque sorte prophétique de Voltaire. Comme il se rendait, après la bataille de Fontenoy, au quartier du roi, ce prince lui dit, sans lui laisser le temps de parler : « Guerchy, vous venez me demander « mon régiment? Je vous le donne. »

« Dans la guerre de 1756, il eut part à la victoire d'Haslemberg, et se distingua encore à Corbach, où il commandait la brigade de Navarre. Il se signala surtout dans la retraite de Crevelt, où il sauva l'hôpital des blessés. A la malheureuse affaire de Munden, voyant les Français près de céder le terrain, il gagna la tête de l'armée, l'arrêta, puis jetant sa cuirasse et découvrant sa poitrine, il dit aux soldats : « Vous voyez que je ne suis pas plus en sûreté que vous. Allons, Français, suivez-moi! Venez combattre des gens que vous avez vaincus plus d'une fois. »

« Six mois après la signature du traité de paix de 1763, il partit pour Londres, où il était nommé ambassadeur. Il y arrivait dans les circonstances les plus critiques, lorsqu'une lutte terrible existait entre l'ancien et le nouveau ministère, et lorsque la haine des Anglais pour les Français était dans toute son effervescence. Les services du chevalier d'Eon avaient été récompensés, après cette paix de 1763, par l'emploi de ministre plénipotentiaire de la cour de France auprès de celle d'Angleterre, emploi qu'il occupa par intérim en l'absence du duc de Nivernais. Mais l'arrivée d'un nouvel ambassadeur le faisant rentrer dans un rôle subalterne, Eon ne s'y résigna pas sans murmures. Des provocations de tous genres le rendirent un adversaire formidable pour le comte de Guerchy. Louis XV, pris pour arbitre dans ce débat, que les mémoires injurieux du chevalier d'Eon prolongeaient et envenimaient, approuva tout haut son ambassadeur, qui s'était attiré la considération du roi d'Angleterre et de sa nation, mais chargea Eon de le surveiller. On sait que c'était l'usage de ce monarque de donner sa confiance à des agents secondaires en diplomatie. Guerchy, écœuré, demanda son rappel au bout de quatre ans, et peu de mois après fut attaqué à Paris d'une maladie dont il mourut en 1767, emportant avec lui les regrets des deux cours. »

Un des premiers actes du marquis de Guerchy, en prenant possession du château de Nangis, avait été d'y faire construire une chapelle. Par commission en date du 22 août 1749, délivrée par Joseph, archevêque de Sens, le curé de Nangis, Boudet, fut chargé de visiter ladite chapelle, et s'il la trouvait de forme décente et suffisamment décorée, et garnie d'ornements, d'en faire la bénédiction. Cette cérémonie eut lieu le 14 novembre 1750, ainsi qu'il résulte d'un procès-verbal dressé par le curé Boudet, et ses deux vicaires, Bonnefoy et Gou.

Claude augmenta encore le marquisat que son père avait reconstitué. Par acte du 1ᵉʳ avril 1750, il acheta de Louis de Brichanteau, baron de Gurcy, qui, vieux et sans enfants, s'était retiré à Melun, les seigneuries de Gurcy, Dontilly, Chalautre-la-Reposte, Charmoy, Saint-Praisles et les fiefs en dépendant, moyennant le prix de 100 000 livres. Ce domaine, si longtemps détaché au profit d'une branche cadette, vint ainsi se réunir de nouveau à la souche familiale, mais ce fut pour peu de temps.

Le 20 juillet 1763, il acheta encore la ferme de la Boissière, située près de Gurcy, moyennant 8 000 livres, et la fit replanter en bois de 1768 à 1775.

Le château de Nangis alors dans sa splendeur, entouré d'un magnifique parc, avait sans doute été mis en relief à la cour par la visite de Madame la Dauphine. Etait-ce à cause de sa situation à proximité de la route d'Italie? Etait-ce par sympathie pour son propriétaire très apprécié à la cour? Toujours est-il qu'il fut choisi par le prince de Bourbon, comte de la Marche, pour la célébration de son mariage avec la princesse Fortunée-Marie d'Est. L'acte de ce mariage portant les signatures des membres de la famille royale et des personnages qui y assistèrent, figure sur les registres de l'état civil de Nangis, et est ainsi conçu :

« Cejourd'hui 27 de février 1759, après qu'il nous a été représenté la dispense de parenté accordée par un bref de N. S. P. le pape Clément XIII, en date du 10 novembre 1758, les certificats de la publication d'un ban à Paris, dans la paroisse Saint-Sulpice, faite le 20 de janvier dernier, et dans celle de Sainte-Marie du Temple, le 20 de ce mois, pour le futur mariage entre très haut et très puissant prince Mgr Louis-François-Joseph de Bourbon, comte de la Marche, prince du sang, fils de très haut et très puissant prince Mgr Louis-François de Bourbon, prince de Conti, prince du sang, et de défunte très haute et très puissante princesse Louise-Diane d'Orléans, princesse de Conti, princesse du sang ; et Sérénissime princesse Fortunée-Marie d'Est, fille de très haut et très puissant prince Marie d'Est, prince de Modène, et de très haute et très puissante princesse Charlotte-Aglaé d'Orléans, princesse du sang ;

« Ensemble la dispense accordée par Mr l'archevêque de Paris, de faire les fiançailles et le mariage, le même jour, dans telle église ou chapelle, par tel prêtre ou évêque, même *in pontificalibus*, qu'il plaira à Sa Majesté, ladite dispense du 22 de janvier dernier ;

« Vu aussi l'acte dudit mariage célébré par procureur, en présence de Son Em. Mgr le cardinal Pozobonelli, archevêque de Milan, lequel a constaté que la publication d'un ban, pour ce qui regarde Sérénissime princesse Fortunée d'Est, en a été faite le quatre du présent mois dans l'église paroissiale de Saint-Jean-Baptiste de Modène, et dans l'église métropole de Milan, la publication des deux autres bans ayant été omise du consentement des ordinaires ; et que la permission pour se marier, hors du diocèse de Modène, a été accordée le 23 dudit mois de janvier par le seigneur évêque diocésain ;

« Vu enfin dans ledit acte le consentement donné audit mariage par très haut et très puissant prince Marie d'Est, duc de Modène.

« Nous, Paul Albert de Luynes, cardinal-prêtre de la sainte Église romaine, archevêque et vicomte de Sens, primat des Gaules et de Germanie, commandeur de l'ordre du Saint-Esprit, premier aumônier de Madame la Dauphine, en vertu de l'agrément que nous avons reçu verbalement de Sa Majesté, et de la permission susdite dudit seigneur, archevêque de Paris ;

« Et après avoir pris de nouveau desdits futurs leur consentement mutuel par paroles de présent, et leur avoir fait ratifier, en tant que de besoin, le mariage par eux contracté par procureur à Milan, le sept du présent mois, les fiançailles faites les mêmes jour et an que dessus ; en présence et du consentement de Mgr Louis-

François de Bourbon, prince de Conti, prince du sang, nous avons donné, dans une chapelle qui a été préparée à cet effet, dans le château de Nangis, en notre diocèse, la bénédiction nuptiale à Mgr Louis-François-Joseph de Bourbon, comte de la Marche, et à la princesse Fortunée-Marie d'Est.

« Et ont assisté pour témoins audit mariage, du côté de l'époux : Mgr le prince de Conti, et M. le comte de Guerchy ; et, du côté de l'épouse : Mgr le duc de Penthièvre, et M. le marquis de Chauvelin, qui ont signé. Signé : L. F. J. de Bourbon, Fortunée d'Est, L. F. de Bourbon, L. J. M. de Bourbon, Guerchy, Chauvelin, Paul, cardinal-archevêque de Sens. »

Ce ne fut pas le seul mariage princier que le château de Nangis vit contracter dans ses murs ; huit ans plus tard, un autre couple de la famille royale vint aussi à Nangis faire consacrer son union. Ce fut sans doute à la suggestion du comte de la Marche ou du duc de Penthièvre, qui assistèrent encore à ce nouveau mariage, que cette résidence fut choisie ; ils avaient conservé bon souvenir de l'hospitalité du château de Nangis. Une chapelle avait été préparée dans la tour ronde se trouvant à l'angle antérieur du château à l'extrémité de la longue galerie, occupée aujourd'hui par les bureaux de la mairie et la salle des mariages. Cette tour fait partie maintenant du logement du concierge. L'acte dressé par le curé Biencourt, sur le registre des mariages, est ainsi conçu :

« Cejourd'hui, 31 janvier 1767, après qu'il nous a été représenté le certificat de la publication d'un ban faite au prône de la messe paroissiale de l'église de Saint-Eustache de Paris, pour le futur mariage entre très haut et très puissant prince Mgr Louis-Alexandre-Joseph-Stanislas de Bourbon, prince de Lamballe, fils de très haut et très puissant prince Mgr Louis-Jean-Marie de Bourbon, duc de Penthièvre, et de défunte très haute et très puissante princesse d'Eu ;

« Et très puissante princesse Marie-Thérèse-Louise de Savoie de Carignan, fille de très haut et très puissant prince Victor-Amédée-Louis-Joseph de Savoie, prince de Carignan, et de très haute et très puissante princesse Christine-Henriette de Hesse-Rheinfeld-Rotembourg ; ensemble la dispense accordée par M^r l'archevêque de Paris de la publication des deux autres bans, et la permission dudit seigneur archevêque de faire les fiançailles et le mariage le même jour, dans telle église ou chapelle, par tel prêtre ou évêque, même *in pontificalibus*, qu'il plaira à Sa Majesté, ladite dispense en date du sept de ce mois.

« Vu l'extrait dûment signé et légalisé du mariage célébré entre les parties susnommées, très haut et très puissant prince, Mgr le prince de Lamballe, représenté par très haut et très puissant prince Mgr Victor-Amédée-Louis de Savoie, prince de Carignan, en vertu de la procuration à lui donnée en date du 31 décembre de

NANGIS. — La Mairie (côté de l'entrée)

NANGIS. — La Mairie (vue prise du parc)
Ancienne résidence des Seigneurs de Brichanteau et de Guerchy,
Marquis de Nangis

l'année 1766, par acte passé par-devant Fourcault et Lecuyer, notaires à Paris, par lequel il appert qu'après la publication des bans faite dans la chapelle royale et paroissiale du Saint-Suaire de Turin, la célébration dudit mariage a été faite dans ladite chapelle par Son Eminence Mgr le cardinal des Lances, archevêque de Nicosie, grand aumônier de S. M. le roi de Sardaigne, du consentement des père et mère des parties, et que toutes les autres formalités en pareil cas requises ont été remplies.

« Nous, Paul d'Albert de Luynes, cardinal prêtre de la sainte Eglise romaine du titre de Thomas in Parione, archevêque vicomte de Sens, primat des Gaules et de Germanie, commandeur de l'ordre du Saint-Esprit, premier aumônier de Madame la Dauphine, en vertu de l'agrément que nous avons reçu verbalement de Sa Majesté, et de la permission susdatée dudit seigneur archevêque de Paris, et après avoir pris de nouveau desdits futurs leur consentement mutuel par paroles de présent, et leur avoir fait ratifier, en tant que de besoin, le mariage contracté, comme dit est, par procureur à Turin, le 17 du présent mois, les fiançailles faites les mêmes jour et an que dessus, en présence et du consentement de Mgr Louis-Jean-Marie de Bourbon, duc de Penthièvre, nous avons donné, dans une chapelle qui a été préparée à cet effet dans le château de Nangis, en notre diocèse, la bénédiction nuptiale, à Mgr Louis-Alexandre-Joseph-Stanislas de Bourbon, prince de Lamballe, et à la princesse Marie-Thérèse-Louise de Savoie de Carignan.

« Et ont assisté pour témoins, du côté de l'époux, Mgr le prince de la Marche, prince du sang, et Mgr le marquis de Chauvelin, et, du côté de l'épouse, Mgr le duc de Penthièvre et M. le chevalier de Lastic, qui ont signé. Signé : L. A. J. S. de Bourbon, Thérèse de Savoie, L. J. M. de Bourbon, L. F. J. de Bourbon, Chauvelin, le chevalier de Lastic, Paul, archevêque-cardinal de Sens. »

Pauvre princesse de Lamballe, si heureuse, en quittant Nangis, d'être initiée aux splendeurs de la cour de France, quels déboires devait-elle y trouver, et quelle tragique fin !

Si le marquis de Guerchy ne fut pas témoin dans ce dernier mariage et fut remplacé par le chevalier de Lastic, c'est qu'il était alors atteint de la maladie qui devait l'emporter. Il mourut en effet la même année 1767, laissant de son mariage avec Lydie d'Harcourt un fils, Anne-Louis, et une fille, Antoinette-Marie.

Son oraison funèbre fut prononcée par l'abbé Oudot, curé de la Croix-en-Brie. Il avait été précédé dans la tombe par Louis de Brichanteau, baron de Gurcy, qui mourut à Melun, dans cette même année, sans postérité. C'était le dernier des Brichanteau de la branche de Gurcy, descendant de François, l'un des quinze enfants de l'amiral. Le marquis de Guerchy, par représentation de son aïeule, Lucie de Brichanteau, recueillit pour partie sa succession.

Anne-Louis de Guerchy

Anne-Louis, marquis de Guerchy et de Nangis, né le 3 février 1755, était mineur lors de la mort de son père. Il fut placé sous la tutelle onéraire de Pierre Noël de Prémarest que nous voyons, en 1770, faire une déclaration de défrichement de terres incultes.

Le 15 mai 1768, à l'expiration du deuil de son père, Antoinette-Marie de Guerchy épousa le comte Louis-Armand Clairon d'Haussonville, brigadier des armées du roi, issu d'une vieille famille lorraine faisant partie des Petits Chevaux de Lorraine.

La mariée reçut en dot le domaine de Gurcy que son père avait acquis récemment du dernier Brichanteau. C'est ainsi que ce domaine, qui, depuis 1487, était resté dans la famille de Brichanteau, passa en celle d'Haussonville, qui le conserva jusqu'à une époque toute récente.

Louis débuta, comme ses ancêtres, dans la carrière militaire; il devint colonel du régiment d'Artois et chevalier des ordres du roi, mais bientôt il se laissa séduire par les idées humanitaires des philosophes de la fin du XVIIIe siècle, et surtout de Jean-Jacques Rousseau. Il quitta l'armée et se livra à l'industrie. Il fit élever dans le parc de son château de Nangis, près la route conduisant à Montereau, une fabrique dans laquelle il établit une manufacture d'étoffes de coton, une filature et des métiers à bas, et y occupa de nombreux ouvriers; malheureusement, il n'avait pas été préparé à cette nouvelle profession, et les temps n'étaient guère propices à l'industrie; aussi y dévora-t-il peu à peu la grande fortune laissée par ses ancêtres.

Il épousa, le 6 mars 1780, Françoise-Louise du Roux de Sigy. Cette union avait été précédée d'un contrat reçu le 1er mars 1780 par Chavet, notaire à Paris, contenant les conditions du mariage projeté entre le marquis de Guerchy et de Nangis, colonel en second du régiment Lyonnais, gouverneur et lieutenant pour le roi de la ville de Nangis, du consentement de Madame Gabrielle-Lydie d'Harcourt, comtesse de Guerchy, sa mère; et haute et puissante demoiselle Françoise-Louise du Roux, fille de dame Marguerite Avoye des Roches-Herpin, veuve de Louis-René-Emmanuel du Roux, chevalier, marquis de Sigy, demeurant en son château de Sigy. Audit contrat de mariage était présent Ambroise-René des Roches, chevalier seigneur de Boisboudran, Fontenailles et autres lieux, ancien officier au régiment des gardes françaises, chevalier de l'ordre de Saint-Louis, demeurant en son château de Boisboudran, oncle de la future épouse, lequel a déclaré vouloir lui donner la somme de cent mille livres, à prendre sur les terres de sa succession. Ce fut dans la chapelle du château de Boisboudran qu'eut lieu la cérémonie du mariage. De cette union naquirent quatre enfants. La marquise recueillit plus tard, dans la succession de la dame de

Sigy, sa mère, les fermes de Sermuise et de la Madeleine, sises au terroir de Rampillon.

Bientôt les événements se précipitèrent à pas de géants; la nuit du 4 août 1789 emporta les privilèges de la noblesse et du clergé, et les bouleversements qui en furent la suite eurent vite leur répercussion à Nangis. La ville, échappant tout à coup à l'administration du bailli, représentant le seigneur, nomma les membres de la municipalité qui devait appliquer le nouveau régime. Jean-Charles Mongrolle, cultivateur à la ferme des Manteresses, paroisse de Nangis, fut nommé maire; les officiers municipaux qui lui furent adjoints étaient : MM. Colleau, Messageot, Gouvion, serrurier; Nadal, chirurgien; Perrot, Lantoine, Lucian, Morin, Garnier, commerçants, auxquels se joignirent les notables Durand, Poiret, Destroges, Baulant, Fouquet, Jacquinot, Dumont, pour composer le conseil général de la commune, lequel avait pour procureur Blaise Rozé, pour receveur syndic, Perret, et pour greffier, Barbier, huissier.

Le premier soin du nouveau conseil fut d'organiser la garde nationale. L'ancien marquis, qui accepta ouvertement le nouvel état de choses, et n'était plus que le citoyen Régnier-Guerchy, fut nommé commandant de cette garde nationale.

En parcourant les délibérations de cette municipalité, on y ressent tous les contre-coups des événements parisiens. Nous voyons que le jeudi .... 1791, sur la demande des officiers de la garde civique, un service est célébré à l'église pour rendre hommage aux mânes du célèbre Mirabeau, et le maire est requis de donner acte de cette célébration, pour en tenir une époque certaine; et le greffier laisse la date en blanc.

Le dimanche 3 juillet 1791, « sur la manifestation du peuple, et le requis du procureur de la commune, le corps municipal désirant toujours montrer son zèle et amour pour le bien public, et faire connaître aux bons citoyens de cette ville combien il leur est agréable de partager leurs justes sentiments de satisfaction pour l'heureuse arrestation du roi, qui a arrêté les fâcheuses suites que la France avait à redouter et attendre de la fuite du premier fonctionnaire du royaume, a choisi ce moment aussi présent pour demander qu'il fût exécuté un *Te Deum* en l'église de cette paroisse Saint-Martin de Nangis, cejourd'hui, issue des vêpres de paroisse, en action de grâce d'un événement aussi intéressant pour le peuple et empire Français. Lequel acte de grâce a été célébré avec la pompe due au sujet et aux cantiques qui ont inspiré la joie et l'allégresse aux bons Français ; en présence de MM. Crespin, Béjot et Picault, membres du Directoire du département de Seine-et-Marne, députés en cette ville au sujet du passage du corps de Voltaire et assistés de la garde nationale de cette ville, qui s'est mise sous les armes en grand nombre, et s'y est comportée avec la décence et le recueillement que demande une telle cérémonie, à laquelle ils ont mêlé leurs chants de joie et d'allégresse avec ceux des ministres du culte divin, et le peuple qui s'y est trouvé en grand nombre. Cette fête, digne de la mémoire des Français, sera terminée par des illuminations dans toute la ville ; et pour en rendre l'époque mémorable, il a été dressé le présent acte de délibération en la chambre de la commune. » Signé : Mongrolle, maire ; Nadal, Garnier, Lantoine, Perrot, Lucian, Morin et Barbier, greffier.

Le 7 juillet 1791, il y a grande fête à Nangis à l'occasion du passage en cette ville du cortège conduisant dans les caveaux de l'église Sainte-Geneviève, à Paris, les restes de Voltaire exhumés de l'abbaye de Scellière, près Romilly. Deux officiers municipaux, MM. Nadal et Perrot, et trois notables, MM. Baulant, Morin et Dumont, et Bozé, procureur, avaient été préalablement désignés pour se joindre à ce cortège, mais laissons la parole à Barbier, greffier :

« Aujourd'hui sept juillet, d'après l'avis de MM. les officiers municipaux de la ville, chef-lieu de district, de Provins, sur le requis du procureur de la commune, à l'effet de convoquer la présente assemblée, MM. les officiers municipaux de cette ville de Nangis, pour constater sur le registre de cette ville l'arrivée et départ du cortège des mânes du Grand homme Voltaire, arrivant de Romilly, et passant en cette ville pour être déposés en l'église Sainte-Geneviève de Paris, conformément au vœu de nos augustes Législateurs, qui ont su rencontrer, apprécier et prévenir les sentiments du peuple et de la nation Ce cortège, sous la conduite de M. Charon, commissaire nommé pour cette translation précieuse, par l'assemblée nationale, accompagné de M. le maire de Romilly, a été aussi accompagné, partant de Provins, de deux officiers municipaux, quatre de MM. les notables de la commune, et d'un détachement de quarante hommes de la garde nationale de la ville de Provins.

« A l'arrivée du cortège en cette ville sur les deux heures et demie du soir, M. Charon a été reçu par le corps municipal et un détachement de la garde nationale, à la tête duquel était M. Louis Guerchy, colonel commandant la garde nationale. Le corps municipal a prononcé un discours à M. Charon, qui en a exigé le dépôt entre ses mains, vu la modestie, la vérité et la vénération exprimées pour le grand homme qui en ont fait l'ensemble.

« Après y avoir répondu avec une éloquence et des expressions choisies et distinguées et du plus rare mérite, le corps municipal a passé la soirée avec M. Charon, le maire de Romilly, et MM. de Provins. MM. de la garde nationale de Nangis en ont fait autant à leurs frères d'armes de Provins ; et, le lendemain, le cortège est reparti de Nangis, pour aller à Mormant, accompagné du corps municipal de cette ville à pieds et d'un détachement de la garde nationale au nombre de 50 hommes. M. le colonel commandant à sa tête avec les autres officiers. Le corps municipal, les citoyens de Nangis et de la garde nationale ont eu lieu d'être pleinement satisfaits de la conduite et prestance de M. Le Charon, qui a prononcé un discours à la garde nationale, avant de partir de Nangis, qui ne respirait que des expressions et des sentiments vraiment patriotes, qui ont excité le plus vif regret de le quitter. Ses adieux ont été des offres de service pour la ville de Nangis des plus étendus et des plus obligeants.

« Le corps municipal faisant droit sur le requis du procureur, en a fait et dressé le présent acte de délibération, pour être inscrit sur le registre, pour rendre ces événements mémorables à jamais. Signé : Mongrolle, Nadal, Perrot, Lucian, Garnier, Lantoine, Morin et Barbier. »

Le 14 juillet 1791, le conseil se rassemble, convoqué par le Sr Henri Augé, citoyen originaire de Nangis, fils du Sr Augé, maître perruquier en cette ville, « lequel veut faire un don patriotique entre les mains de MM. les officiers municipaux, de l'image et représentation de ce redoutable formidable château édifié de la Bastille, qui existait pour le malheur tyrannique des Français, en notre capitale de l'empire des Français, assis près la porte Saint-Antoine et l'arsenal, et lequel servit de prison pour la première fois au nommé Aubriot, qui en fit lui-même la Bastille et construction. Ce jeune citoyen, rempli de mérites de ses sentiments d'amour et de tendre fraternité pour ses concitoyens, a pris plaisir à exercer ses talents, et à faire des sacrifices sur son repos pour rendre aussi parfait cet ouvrage, par la ressemblance qui présente à la vue un contraste frappant, par un objet aussi triste à l'humanité... »

Suit un long factum dans le style et le goût de ce qui précède :

« Sur quoi, la matière mise en délibération, nous avons donné acte au Sr Augé de la présentation qu'il nous fait pour la ville de l'image et représentation de la Bastille, fruit de ses travaux, veilles et soins, laquelle nous agréons et acceptons pour la ville, comme étant l'offrande d'un bon citoyen patriote, ainsi qu'il le fait connaître et entendre par les expressions de son discours qui sera inscrit sur le présent registre, ensuite du présent acte. Arrêtons que cette image de la Bastille sera présentée à l'église pour y être bénie, qu'elle sera placée dans le fond de cette chambre de la commune, sur une console scellée dans le mur, au-dessus de la place des juges, qu'elle ne sortira de cette chambre que dans le cas de cérémonie, et assistée, et sous les armes et drapeaux de la garde nationale de cette ville, de laquelle elle sera inséparable, comme étant le signe de la liberté gagnée par la force et la victoire des Français. Laquelle dite image de la Bastille sera remise à sa place chaque fois; qu'elle ne pourra

être transférée ailleurs que sur un acte de délibération. Et que
n'ayant qu'à nous louer et estimer heureux de la rencontre d'un
citoyen tel que le Sr Augé, digne de la reconnaissance de la patrie
par ses sentiments, qui le tiendront toujours présent à notre mémoire,
et d'avoir eu à célébrer cette fête aujourd'hui, pour l'anniversaire de
la fédération, nous trouverons notre satisfaction dans nos vœux de
continuer à l'avenir cette fête avec la même solennité et suivie de feux
de joie, de la danse et d'illuminations dans toute la ville. Fait et
délibéré lesdits jour et an et signé : Mongrolle, Leroy, Lucian, Lantoine, Perrot, Nadal, Morin, Dumont, Begat, Augé et Barbier. »

Comme les événements, les fêtes alors se succèdent vite à Nangis.
Le lundi 15 août, le conseil donne acte de ce que la cérémonie du
vœu de Louis XIII a eu lieu avec la pompe ordinaire en présence des
officiers municipaux et de la garde nationale.

Le neuf octobre suivant, la ville fête la proclamation de la constitution. Tous les bons citoyens de Nangis sont convoqués à se réunir
ce jour, à l'issue de la messe, au conseil général de la commune et
à la garde nationale pour se rendre au pré du Gué. Là, un feu de
joie est allumé, et la proclamation de la Constitution et de la lettre
du roi y relative est faite par M. le maire ; puis le public va ensuite
assister à un *Te Deum* chanté en actions de grâce de l'heureux achèvement de la Constitution.

A la lecture de ces délibérations, de ces comptes rendus de fêtes
moitié patriotiques, moitié religieuses, qui se douterait que 1793 est
si proche, que bientôt les églises seront pillées et profanées, et les
prêtres pourchassés et proscrits ?

La situation commençait à devenir inquiétante pour l'ancien marquis de Nangis, qui pourtant s'était rallié ouvertement au nouveau
régime et cherchait à faire oublier ses anciennes prérogatives. Des
gens hostiles lui demandaient des comptes des temps passés, et la
restitution de la partie des anciens remparts situés entre la route de
Montereau et le faubourg de Melun, et cherchaient à ameuter les
masses. Nous avons vu un long mémoire contenant toutes les réclamations de la commune auxquelles l'ex-marquis répondait point
par point. Une solution était urgente.

Le 12 novembre 1791, le conseil de la commune se réunit pour
trancher le débat sur ces réclamations. Il fut exposé par le procureur Rozé :

« Qu'il existe entre la commune et M. de Guerchy, propriétaire
en cette ville, plusieurs objets de discussion, qui, depuis deux ans,
ont déjà fait l'objet de différentes délibérations.

« Que la commune réclame plusieurs parties des anciens boulevards et fossés de la ville, formant une quantité d'environ cinq à
six arpents qui se trouvent enclavés dans le parc dudit Sr de Guerchy,

avec le prix des arbres qui existaient sur ladite portion des boulevards, et qui ont été vendus par feu M. de Guerchy, son père.
Laquelle réclamation est fondée sur ce que la totalité desdits boulevards et fossés appartient à la commune en vertu d'achats particuliers dont l'authenticité ne peut être contestée.

« Que la commune réclame encore plusieurs rues, chemins et places
vagues supprimés par ledit Sr Guerchy, père et fils, tant dans
l'intérieur de la ville qu'en dehors, et dont une partie a été donnée
à nouveau cens par le Sr Guerchy fils.

« Qu'il a été aussi élevé par la commune une prétention de propriété sur les terrains sur lesquels sont construites les deux halles
que le Sr Guerchy possède à Nangis, comme faisant ledit terrain
partie de celui qui composait anciennement la place du marché de
ladite ville.

« Et qu'il est encore formé par ladite commune plusieurs autres
réclamations, mais beaucoup moins importantes, telle, par exemple,
que celle qui a pour objet certain nombre d'arbres abattus par le
Sr Guerchy père, dans l'intérieur de la ville, particulièrement dans la
place du bas marché.

« Que sur toutes ces réclamations il a été répondu par le
Sr Guerchy entre autres choses, savoir :

« Quant aux portions des boulevards, que, si véritablement comme
on le prétend, elles furent réunies à son parc, cette réunion doit
dater au moins de plus d'un demi-siècle, et que, par conséquent, aux
termes du décret rendu par la législature nationale en date du
22 novembre 1790, art. 5e du titre 1er, il ne pourrait être évincé
aujourd'hui desdites portions, surtout sa possession et celle de ses
auteurs n'ayant été troublée par aucun acte judiciaire.

« Que quant aux chemins, rues et places vagues réclamés par la
commune, lui et M. de Guerchy, son père, en ont disposé dans un
temps où leur qualité de seigneur haut justicier leur en donnait le
droit. Que la commune ne s'étant pas opposée alors à la disposition
qu'ils en ont faite, le silence qu'elle a gardé à cette époque prouve
qu'elle a reconnu elle-même l'existence du droit qu'il prétend avoir
été attaché à la qualité de seigneur haut justicier. Que, d'ailleurs, il
a remplacé plusieurs des chemins supprimés par d'autres chemins
plus beaux et plus commodes.

« Que relativement aux deux halles, il a de celle au blé, tant par
lui que par ses auteurs, une possession presque centenaire, sans
aucun trouble ni interruption, et qu'il est à la connaissance de la
ville entière que celle aux veaux a été construite à ses frais, sur la
demande des marchands fréquentant cette halle, et en vertu d'un
arrêt du conseil d'état du 12 janvier 1785, et que, depuis, les droits
qui lui ont été attribués par cet arrêt ont été perçus à son profit, sans
aucune réclamation de la part de la commune, au moins jusqu'à

l'époque de la Révolution. D'où le Sr Guerchy conclut qu'il ne peut être dépossédé ni de l'une, ni de l'autre desdites deux halles.

« Et qu'enfin, à l'égard des arbres que l'on prétend que lui et son père ont fait abattre dans l'intérieur de la ville, il n'a aucune connaissance de ce fait, et que, dans tous les cas, ils n'auraient fait, l'un et l'autre, en cela, qu'user du droit qu'ils avaient alors.

« Est alors comparue dame Louise-Françoise du Roux de Sigy, épouse de M. Louis Régnier Guerchy, maistre de camps et armées nationales, de lui autorisée et fondée de pouvoir, à l'effet de tous actes d'administration et même d'aliénation des biens dudit S^r son mari. (Ce dernier était alors en Angleterre pour les besoins de sa fabrique.)

« Laquelle après avoir exprimé le désir de voir cesser toutes les réclamations que la commune de Nangis forme contre ledit Sr Guerchy, réclamation dont l'un des effets a été jusqu'à présent d'entretenir une fermentation toujours inquiétante même pour la généralité des habitants. Après avoir ensuite rappelé par combien de propositions diverses ledit Sr de Guerchy a déjà cherché à se concilier avec la commune sur les différents points en discussion, ladite dame de Guerchy dit qu'elle se présente, à l'effet non seulement de réitérer les offres précédemment faites par le Sr de Guerchy, mais encore dans le dessein d'y ajouter.

« En conséquence, elle a, au nom et comme fondée de pouvoirs dudit Sr Guerchy, offert d'abandonner à la commune de Nangis tous les droits de propriété qui appartiennent audit Sr Guerchy sur les deux halles qu'il possède à Nangis, avec tous les poids, balances, boisseaux et autres accessoires qui en dépendent et appartiennent audit Sr Guerchy, soit que lesdits droits de propriété embrassent seulement la superficie desdites halles, soit qu'ils en comprennent et le fonds et la superficie. Pour par ladite commune jouir et disposer desdites halles au même titre et de la même manière qu'aurait pu faire le Sr Guerchy, sans aucune exception ni réserve.

« Le tout en échange et compensation des différents objets et sommes que ladite commune réclame et répète contre le Sr Guerchy, aussi sans aucune exception ni réserve ; en ce compris l'arpent ou environ de terrain ci-devant donné à loyer par la ville de Nangis à François Leroy, boulanger, et maintenant tenu au même titre de loyer par le Sr Guerchy, au moyen de la rétrocession qui lui a été faite du bail dudit Leroy. Duquel arpent de terrain il sera fait toute vente et abandonnement nécessaire au profit dudit Sr Guerchy.

« Il a été de plus ici observé par la dame Guerchy que, quoiqu'il lui paraisse, et que, selon elle, il doive aussi paraître au conseil général, que les offres qu'elle fait en ce moment sont déjà infiniment avantageuses à la commune, néanmoins conformément aux intentions du Sr Guerchy, elle y joint encore l'offre d'une somme de deux mille livres pour être employée et servir d'autant à la construction d'une chambre de ville, soit au-dessus de la halle au blé, soit partout ailleurs, laquelle somme sera par le Sr Guerchy remise entre les mains du receveur de la ville dans la quinzaine qui suivra l'approbation à requérir des corps administratifs sur la délibération qu'elle prie MM. les officiers municipaux et notables de prendre relativement à ses offres et a signé : L. du Roux de Guerchy.

« Sur quoi, ouï le procureur de la commune, après une longue et mûre délibération, il a été reconnu que les offres faites par la dame Guerchy sont véritablement avantageuses aux intérêts de la commune, et qu'elles doivent être acceptées comme en effet le conseil général les accepte, sauf approbation des corps administratifs.

« Il a été ensuite convenu avec ladite dame que la jouissance desdites halles commencera au profit de la commune, à compter du jour où seront passés les actes qui seront la suite et l'effet des présentes, et que ladite commune continuera à jouir gratuitement de la chambre où se tient la présente assemblée, laquelle dépend d'une maison appartenant au Sr Guerchy, et ce jusqu'à l'achèvement de la nouvelle chambre de ville qui doit être incessamment construite aux frais de ladite commune, sans toutefois que ladite jouissance puisse se prolonger au delà du 1er mars 1793 ; comme aussi des réparations à faire aux couvertures desdites deux halles, qui seront faites aux frais du Sr Guerchy.

« En renonçant à ne pouvoir rien prétendre à l'avenir sur les portions de boulevard, ainsi que sur les rues, chemins et places vagues ci-devant réclamées par la commune, le conseil général déclare qu'il n'entend pas garantir la possession desdits objets au profit du Sr Guerchy. Tous les actes à faire par suite des présentes seront aux frais dudit Sr Guerchy.

« Et ont signé : L. Duroux de Guerchy, Mongrolle, Gouvion, Perrot, Nadal, Lantoine, Durand, Jacquinot, Garnier, Poiret, Morin, Fouquet, Baulant, Lucian, Roze, procureur, et Barbier, greffier. »

Ladite délibération fut homologuée tant par le district de Provins que par le directoire de Seine-et-Marne les 15 et 16 novembre 1791, et par suite, les actes de cession furent passés devant notaire le 19 novembre, même mois.

Les 20, 21 et 22 novembre de la même année, les citoyens de Nangis procédèrent à l'élection d'une nouvelle municipalité pour se conformer à la nouvelle Constitution. Il y avait lieu de nommer un maire, cinq officiers municipaux, un procureur et cinq notables. Le résultat des élections fut le maintien de Jean-Charles Mongrolle comme maire ; François Nadal, chirurgien, fut nommé premier officier ; le second fut Jacquinot, marchand ; le troisième, Charles Poiret, aubergiste ; le quatrième, François Picoiseau, laboureur, et Etienne Bertrand, bourrelier, cinquième. Le Sr Roze fut maintenu comme procureur de la commune. Les cinq notables élus en remplacement des Srs Jacquinot, Lucian, Garnier, Baulant et Détroges sortants, furent : Athanase Camuset, serrurier ; Jean-Rémi Berthier, receveur de l'enregistrement ; Claude Robert, bourrelier ; François-Marie Gouvion, serrurier, et Antoine Lucian, marchand. Le Sr Perret ayant donné sa démission de receveur de la commune, le Sr Camuset fut nommé en sa place, et un nouveau *Te Deum* fut chanté pour fêter ce renouvellement du conseil.

Dans la séance du 15 décembre 1791, les halles étant devenues la propriété de la ville, le conseil vota un nouveau tarif des droits de place qui furent ainsi fixés :

Pour chaque veau.	2 sols.
(Ce droit fut par la suite réduit à 1 sol.)	
Pour chaque setier de blé, seigle, méteil . . .	2 sols.
Pour chaque setier d'avoine.	1 sol.
Pour chaque marchand exposant.	15 sols.
Pour chaque marchand forain étalant autour et près les halles	6 deniers.
Pour bœuf, vache, cheval.	1 sol.
Pour chaque bête asine	6 deniers.
Pour chaque cent de brebis.	5 sols.
Pour chaque porc.	1 sol.
Pour un porc de lait.	6 deniers.
Pour chaque boucher forain et charcutier. . .	2 sols.
Par chaque panier de beurre, œufs, fromages, volailles et autres.	3 deniers.

Les élections sont pour ainsi dire à l'état permanent à Nangis. Le 17 février 1792, nouvelle organisation de la garde nationale qui nomme tous ses officiers et gradés à l'élection. Jean Millet père, entrepreneur des travaux publics, est nommé commandant en chef, et Adrien Dumont, commandant en second, l'abbé Bléneau est nommé aumônier, le Sr Nadal, chirurgien, et Louis Jacquinot, porte-drapeau. La garde civique est divisée en cinq compagnies qui prennent les noms : la première de Mirabeau, la deuxième de Pétion, la troisième de Brissot, la quatrième de Robespierre, et la cinquième d'Isnard.

Le 11 mars 1792, le Sr Mongrolle donne sa démission de maire pour raisons de lui connues.

Le dimanche 18 mars, les Srs Gourrié et Lestumier, délégués du district de Provins, se présentèrent en l'église de Nangis pour inviter les citoyens à voler à la défense de la patrie, et offrirent un registre destiné à inscrire les engagements ; mais ils restèrent vainement jusqu'à six heures du soir, sans qu'il se soit présenté aucun citoyen.

Le 9 avril suivant, le conseil mit à exécution un arrêté du département, en date du 16 mars précédent, prononçant la suppression de la paroisse du Châtel, et proclama sa réunion à la commune de Nangis, réunion qui, du reste, était demandée par les quelques habitants composant cette paroisse. L'acte fut signé par Lebrun, curé du Chatel ; Beaugrand, cultivateur, et Berryer, aubergiste à la Grande-Bertauche.

Nangis se trouvait toujours sans maison commune et même sans prison ; cette situation ne pouvait se prolonger. Le conseil, qui n'avait pas les fonds suffisants pour faire une construction, eut recours à l'ex-marquis pour sortir d'embarras. Le 16 août 1792, il intervint un arrangement par lequel « le citoyen Louis Régnier Guerchy, maréchal de camp des armées nationales, toujours prêt à prouver son dévouement pour le bien et avantage de la ville (il est à remarquer que lorsque le conseil communal a besoin de l'ex-marquis, elle lui donne ses titres non abolis, et lui prodigue des compliments, sauf à le traiter de citoyen Guerchy en temps ordinaire), cède, vend et abandonne, au profit de la ville de Nangis, la maison servant d'hôtel de ville, sise rue de l'Eglise, à lui appartenant en propriété, et dans laquelle se sont tenues les audiences de la ci-devant justice seigneuriale et toutes les assemblées de la ville, pour en commencer la jouissance le premier mars 1793. Plus, il cède et abandonne ledit Sʳ Guerchy la petite cour derrière, jusqu'auprès de la grande porte de la grange, sise sur ladite cour, et une travée et demie de ladite grange tenant à ladite maison et hôtel de ville, allant jusqu'auprès de ladite grande porte et en y comprenant la petite porte. Lequel emplacement sera pour la construction et établissement des prisons et maison d'arrêt ; ladite vente, exempte de tous droits de lods et vente, desquels mon dit Sʳ Guerchy fait remise.

« Par le même acte, le Sʳ Guerchy se trouvant en possession de quatorze perches de terre situées place de la porte de Rampillon, terrain devenu précieux pour la ville par sa situation, mondit Sʳ Guerchy, au lieu d'y faire construire une auberge, comme il en avait le droit et le projet, a offert de le céder et abandonner à la ville en échange de l'allée dite des Soupirs, régnant le long du mur du cimetière, et située sur la route de Montereau, en face de la maison et presbytère de cette ville, consistant ladite allée en environ 56 toises de superficie dans sa largeur, de onze pieds et demi sur sa longueur, plantée de deux rangées de tilleuls, au nombre de 34, que mon dit sieur abandonne au profit de la ville, aux offres d'y faire à ses frais une construction dans sa dite largeur et longueur, en forme de galerie couverte en mansarde pour servir de communication à sa manufacture. Ladite construction, à partir du coin dudit mur du cimetière, donnant sur la place de l'Eglise, jusqu'au coude et tournant de la route de Montereau, en observant de terminer ladite construction en pan coupé par le bout aboutissant audit coude de la route de Montereau ; et que la commune consent à ce que M. de Guerchy bâtisse sur le mur du cimetière, sauf à mondit sieur à obtenir telle ratification de qui il appartiendra.

« Plus, en faveur desdites conventions, mondit Sʳ Guerchy

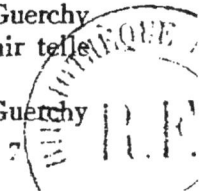

demande qu'il lui soit abandonné une portion de la place de devant l'église, à partir dudit coin du mur du cimetière jusqu'à la grille d'icelui, en observant d'y bâtir parallèlement avec la maison du Sʳ Mocque, de se conformer à l'alignement prescrit et d'usage pour les rues, tant celle de l'Eglise que de la route de Montereau, en laissant subsister, derrière sa bâtisse, une place publique, à partir de la grille dudit cimetière jusqu'à l'église, pour l'usage et besoin de la ville. Pour laquelle portion de place mondit Sʳ Guerchy offre de payer vingt livres par chaque toise de superficie.

« Sera ensuite abandonné à M. Guerchy le prix qui pourra provenir des démolitions et adjudication des chambres et constructions établies au-dessus de la halle marchande, que nous avons fixé à huit cent livres, à la charge par mondit sieur de se charger des frais de démolition et de rétablissement de la couverture de ladite halle; ainsi que son pourtour. Laquelle somme de huit cent livres viendra en déduction du prix ci-après, ainsi que celle de deux mille livres actuellement entre les mains du Sʳ Perret, ci-devant receveur, et provenant de la transaction du 30 novembre dernier.

« Le présent acte d'acquisition et transaction est convenu et accordé moyennant le prix et somme de cinq mille livres en papiers assignats ayant cours. Signé : Regnier-Guerchy, Nadal, Camuset, Lucian, Robert, Picoiseau, Fouquet, Morin, Bégat, Durand, Poiret, Dumont, Roze et Barbier. » Cet échange fut réitéré par acte devant Hardoin, notaire à Nangis, en date du 9 décembre 1792.

La maison vendue à la ville par l'acte précité, pour servir d'hôtel de ville, servait déjà sous l'ancien régime à la justice seigneuriale, et aux réunions des maire et échevins. Elle existe encore avec le même aménagement, et est située rue de l'Hôtel-de-Ville, numéro 18 (anciennement rue de l'Eglise). Elle fut la mairie de Nangis jusque vers 1860, époque à laquelle la ville acheta la partie du château qui lui sert actuellement d'hôtel de ville. Cette maison est occupée actuellement par M. Marion, plombier, qui a converti en boutique la salle des séances. La cour située derrière cette maison s'appelait anciennement la cour du Tripot, et la grange dont la ville achète partie portait le nom de grange du Tripot; nous ignorons l'origine de ce nom. Peut-être qu'autrefois les seigneurs avaient organisé dans cette grange une salle de jeu, peut-être un jeu de paume.

Le terrain situé place de la porte de Rampillon était nécessaire à la ville pour donner accès des Petites-Rues (actuellement rue de la République), à la route de l'embranchement du Pré-Boudrot alors nouvellement percée. Le pont de la porte de Rampillon venait d'être démoli et le fossé comblé, et, par suite, un carrefour venait d'être créé qui permettait de dégager l'entrée des Petites-Rues, fort étroite autrefois. C'était pour effectuer ces travaux que ce petit terrain était indispensable.

L'allée des Soupirs, qui fut détruite à la suite de la cession ci-dessus, longeait le cimetière, qui, à cette époque, était encore près de l'église, dans la place occupée aujourd'hui par les hôtels de l'Espérance et du Tournebride. et les maisons à la suite. Cette allée occupait une partie de la largeur actuelle de la rue des Ecoles, qui, aujourd'hui, a de larges trottoirs. Elle commençait, ainsi que l'indique l'acte suscopié, à l'entrée du cimetière, en face le presbytère, qui occupait alors la maison où il est encore aujourd'hui, et se prolongeait jusqu'au tournant de la route. Cette avenue d'arbres avait sans doute été plantée pour masquer la vue du cimetière aux habitations voisines.

Le petit terrain cédé à l'ex-marquis sur la place de l'Eglise est occupé aujourd'hui par les maisons portant les numéros 2 et 4 sur la rue des Ecoles, et forme l'encoignure de cette rue et de la place de l'Eglise. Cette maison fut construite, comme le prescrivait l'acte précité, parallèlement à celle du Sr Mocque, boulanger, aujourd'hui le numéro 15 de la rue de l'Hôtel-de-Ville.

Le projet du marquis d'établir une galerie couverte sur ce terrain, pour conduire à sa fabrique, ne paraît pas avoir reçu d'exécution; et, plus tard, le terrain de l'allée des Soupirs a été tout simplement annexé à la route pour en rendre les tournants d'un accès plus facile. Il faut conclure de cet acte qu'en outre de la manufacture construite dans son parc, l'ancien marquis en avait une autre sur l'emplacement occupé aujourd'hui par la maison d'école des filles et les maisons voisines, et c'était à cette fabrique que devait conduire le portique projeté. Il avait également installé des métiers à bas dans la grande maison qui lui appartenait longeant le boulevard Lebrun.

Nous apprenons aussi par cet acte que la grande halle marchande que nous avons connue avec ses lourds piliers de bois vermoulus, et son immense et affreux toit recouvert de tuiles, avait jusqu'à cette époque supporté, sous cette lourde carapace, des logements dont le marquis tirait revenu. Ce sont ces habitations que la ville, devenue propriétaire, fait disparaître sans doute à cause de leur mauvais état.

Les élections continuent à sévir à Nangis. Le 22 avril 1792, les habitants procèdent au remplacement de M. Mongrolle, maire démissionnaire, et nomment à sa place M. Pierre Détroges, négociant en cette ville; on nomme même à l'élection les trois gardes champêtres, les Srs Pascou, Diot et Bégat.

Mais les temps deviennent difficiles; la récolte a été mauvaise, et au milieu de tous ces bouleversements, la famine se fait durement sentir. Des troubles continuels ont lieu sur les marchés; la population se plaint des accapareurs, et la municipalité ne s'occupe plus désormais que des visites de fermes et de l'approvisionnement du marché. Le 4 juillet 1792, la municipalité convoque les boulangers de la ville pour l'adjudication au rabais du pain à fournir à la population, à raison de 28 livres par setier de blé. Tous refusent;

deux enfin se dévouent, ce sont les Srs Alexis Lhotte et Claude Messageot, qui s'engagent à fournir, à raison de 28 livres par setier, et 27 sols, le pain de douze livres.

La guerre est venue joindre ses horreurs à celles de la famine. Le 5 août 1792, on proclame à Nangis la patrie en danger, et la garde nationale se tient désormais en permanence. Comme il lui fallait un poste central sur le carrefour, pour surveiller toutes les routes traversant Nangis, on décide de l'établir à la maison des piliers, que nous avons vue tout récemment se transformer et se mettre à l'alignement. Le passage qui existait sous les piliers est clos par des lattis, et transformé ainsi en corps de garde. Plusieurs habitants, le Sr Regnier-Guerchy en tête, avaient adressé une pétition à la commune pour que l'on fît descendre deux cloches du clocher de l'église, pour, avec leur prix, acheter deux canons. Mais la population, convoquée le 22 août, ne fut pas de cet avis. En conséquence de ce vote, la municipalité décida que lesdites cloches seraient considérées et respectées comme monument du culte divin, et que, de la manière la plus irrévocable, elles resteraient pour le service du culte. Signé : Roger, Renard, Ramard, Roussereau, Geoffroy, Pacon, Vallot, Goujon, Rousseau, Caillot, Souchon, Guillaume, Bonnet, Martin, Leroux, Lantoine, Poiret, Roze. Cette décision irrévocable ne devait pas être de longue durée.

Le 5 septembre 1792, le conseil communal donne avis à l'Assemblée nationale des visites domiciliaires faites par la municipalité ; elle demande où le curé de la Croix-en-Brie, arrêté dans lesdites perquisitions « comme suspect de réfraction à la loi », doit être conduit, pour lui être fait son procès ; et où seront conduits tous les effets, malles, papiers, chevaux, dont la garde nationale s'est emparée. Elle s'informe aussi de la marche à tenir pour l'inventaire de meubles restés dans une maison d'émigré et pour l'exploitation des terres abandonnées ! Enfin elle réclame une part dans le prix des biens nationaux vendus..

Le 9 septembre, l'ex-marquis de Nangis offre à la municipalité, pour contribuer à la défense de la patrie, deux chevaux de carrosse et un chariot avec harnais, et un homme à ses frais pour le conduire. Il fait don en outre d'un habillement complet pour un volontaire. Le conseil accepte et consent à ce que la voiture accompagne au camp les volontaires de Nangis, reste tout le temps qu'ils y seront et revienne avec eux. L'ancien seigneur s'efforçait de plaire aux masses, de maintenir sa popularité et faire oublier son ancienne situation ; ainsi, le 26 août 1793, nous le voyons faire la déclaration, à la mairie, de la naissance de Anne Brutus Dumanchin, fils de l'officier de l'état civil de Nangis. Il signe Regnier Guerchy, propriétaire et négociant. Le 21 septembre 1793, sa fille Ambroise-Gabrielle-Lydie, âgée de 12 ans, signe la déclaration de naissance de Lydie Pannier, fille d'un officier municipal de la ville.

Le 13 septembre 1792, le conseil décide que François Debriel, curé de la Croix-en-Brie, sera conduit par-devant M. Boudier, juré d'accusation de Provins, pour être par lui faits les interrogatoires, poursuites et diligences contre ledit curé.

Le 16 octobre, plainte des habitants dont la misère est aggravée par les passages continuels des volontaires, et surtout par le séjour du premier bataillon du Lot, qui reste en permanence à Nangis. Le procureur expose qu'il n'y a pas dans Nangis plus de deux cents logements, que la plupart des citoyens étaient dans le cas de passer les nuits dans leurs logements, sans être couchés, pour prêter leurs lits à leurs frères d'armes, ce qui les expose à tomber malades. Qu'il n'est pas possible que le premier bataillon du Lot continue à rester à Nangis en station, alors que les casernes de Provins et de Donnemairie sont vacantes. Le conseil décide de députer M. Colmet, notaire, pour avoir une décision du ministère de la guerre.

Le même jour, le conseil vote une somme de 36 livres au profit de Jean-Louis Tulard, geôlier, à titre de gratification en récompense de ses peines et soins.

Le 21 octobre, à l'issue de la grand'messe, les habitants assemblés décident, sur la pétition de quatorze citoyens, que désormais le marché aux grains, qui se tient sur la place du Carrefour, se fera sous la halle ordinaire, comme par le passé, à moins que les troubles obligent de le remettre sur la place du Carrefour.

Le 2 décembre 1792, on procède au renouvellement des corps administratifs et judiciaires ; le Sr Laurent Hardouin est nommé juge de paix, et les citoyens Martin Guillochin, Gavardeau, Pierre Moreau et Fadin sont nommés assesseurs, et le Sr Mathieu, greffier. Les électeurs des communes veulent alors nommer un juge de paix du canton, et, malgré la protestation du procureur de la commune qui s'y oppose, parce que la population de Nangis est inférieure à deux mille âmes, ils nomment pour juge le Sr Martin, et pour greffier, le notaire Colmet.

La municipalité est renouvelée à son tour le 9 décembre 1792 ; le Sr Blaise Roze est nommé maire, les citoyens Henri Baussillon, Jean-François Lelourdy, Martin Baussillon, Louis-François Colleau et Edme Pannier sont nommés officiers municipaux. Le Sr Dumanchin est nommé procureur de la commune ; puis sont nommés notables, les citoyens Edme-Marc Leseurre, curé de la ville, Athanase Camuset, Joseph Bléneau, prêtre, aumônier de la garde nationale ; Etienne Bertrand, Nicolas Bégat, Pierre Fouquet, tailleur ; François Fouquet, aubergiste ; Claude Pacon, Pierre Détroges, Etienne Morin. Nicolas Barbier est maintenu greffier.

Ici, nous avons à constater une lacune regrettable dans les pièces qui nous ont initié à la vie de Nangis pendant la période révolutionnaire ; tous les documents concernant l'année 1793, an IIe de la République, manquent complètement. Peut-être, sous l'Empire ou la

Restauration, quelque personnage n'aura pas voulu laisser des témoins gênants de ses actes pendant la Terreur et a fait disparaître les cahiers et papiers de cette époque. Nous avons vu combien la population de Nangis s'est montrée jusqu'ici relativement sage et modérée, nous regrettons de ne pas pouvoir constater si cette modération s'est continuée en 1793, au moment des plus grands excès révolutionnaires, et comment fut exécutée ici la loi des suspects.

Nous pouvons cependant affirmer que, tandis que le tribunal révolutionnaire faisait à Coulommiers et à Pommeuse tant de victimes, et qu'à Donnemarie la populace massacrait le meunier Lécuyer, Nangis ne livra aucun des siens à la guillotine. Nous ne relevons qu'un seul cas, et encore est-ce aux habitants de Nangis qu'il faut l'imputer? Un sieur Lambert, âgé de 28 ans, né à Guignes, garçon boucher, chez M. Rode, à Nangis, fut arrêté sur la dénonciation de deux dames patriotes de Mons, près Donnemarie, pour avoir crié : Vive le roi! Le malheureux était ivre. Le 27 avril 1794, il fut condamné en compagnie d'un charretier et de deux vignerons pour avoir tenté au rétablissement de la royauté, et exécuté le même jour.

Les événements avaient sans doute pris à Nangis une certaine gravité, car, au commencement de l'année 1793, la ci-devant marquise de Nangis, épouvantée par la tournure que prenaient les choses, et se sentant peu populaire, prit le parti de s'enfuir et de passer à l'étranger avec ses enfants. Sa fuite faillit être fatale à son mari ; il fut arrêté et incarcéré dans les prisons de Provins comme complice de sa femme.

Le 13 frimaire, an 2e, un arrêté déclara la marquise définitivement émigrée. M. de Guerchy crut sortir de sa situation critique en demandant en conséquence le divorce.

L'état civil mentionne ce divorce en ces termes :

« L'an deux de la République Française une et indivisible, le trois nivôse, devant Claude Mignot, officier d'état civil de Nangis, comparut le Sr Jean Riguet, homme de loi à Melun, au nom et comme fondé de procuration spéciale de Louis Régnier-Guerchy, propriétaire, demeurant à Nangis, actuellement détenu dans la maison d'arrêt de Provins, ladite procuration passée devant Chamblin et Lemoust de la Fosse, notaires à Melun, lequel, assisté de témoins, a représenté l'expédition d'un arrêté du département de Seine-et-Marne, en date du 13 frimaire dernier, signé Boucher, qui déclare que Françoise-Louise Duroux, épouse dudit citoyen Régnier-Guerchy, est définitivement émigrée et ordonne que toutes les lois relatives à l'émigration seront exécutées à son égard.

« Et attendu qu'aux termes de l'article 1er de la loi du 28 mars 1792, rendue postérieurement à la loi sur le divorce, les émigrés sont bannis à perpétuité du territoire français, et sont morts civilement, que, par conséquent, le seul fait d'émigration entraîne condamnation à une peine afflictive.

« Le citoyen Riguet, audit nom, a alors requis la dissolution du mariage d'entre ledit Régnier-Guerchy et ladite dame Duroux pour cause de condamnation à peine afflictive prononcée contre elle.

« Pourquoi nous, officier public, sur la réquisition dudit Sr Riguet audit nom, nous avons prononcé la dissolution du mariage qui a eu lieu entre ledit Louis Régnier-Guerchy et ladite dame Françoise-Louise Duroux, dont acte. »

Ce divorce ne rendit pas à l'ancien marquis la liberté espérée; sa situation s'aggrava même un instant. Une lettre de lui, dans laquelle il demandait à son domestique ce qu'il faisait de son anglais (c'est-à-dire de son cheval anglais), ayant été interceptée, il fut accusé d'entente avec l'ennemi, et n'échappa qu'avec peine au tribunal révolutionnaire. Il fut transféré à Melun et passa le 22 juin devant le tribunal criminel du département. Six témoins avaient été appelés de Nangis : MM. Pierre Destroges, Nicolas Levif, Martin Guillochin, François Fadin, Charles Mongrolle et François Fouquet; leurs dépositions furent sans doute favorables à l'accusé, qui avait conservé à Nangis beaucoup de sympathie, car il fut acquitté.

L'ex-marquis se remaria l'année suivante, le 1er brumaire an III, et épousa en secondes noces demoiselle Barbé Bourgeon, demeurant à Paris, fille de Jean-Nicolas Bourgeon, vérificateur des domaines nationaux, et de Barbe Rolin, demeurant à Paris, rue Louvois. Ce mariage ne me paraît pas avoir été, pas plus que le divorce, l'expression du libre arbitre de M. de Guerchy, si j'en crois certaine phrase intercalée dans l'acte de mariage, et ainsi conçue : « Vu l'acte de promesse de mariage dressé par l'officier public de l'état civil de la commune de Paris, nommé par le Comité de salut public ». Cette phrase en dit bien long.

Le ci-devant marquis fut encore arrêté au commencement de l'année 1794 comme ayant des rapports avec les émigrés et conduit dans les prisons de Melun. Mais les habitants de Nangis, qui avaient conservé de l'affection pour leur ancien seigneur, toujours si bienfaisant à leur égard, envoyèrent de leur propre mouvement une députation à Melun pour réclamer sa mise en liberté. Le conseil du district, touché peut-être par l'étrangeté de cette démarche, rendit le prisonnier qui fut ramené en triomphe à Nangis. Le soir, il y eut grande fête dans le parc du château, illuminations, grand bal, et tonneaux de vin défoncés. Des vieillards m'ont raconté ces réjouissances improvisées dont leurs pères leur avaient fait le récit. Ce fut la dernière fête que vit le château de Nangis sous ses anciens maîtres; ce fut la fête des adieux.

Les affaires industrielles avaient dévoré toute la fortune du marquis. Les domaines étaient entièrement grevés; l'insécurité du moment venant encore aggraver la situation, il fut amené à liquider, et vendit, l'une après l'autre, toutes les fermes qui composaient l'ancien marquisat. Plusieurs domaines furent vendus à MM. Philippe et Germain Garnot; bientôt, il ne resta plus que le château et la ferme en dépendant.

Le 18 germinal an III, par acte passé devant Me Simon, notaire à Provins, le citoyen Régnier-Guerchy vendit à Jean-Pierre Videl, ancien notaire, demeurant à Paris, le domaine de Nangis, composé :

1° D'un ci-devant château, entouré de fossés, cours, avenues, deux basses-cours, les différents logements qui en dépendent, en ce compris la grange, dont partie est découverte, et terrain adjacent, provenant du ci-devant curé de Nangis, plus le petit jardin attenant loué avec la boulangerie.

2° Dans l'avenue et avant-cour dudit château, se trouve un bâtiment qui fait partie de la présente vente, et qui aboutit à un autre bâtiment donnant sur la grande route, réservé par le citoyen Guerchy dans toute sa longueur, jusqu'à la partie intérieure des fossés.

3° Deux parties de potager affermées au citoyen Robinet, dans lesquelles se trouve comprise une portion des anciens fossés de la commune.

4° Le clos du parc, contenant avec les potagers ci-dessus et les basses-cours et fossés, la quantité de soixante arpents, non compris les anciens fossés de la commune, dont 25 arpents en terres labourables, 15 arpents en labours, 12 arpents en allées, et le surplus en pépinières et cours. Le tout entouré de fossés et murs.

5° La ferme dite du Moulin des Vignes, consistant en 150 arpents de terres louées au tiers franc au citoyen Séguin, 12 arpents de prés et 10 arpents de jardin, pâture, clos et avenues dans lesquelles se trouvent 300 pieds d'arbres fruitiers, et le logement du fermier avec tous les bâtiments nécessaires à l'exploitation.

6° Trois arpents de petite futaie appelée le bois du Moulin des Vignes;

7° Et enfin une tuilerie avec bâtiments, jardin et halles en dépendant.

La vente fut faite moyennant la somme de 450 000 livres, dont l'acquéreur versa de suite au vendeur 25 000 livres, tant en argent qu'en assignats; le surplus devant être employé à payer, en l'acquit du vendeur, les créanciers qu'il indiquera.

Nous avons donné cette description des biens vendus pour faire connaître la situation du château et de ses dépendances à cette époque.

Ainsi, lors de cette vente, il n'y avait pas de ferme attenant au château. Les vastes bâtiments situés en face l'église, entourant deux vastes cours, servaient aux besoins du château et formaient les communs et les logements du personnel. La grange, alors en ruine, qui se trouvait au fond de la première cour, faisant face à l'église, servait à recevoir les redevances en nature dues par les fermiers et les censitaires. On parvenait du château dans ces basses-cours par un pont en pierres qui existe encore sur les fossés dudit château, et n'a plus d'issue.

Les bâtiments de culture et d'habitation du fermier étaient alors situés sur le bord de la route de Montereau, à l'angle du chemin du Moulin des Vignes. On voit encore l'emplacement de la mare de la ferme. Ce n'est que plus tard que le nouvel acquéreur, ne voulant pas réparer les bâtiments de la ferme du Moulin des Vignes, en mauvais état, les fit démolir et transporta cette exploitation dans les basses-cours du château.

Près de la ferme du Moulin des Vignes se trouvait aussi une tuilerie importante qui a disparu avec elle. La grande excavation appelée les Marinières, située près du bois des Vignes, était le lieu d'emprunt où la tuilerie s'alimentait de terre glaise.

Enfin, près de la garenne, avait existé un moulin à vent qui avait donné son nom à la contrée, il était déjà disparu à cette époque; la maison du meunier était seule encore debout.

A la fin de l'acte de vente, le marquis déclare qu'il ne peut remettre les vieux titres de propriété, tous ayant été brûlés, aux termes de la loi, comme entachés de féodalité.

L'ex-marquis continua à résider à Nangis, dans la maison par lui réservée dans la vente ci-dessus, laquelle se trouvait sur l'emplacement de l'école actuelle des garçons, et laissa passer la tourmente révolutionnaire. Lorsque le calme fut revenu, nous le trouvons receveur particulier des finances à Coni, en Piémont. Il mourut en 1806 à Montreuil-sur-Mer, où il était employé pour les subsistances de l'armée impériale.

Que sont devenus les quatre enfants du premier lit du marquis, et les quatre enfants nés de son second mariage? Les seuls renseignements que nous avons pu trouver à ce sujet nous indiquent que l'une de ses filles, Ambroise-Gabrielle-Lydie de Régnier-Guerchy, épousa M. le comte Etienne Chabenat de Bonneuil. Une autre fille épousa M. de Haut, de Sigy, et fut la mère de M. Marc de Haut, que nous avons connu éloquent président du comice agricole de l'arrondissement de Provins. Un vieillard de Nangis nous a affirmé que l'un des fils avait été, sous la Restauration, architecte de l'Opéra, à Paris. Ce qui nous paraît certain, c'est que la descendance masculine des Guerchy est aujourd'hui éteinte. Cette famille ne revit plus que dans celles des comtes d'Haussonville, de Bonneuil, et du marquis de Sigy. La marquise de Nangis, lorsqu'elle put rentrer de l'émigration, se retira à Provins, rue de la Venière, où elle vécut encore de longues années, fort remarquée à cause de l'habitude qu'elle avait contractée à l'étranger de porter le costume masculin.

Le château de Nangis fut revendu en 1811 par M. Videl à M. Bourlet, et passa ensuite entre les mains du gendre de ce dernier,

M. Abraham-François-Louis, comte d'Echerny, d'origine suisse, dans la famille duquel il resta jusqu'à nos jours.

Mais revenons à la municipalité de Nangis, qui est toujours aux prises avec les difficultés que lui suscitent les mauvaises récoltes. Elle est forcée, d'un côté, de surveiller l'approvisionnement de son marché et est tiraillée, d'autre côté, par les réquisitions du gouvernement qui, par ses commissaires, réclame toujours des grains pour l'alimentation de la capitale et des armées. En germinal an III, il est décidé que l'on ne donnera plus de bons aux citoyens pour avoir des grains chez les cultivateurs; que huit commissaires seront nommés pour se rendre chez ces derniers, constater la quantité de blé battu et non battu qu'ils possèdent, et les inviter à apporter sur le marché les quantités battues.

La mesure ne produit pas d'effet, et le marché reste mal approvisionné. Le 12 germinal, le conseil décide que des commissaires seront nommés, pour, conjointement avec un détachement de la garde nationale, se rendre chez les cultivateurs désignés à l'effet de faire emmener sur-le-champ la quantité de blé portée sur une liste. Les officiers municipaux Jacquinot et Guillochin sont désignés à cet effet.

Sur la liste dont s'agit, le sieur Mongrolle, fermier aux Manteresses, est taxé pour 6 setiers.

Larousse, à la Chaussée, pour 2 setiers.

Dufrayer, à Pars, pour 18 setiers.

Tisserand, aux Equeuvres, pour 3 setiers.

Picoiseau, au Moulin, pour 6 setiers.

Guay, à la Psauve, pour 10 setiers.

Le remède est encore impuissant. Sur la réquisition du député Lequinio, commissaire du gouvernement en Seine-et-Marne, le district de Provins organise un corps de cinquante gardes nationaux pour escorter les commissaires, faire battre et enlever de suite les grains et protéger les transports sur Paris. Pour le canton de Nangis, le citoyen Colleau, officier municipal, est nommé commissaire.

La situation des laboureurs, comme on les appelait alors, devient de plus en plus critique : menacés de pillage par la population qui voit partout des accapareurs, menacés et pressurés par la municipalité et les commissaires délégués, ils ne savent plus auquel entendre.

Les fermes des environs de Nangis étaient alors détenues par les cultivateurs dont les noms suivent :

MM. Naudier, à la Psauve;
    Pacon, au Corroy;
    Angenoust, aux Maillets, rue Neuve;
    Barat, à la Chaise;

MM. Bénardeau, à Bouron ;
  Baulant, au haut Chaillot ;
  Courcier, au bas Chaillot ;
  Picoiseau, à la ferme du Moulin des Vignes ;
  Larousse, à la Chaussée ;
  Guay, à la Psauve ;
  Notaire, aux Hayes ;
  Quillard, au Buisson ;
  Dufrayer, à Pars ;
  Mongrolle, aux Manteresses ;
  Beaugrand, à Courtenain ;
  Moreau Jacques, à Malnoue ;
  Beaugrand père, au Chatel ;
  Tisserand, aux Equeuvres ;
  Et Moreau, à l'Epoisse.

Enfin on en arrive à mettre des gardes nationaux en station chez les fermiers. Le 23 germinal, quatre gardes sont placés chez le sieur Guay, à la Psauve, et quatre chez le sieur Dufrayer, à Pars.

Comme on apprend que des traînards se portaient en bande dans les fermes isolées et pillaient les grains, le 23 germinal le conseil décide d'inviter les cultivateurs à faire transporter leurs grains, aussitôt battus, en la maison commune de Nangis, et on établit un grenier d'abondance dont le sieur Blondelot est nommé gérant, et le sieur Corneille préposé à sa garde. La municipalité en permanence ne s'occupe plus que de la question des subsistances, répondant à toutes les réclamations et réquisitions par des nominations de commissaires.

Pendant cette lutte pour la vie, le 4 ventôse an III, le conseil obéissant à un décret de la Convention, en date du 10 juin 1793, et pour venir en aide à la population, en permettant à tous de cultiver des légumes, décide le partage, entre tous les habitants de Nangis, des biens communaux situés aux pâtures Philmin et aux pâtures du Gué. Le partage fut effectué, non sans récriminations, par le sieur Angenoust, géomètre. Aujourd'hui, bien peu de familles nangissiennes ont conservé le petit lopin de terre qui leur a été attribué alors ; exemple saisissant du résultat que donnerait au bout de quelques années le grand partage de la propriété.

Les malheurs du temps n'arrêtaient pas le flot des élections à Nangis. Le 10 brumaire an IV, Martin Guillochin est nommé de nouveau juge de paix ; Millet père est élu président de l'administration municipale ; Pierre Moreau, François Pannier, Jean-Baptiste Perrot et Pierre Détroges sont nommés assesseurs, et Georges Mathieu, greffier.

Les fonctions changent souvent de nom comme de titulaires ; le 15 brumaire an IV, Gabriel-Marie Richard est nommé agent municipal de la commune; le 10 floréal an VI, il est de nouveau nommé · aux mêmes fonctions, et, le 10 germinal an VII, le citoyen Pierre Détroges est nommé à son tour agent communal, et le sieur Pannier lui est donné comme adjoint.

Mais le 10 prairial an VIII, les élections ont cessé; le sieur Dumont, l'aîné, est nommé par le gouvernement maire définitif de la ville de Nangis, et le sieur Claude-Louis Granger lui est donné comme adjoint.

Le 27 messidor an XI, les membres du conseil et les fonction-naires font chanter un *Te Deum* et des chants de réjouissance pour l'anniversaire de la naissance du citoyen Bonaparte.

Le 15 pluviôse an XIII, les membres du conseil prêtent serment à la nouvelle Constitution. Ces conseillers sont alors MM. Durand, Bertrand, Lucian, Camuset, Millet, Hannier, Perrot, Moreau, Fadin et Chapelle.

Le 19 pluviôse an XIII, le conseil, pour subvenir aux réparations des monuments et des chemins, vote un nouveau tarif de places sous les halles et dans les rues, places et carrefours de la ville. Le même jour, comme la foire du 17 messidor tombe au moment de la coupe des foins, le conseil décide la création d'une nouvelle foire le 1er ven-démiaire, ou 22 septembre de chaque année, qui portera le nom de foire impériale et aura une durée de trois jours. Cette foire nou-velle ne paraît pas avoir eu de succès; aussi, le 1er brumaire an XIV, le conseil décide de reporter, comme sous l'ancien régime, la foire du 17 messidor au 4 juillet de chaque année.

Le 4 mai 1809, le conseil, pour donner satisfaction à la réclama-tion du sieur Naret, juge de paix, qui habite une maison adossée au cimetière, et se plaint d'émanations dangereuses, décide le déplace-ment dudit cimetière et choisit, pour nouvel emplacement, un terrain où s'élevait le moulin de Saint-Antoine, récemment écroulé, appar-tenant aux hospices de Nangis, et situé à l'angle de la route de Rampillon et du chemin de Montrimble, mais jusqu'à concurrence de 33 ares 34 centiares seulement.

Le maire Dumont mourut le 4 août 1810 et fut remplacé par Louis-Mathurin Lestumier, ancien maître de poste. Son adminis-tration devait être bientôt troublée par de terribles événements. La France était envahie, et Nangis vit les armées aux prises sur son ter-ritoire. Tandis que les Prussiens opéraient vers la Marne, l'armée russe et autrichienne qui s'avançait derrière la Seine, avait franchi ce fleuve à Montereau et à Bray et repoussé les corps des maréchaux Victor et Oudinot, qui s'étaient retirés derrière la rivière d'Yerres. Napoléon, qui venait de culbuter les Prussiens à Montmirail, accourut au secours de ses lieutenants pour rejeter l'ennemi au delà de la Seine et couper les corps de troupes qui s'étaient aventurés jusqu'à Fontainebleau. Le général Gérard surprit l'avant-garde ennemie qui s'était établie à Mormant, la chassa de cette ville l'épée dans les reins, et la rejeta sur Nangis qui était occupé par un corps bavarois. Le combat continua dans la vaste plaine entre Mormant et Nangis; l'ennemi, toujours repoussé, fut chassé de Nangis et rejeté sur Montereau. La division bavaroise Lamotte, rejointe entre Valjouan et Villeneuve-les-Bordes par les troupes du général Gérard, fut mise en déroute et sabrée. Ce sont ces faits d'armes précurseurs de la bataille de Montereau que l'histoire a appelés le combat de Nangis du 17 février 1814. Le moulin du Haut-Mondé, situé sur le mamelon qui domine Nangis, fut renversé par l'artillerie.

Napoléon s'arrêta à la Baraque, à l'entrée de Nangis. C'est là qu'il donna ses ordres aux troupes qui défilaient devant lui, dirigeant le corps d'Oudinot sur Provins, celui de Macdonald sur Donremarie et le maréchal Victor sur Montereau. La vieille garde alla bivouaquer dans le parc du château et sur les boulevards.

L'empereur, harassé de fatigue, passa la nuit au château. Il occupa, dit-on, la petite pièce qui fait suite à la salle du conseil actuelle. C'est là qu'il écrivit cette lettre datée de Nangis, du 18 février, au ministre de Caulaincourt, pour lui retirer ses pleins pouvoirs.

Mais Nangis fut bientôt réoccupé par les troupes ennemies. Une bizarrerie de cette occupation fut la disette de bois de chauffage. La guerre avait empêché de faire les coupes ordinaires de bois, les chantiers étaient vides, et, vers la fin de l'hiver, la population se trouva sans bois, et dans l'impossibilité de s'en procurer. Déjà les soldats démolissaient les vieilles constructions dans les faubourgs pour en prendre les solives; il fallut aviser. Le 1er avril 1814, le conseil, pour remédier au manque de bois de chauffage dont souffrent les habitants, ne pouvant satisfaire aux demandes des ennemis qui démolissent des maisons, décida de faire abattre les arbres se trouvant sur la route de Paris, depuis l'embranchement jusqu'à la commune de Bailly-Carrois, et d'en effectuer la vente aux habitants. Cette vente eut lieu et produisit la somme de 4 897 francs.

Le 4 octobre 1814, la mairie passa entre les mains de M. le comte d'Echerny, par suite du décès de M. Lestumier.

SITUATION – COMMERCE
POPULATION

Nangis étale ses maisons sur le large plateau de la Brie française que n'arrose aucun cours d'eau, car l'on ne peut appeler de ce nom le ru d'Ancœur et les ruisseaux qui reçoivent les eaux de pluie et les eaux des égouts de la ville. Il est situé à 130 mètres d'altitude; aussi toute la rose des vents balaye et assainit ses larges rues.

Avant la Révolution, Nangis faisait partie du diocèse de Sens; c'était une paroisse de l'archidiaconé de Melun et du doyenné de Montereau. Depuis le Concordat, il est rattaché au diocèse de Meaux. Il appartenait sous l'ancien régime à la généralité de Paris, élection de Rozoy; maintenant il est l'un des chefs-lieux de canton de l'arrondissement de Provins, département de Seine-et-Marne. Il est placé au 70e degré de longitude et au 40e de latitude.

Il était situé autrefois à un kilomètre environ de distance de la route nationale n° 19 de Paris à Bâle, il a fini par la rejoindre et il est en train de la border de maisons pour en faire une de ses rues.

Nangis est agréablement situé dans une plaine fertile en céréales; son territoire se compose de 2 413 hectares, dont 2 325 sont en culture. Son territoire est traversé de l'est à l'ouest par un filon de sable fin, contenant d'énormes grès, qui se prolonge sur le territoire de Rampillon; ce sont ces grès qui ont été employés autrefois dans toutes les vieilles maisons. Ils ont servi à bâtir les églises de Nangis, de Rampillon, et de la Croix-en-Brie.

La ville est traversée de l'ouest à l'est par la route départementale n° 3, de Melun à Nangis, et du nord au sud par la route départementale n° 1 de Montereau à la Ferté-sous-Jouarre. Ces deux routes se coupent à angle droit au centre de la ville, en un point nommé le Carrefour. Elles divisent Nangis en quatre segments et en forment les principales rues.

Dans sa partie nord-ouest, Nangis renferme une grande place où se tiennent les foires et où se fait la vente des animaux de culture. Près d'elle se trouvent deux halles : l'une, construite par le dernier marquis en 1785, sert au commerce des veaux; l'autre, qui avait environ un siècle de plus d'existence et a été reconstruite en fonte en 1883, était affectée au commerce des grains. Mais depuis un certain nombre d'années, on peut dire depuis sa reconstruction, ce commerce si considérable à Nangis ne se fait plus que sur échantillons en poche ; aussi cette halle ne sert plus qu'à abriter les étaux des bouchers et les marchandises craignant les intempéries.

Comme tout chef-lieu de canton qui se respecte, Nangis a sa gare, sur la ligne de Paris à Belfort, à une heure environ de Paris ; ses écoles, son usine à gaz, ses abattoirs et deux lavoirs publics.

Depuis peu, une ligne de tramway, allant de Bray-sur-Seine à Sablonnière, créée par le conseil général de Seine-et-Marne, traverse Nangis et son canton du nord au midi, met la ville en communication avec ses principales communes, et relie plusieurs lignes de chemin de fer.

Le commerce dominant à Nangis est celui des grains, des fourrages et des produits nécessaires à la culture ; il est difficile d'évaluer l'énorme quantité de blés et d'avoines vendue dans les cafés pendant chaque marché. Depuis une trentaine d'années, l'industrie a pénétré dans ses murs ; une importante sucrerie a été créée, contribuant à donner un grand essor à la culture intensive de la contrée. Une grande fabrique d'instruments agricoles et une scierie mécanique occupent de nombreux ouvriers.

La mairie, installée dans l'aile gauche de l'ancien château de la Motte-Beauvoir, entourée d'un joli parc très fréquenté et bien disposé pour les fêtes patronales, se présente sous un aspect sévère et imposant, et est certainement l'une des plus remarquables du département.

Nous ne pouvons passer sous silence ses larges boulevards, aux longues avenues de tilleuls qui entourent en partie la ville, et la belle avenue de la gare créée depuis l'établissement du chemin de fer de l'Est, et établie en partie sur l'ancien gué de la ville. Cette grande voie rendue plus spacieuse encore par les jardins uniformes qui précèdent les maisons, donne à Nangis, à son entrée de ce côté, l'aspect d'une grande ville.

Depuis la création du chemin de fer, Nangis, qui jusqu'alors n'avait pris que peu d'extension, et était resté enfermé dans ses anciens fossés, rompit cette barrière et se développa rapidement, couvrant de belles habitations les terrains qui séparaient l'ancienne ville de la gare. Maintenant il déborde de l'autre côté de la voie ferrée et semble retourner peu à peu vers la plaine qui porte encore le nom de Vieux-Nangis, et qui fut son berceau.

Nangis, en 1790, était porté pour 254 feux et 800 communiants ; à cette époque, la population s'était accrue des nombreux ouvriers employés dans les fabriques du marquis. Sous la Révolution, le procureur de la commune nous apprend que la population est tombée au-dessous de 2 000 habitants; sous l'Empire, elle était descendue à 1 500. Mais elle se releva peu à peu : sous la Restauration, elle remonta à 2 015, et cet accroissement ne fit que s'accentuer. Le dernier recensement donne à la ville 3 179 habitants.

LES RUES

Comme nous l'avons exposé plus haut, les quatre rues principales de Nangis sont formées par le croisement au carrefour des deux routes départementales nᵒˢ 1 et 19. La route de Melun forme la principale artère; elle traverse Nangis du levant au couchant. Elle prend à l'entrée le nom de faubourg de Melun, puis celui de rue de la Poterie; après avoir traversé le carrefour, elle devient la rue Noas-Daumesnil, et enfin prend le nom de faubourg Saint-Antoine, devenu depuis peu faubourg Notaire. Ce nom n'a pas été choisi, comme on pourrait le croire, pour rappeler le notariat nangissien qui n'a joué aucun rôle en cet endroit, mais en souvenir d'un don fait à la ville par une dame veuve Notaire, don qui servit à édifier la maison du gardien du cimetière.

La rue de la Poterie, où se concentre en grande partie le commerce de détail de la ville, a été, ainsi que nous l'avons exposé au début de ce récit, la première rue créée lors de la formation de Nangis. Ce nom de Poterie paraît remonter à une haute antiquité, car nous l'avons rencontré dans les plus vieux titres; il provient sans doute d'un établissement de potier établi en cet endroit. Sous l'ancien régime, la rue de la Poterie ne s'étendait que du carrefour à la halle marchande; la petite place formée devant cette halle s'appelait la place au Beurre; à la suite, venait la rue de l'Etape-au-Vin, allant de la halle à la porte de Melun, sur les fossés. C'était dans cette rue que les nombreux vignerons de Saint-Ouen, de Fontenailles et de la Chapelle-Gauthier apportaient les vins de leur récolte les jours de marché et de foire. Puis au delà des fossés s'étendait le faubourg de Melun, et, à son extrémité, à la suite du parc du château, le faubourg des Granges-à-Poulain. Sous la première République, les rues de la Poterie et de l'Etape-au-Vin s'appelaient rue de l'Egalité.

La rue Noas-Daumesnil qui fait suite, s'appelait, sous l'ancien régime, rue Neuve, depuis le carrefour jusqu'au tournant de l'Hôtel-Dieu; là elle prenait le nom de Grande-Rue, et s'appelait, vers son extrémité, le faubourg des Bretonnières. En 1793, la réunion de ces trois tronçons reçut le nom de la rue de la Fraternité. Après la Révolution, elle s'est appelée rue Saint-Mathurin, du nom de la chapelle Saint-Mathurin dépendant de l'Hôtel-Dieu, puis rue Paul-Bert, du nom de l'ancien gouverneur de la Cochinchine. On lui a donné enfin le nom de Noas-Daumesnil pour rappeler le magnifique don du domaine de la Boulaye, commune de Closfontaine, fait à l'hospice de Nangis par Madame de Noas, née Daumesnil, petite-fille du général Daumesnil, défenseur de Vincennes lors de la chute du premier Empire. Le carrefour au croisement de la route de Rampillon et de celle de l'embranchement s'appelait le carrefour de la Croix-des-Bretonnières. La porte, qui défendait le passage des fossés, s'appelait la porte de Rampillon. Au delà se prolongeait le faubourg Saint-Antoine.

La route de Montereau, qui traverse Nangis dans l'autre sens, forme aujourd'hui la rue des Ecoles, celle de l'Hôtel-de-Ville, la rue et l'avenue de la Gare.

La rue des Ecoles s'appelait anciennement rue du Tournebride, sans doute à cause des deux tournants de cette voie et rue de Montereau. Sous la République, c'était la rue de la Raison. La rue de l'Hôtel-de-Ville s'était toujours appelée rue de l'Eglise; ce n'est que depuis quinze ans environ qu'elle a changé de nom. Sous la Révolution, elle s'appelait rue de l'Egalité.

La rue de la Gare actuelle était la rue du Gué, qui conduisait au gué de la ville et rejoignait la grande route de Paris à Bâle. Elle renfermait un grand nombre d'hôtels et d'auberges, notamment les hôtelleries de Saint-Nicolas, de Saint-Louis, de la Corne-de-Cerf, de l'Ecu et du Lys. Au delà des boulevards, commence l'avenue de la Gare, quartier nouveau et de construction récente. Au croisement de la rue du Gué et de la grande route de Paris, un hameau, appelé la Baraque, était formé de plusieurs auberges pour le service du roulage alors si important. Ce hameau se trouve aujourd'hui incorporé à Nangis et a conservé le nom de la Baraque, qui lui provient d'une petite masure qui, au moyen âge, se trouvait seule au croisement des deux routes, et était occupée par le receveur des droits de péage dus au seigneur. Dans une niche, au-dessus de la porte, était placée une sainte Vierge, devant laquelle le clergé se rendait en procession le jour de Saint-Marc.

La rue actuelle de la République, qui relie la rue des Ecoles à la rue Noas-Daumesnil, s'appelait, dans sa partie vers le château, la rue Reverselieu, et, à l'autre extrémité, les Petites Rues.

La rue actuelle du Dauphin s'appelait, avant la Révolution, rue au Beurre-et-aux-Fromages. Pendant l'ère révolutionnaire, elle prit le nom de rue des Droits-de-l'Homme; sous la Restauration, on lui donna le nom de la rue du Dauphin, enseigne d'un hôtel situé en cette rue. La rue du Mouton tire son nom fort ancien de l'auberge du Mouton qui se trouvait dans cette rue, en face de celle du Dauphin. Sous la République elle portait le nom de rue de l'Union, puis reprit son ancien nom, qui vient d'être remplacé par celui de Pasteur.

La rue des Fontaines actuelle portait anciennement le nom des

8

Petites-Creusottes jusqu'au boulevard, puis, au delà, rue des Grandes-Creusottes, enfin, à son extrémité, rue de l'Ecorcherie, à cause sans doute d'abattoirs qui étaient déjà établis vers cet endroit.

Sous l'ancien régime, la ville trouvait bien lourd pour son petit budget le loyer qui lui incombait pour le logement des gendarmes. En 1786, la ville, représentée par Blaise Mercier, grand-maire de Donnemarie, bailli et maire de Nangis ; Claude Oudot, médecin, premier adjoint, et François Fadin, marchand épicier, deuxième adjoint, acheta des héritiers de Jean Robert, cordier, deux maisons contiguës, formant un seul accint, avec jardin et aisances, le tout situé audit Nangis, au bout de la rue du Gué, près des boulevards, moyennant 600 livres. L'Etat vint sans doute en aide pour le paiement de cette somme ; et la ville, en y logeant ses gendarmes, fut débarrassée de l'une de ses plus grosses charges, le loyer de la gendarmerie.

Anciennement, la halle marchande tenait du couchant aux bâtiments de l'hôtel de la Croix-Blanche, qui avait même une entrée sous cette halle. Ainsi, par acte de Périer, notaire à Nangis, du 10 septembre 1745, nous voyons le sieur Loriot, hôtelier de la Croix-Blanche, louer à Antoine Rode, garçon boucher, le premier de la dynastie des Rode, bouchers à Nangis, une boutique dépendant de l'hôtel, et ayant son entrée sous la halle. Afin de dégager les abords de cette halle, M. Gremeau, agissant comme maire, acheta, par acte reçu de Gervais, notaire à Nangis, du 19 mars 1828, des héritiers de Jean Thouzard, hôtelier, les vieux bâtiments de la Croix-Blanche, et sur leur emplacement, fit percer la rue du Minage, pour la partie qui longe la halle au couchant. La ville revendit le surplus dudit emplacement, à l'exception d'un petit bâtiment situé à l'angle de la place du Commerce, qu'elle conserva pour servir de corps de garde à la garde nationale, puis de resserre pour le marché.

Il existait alors un passage couvert qui, de la rue de la Poterie, près du puits du Temps-perdu, conduisait à la place du Commerce, en passant par une cour commune appelée la cour de l'Etape-au-Vin ; comme ce passage faisait double emploi avec la rue nouvelle, le conseil, dans sa séance du 30 août 1836, en ordonna la vente « comme réceptable d'ordures et repaire de gens mal famés ». Il fut vendu 700 francs à M. Gervais, maire à cette époque.

A l'angle de la rue de la Poterie et de celle de l'Hôtel-de-Ville, au Carrefour, se trouve une vieille maison qui a été mise récemment à l'alignement. Cette maison, appelée la maison des Piliers, qui datait du xvie siècle, se prolongeait sur la place du Carrefour par une arcade reposant sur piliers et supportant un premier étage. C'était sous cette arcade que la ville, en 1792, avait installé le corps de garde de la garde nationale. Au premier examen, il était facile de voir que cette arcade était un ancien passage couvert servant autrefois d'entrée à une ruelle qui se prolongeait entre les maisons actuelles de la rue de l'Hôtel-de-Ville (côté des numéros pairs) et un pâté de constructions depuis longtemps disparu. Un acte de décès du 6 novembre 1644, déjà cité, peut nous donner une explication sur ces constructions rasées pour faire place au large carrefour actuel. Cet acte dit que ledit jour est décédée la femme de Simon Pelletier, marguillier, « laquelle mourut en son logis des Piliers, près les halles ». Cette maison des Piliers était-elle la même que celle qui nous occupe et qui porte le même nom ? En cas d'affirmative, les halles marchandes s'élevaient donc, au xviie siècle, au Carrefour, sur la petite place actuelle. Comme ces halles devaient rétrécir la rue à l'endroit le plus fréquenté de la ville, elles furent peu après changées de place et transportées à l'endroit où elles se trouvent actuellement.

BOULEVARDS ET FOSSÉS

Nous avons exposé l'origine des fossés et fortifications de Nangis. Il résulte de l'inspection des lieux que le plan primitif des fossés avait été établi sous la forme d'un carré. Mais la charge imposée par le seigneur de comprendre dans l'enceinte le faubourg des Bretonnières avait forcé de modifier la face au levant dudit carré. De ce côté, les fossés devaient primitivement s'arrêter environ à l'endroit où vient d'être créé un nouveau lavoir communal, et, de là, se diriger en droite ligne à la rencontre des fossés du boulevard Lebrun, laissant en dehors de l'enceinte la partie extrême de la rue Noas-Daumesnil, qui portait alors le nom de faubourg des Bretonnières, et partie des Petites-Rues.

De même, à l'autre extrémité, on avait laissé en dehors le faubourg de Melun. Pour enclore ce faubourg des Bretonnières, les fossés formèrent au levant une pointe aboutissant à la porte de Rampillon.

Il existait sur les fossés quatre portes principales avec ponts et piliers : les portes de Melun, de Montereau, de Rampillon et de Paris, ou du Gué.

Tant que les temps furent troublés, les habitants de Nangis firent bonne garde le long de leurs fossés, mais lorsqu'avec Richelieu et Louis XIV le calme fut revenu, les fossés cessèrent d'être entretenus, et leur chemin de ceinture devint une promenade publique plantée d'arbres. Vers le commencement du xviiie siècle, les seigneurs de Nangis reprirent possession de la partie des fossés qui traversait leur parc, peut-être du consentement de la population qui reconnaissait que la clôture était devenue inutile.

Le 16 mars 1762, la ville obtint permission de l'administration forestière de couper 262 arbres épars dans les fossés et sur les remparts, pour en employer le prix en réparation du pavage et des puits communs, à la charge de planter pareil nombre d'arbres.

Le 11 janvier 1782, une délibération du conseil et des habitants condamna les fossés à disparaître. Voici les termes de cette délibération :

« Nous, officiers municipaux et principaux habitants de la ville de Nangis-en-Brie, désirant occuper pendant cet hiver des ouvriers, et les occuper d'une manière utile pour eux et pour la ville; ayant remarqué que ladite ville est entourée de fossés toujours pleins d'une mauvaise eau croupissante, qui occasionne souvent des maladies dangereuses dans le pays, ce qui a donné lieu à plusieurs représentations desdits habitants à ce sujet. Que pour la salubrité de l'air, il serait nécessaire de les remplir de la terre qui en été autrefois tirée pour faire les remparts, ce qui donnerait plus de largeur aux promenades et donnera une décoration plus belle à la ville, en obviant à l'inconvénient desdites eaux et du défaut de leur écoulement. Mais comme les moyens de la ville ne permettent pas d'entreprendre tout à la fois, il a été arrêté qu'il n'en serait fait cette année que pour environ quatre ou cinq cents livres, en commençant par le coin derrière chez Robert, et, de là, aux Creusottes ; dans laquelle dépense sera comprise la plantation des arbres qu'il conviendra. Et seront les travaux suivis par M. Perret, échevin, qui veut bien se charger du soin de veiller les ouvriers qui y seront occupés, et d'en tenir un état exact des journées qu'il rapportera par semaine à l'assemblée du corps de ville, pour être en état de connaître la dépense, et l'arrêter, si besoin est, en cas d'insuffisance de fonds.

« Et sera la présente délibération remise à Monseigneur l'intendant pour obtenir sur ce, son agrément et autorisation au receveur syndic de ladite ville de payer les ouvriers, dont lui en sera tenu compte en rapportant les mandements quittancés.

« Fait et arrêté audit conseil le 14 février 1782 ; signé : Mercier, maire; Gransault, procureur fiscal; Perret, échevin; Barbier, Hardouin, greffiers; Guillochin, receveur syndic, et Oudot, médecin. »

La partie indiquée des fossés fut comblée pendant cet hiver. Les travaux du nivellement commencés près la rue du Gué, derrière la maison Robert, qui devait bientôt devenir la gendarmerie, furent poussés jusqu'à la rue des Creusottes, mais le surplus desdits fossés devait mettre plus d'un siècle à disparaître complètement

En 1784, les fossés et remparts de la ville sont déclarés réunis au domaine de la couronne (archives de Melun, liasse 9, n° 1430), mais à la Révolution, ils furent rendus à la commune.

Le 26 juillet 1791, le conseil ordonna la démolition et la vente du pont de la porte de Rampillon, des piliers, et de onze tilleuls et ormes pour établir un carrefour sur ledit emplacement et faire communiquer les Petites-Rues à l'embranchement du Pré-Boudrot qui venait d'être percé.

L'administration de la ville sous la première République ne paraît pas avoir recherché l'embellissement des boulevards; ayant peu de ressources, elle semble n'avoir eu pour but que d'en tirer un profit. Tous les ans, il était procédé à la vente de l'herbe accrue dans les fossés et sur les boulevards, et, quand le fourrage était cher, le produit était assez élevé.

Le 9 germinal an III, le conseil ordonne la plantation de 600 plantards de saules sur les boulevards, et le travail est adjugé au sieur Dauvé, moyennant trois livres dix sols du cent de plantards. Cette plantation devait être faite sans doute dans les fossés.

Le 22 germinal an IX, le conseil loue aux citoyens Claude Coutereau, et Etienne Maréchaux, pour quatre années, la partie du boulevard entre la Croix de Saint-Roch et la rue du Gué, dont le fossé était alors comblé, à charge de faire un fossé pour empêcher le passage des bestiaux, d'ensemencer ledit boulevard en bonne luzerne, de labourer, fumer en conséquence, et de planter gratuitement des plantards de saules qui leur seront fournis.

Le 4 germinal an XII, on procède à l'adjudication de l'herbe des boulevards et des tontures de saules et ormes accrues audit endroit.

Ce ne fut qu'après les invasions du premier Empire, lorsque la municipalité dut remplacer les arbres rongés par les chevaux de la cavalerie des alliés, que la ville fit niveler le sol et planter les tilleuls actuels.

Les fossés, dont on ordonnait en 1782 la destruction, ne furent entièrement comblés que de nos jours, et ce n'est qu'en 1902 qu'on a terminé le nivellement des fossés du boulevard Lebrun.

Une grande voie a été créée longeant du côté nord les boulevards, et, depuis une quinzaine d'années, cette voie s'est rapidement garnie de jolies habitations, ce qui fait regretter qu'une rue parallèle n'ait pas été créée de l'autre côté de ces boulevards. Une bordure de belles maisons, de chaque côté, eût rendu ces promenades plus coquettes et plus animées.

Il est regrettable aussi que, guidé par un esprit d'imitation, on ait donné à ces boulevards de grands noms, certes, mais étrangers au pays. On a donné à ces voies les noms de Voltaire et de Victor-Hugo, et, récemment, à la rue du Mouton, celui de Pasteur, grand nom que l'on retrouve sur les plaques des moindres bourgades et qu'on finit par rendre banaux. Cet hommage de Nangis pour ces illustres personnages n'ajoute rien à leur prestige et à leur gloire; il eût été préférable de sauver de l'oubli des noms locaux qui méritent d'être rappelés au souvenir des générations futures, tels que ceux de Pierre Britaud, véritable fondateur de Nangis, car, sans lui, cette ville serait peut-être aujourd'hui un simple village; de Guillaume de Nangis, l'historien, dont on consultera toujours les chroniques;

de Denis de Chailly, qui chassa les Anglais de la Brie au xve siècle, et devint seigneur de Nangis après l'avoir repris aux ennemis ; d'Armand de Brichanteau, maréchal de France, connu dans l'histoire sous le nom de maréchal de Nangis, qui prit part à de nombreuses campagnes sous Louis XIV et fit de larges dons à l'Hôtel-Dieu ; de Claude de Guerchy qui, à la tête de son régiment, chargea trois fois la terrible colonne anglaise à la bataille de Fontenoy, et laissa une si belle réputation toute d'équité, d'humanité et de justice ; et enfin, du général du Taillis, l'un des héros de l'épopée napoléonienne. On n'efface pas l'histoire ; et une ville s'honore toujours en prouvant qu'elle connaît son passé et en rappelant le souvenir des hommes remarquables qu'elle a produits.

Aujourd'hui, un autre esprit plus pratique paraît souffler. Les noms des rues deviennent la récompense des dons faits à la ville. Donnant et donnant ; et pour un don de 5 000 francs on a son faubourg. Une plaque dans la salle de la mairie n'eût-elle pas été suffisante ?

LES EAUX

Nangis, sur son plateau élevé, n'est baigné par aucun cours d'eau ; aussi, depuis sa fondation, la question de l'eau a dû jouer un grand rôle pour sa population. Jusque dans ces dernières années, le régime des eaux était réduit à Nangis à neuf puits publics, sans parler, bien entendu, des nombreux puits existant dans les propriétés particulières. Ces puits étaient situés, savoir :

1° Place du Carrefour ;
2° Près la halle aux grains ;
3° A l'entrée de la rue du Commerce ;
4° Dans le faubourg de Melun ;
5° Place du Commerce ;
6° A l'angle des rues du Mouton et de la Gare ;
7° Vers le milieu de la rue Noas-Daumesnil, en face la rue du Nouveau-Lavoir ;
8° Vers le milieu de la rue de la République ;
9° A l'angle de la route de l'embranchement et du faubourg Saint-Antoine, lieu dit autrefois la Croix-des-Bretonnières.

L'un des plus fréquentés était le puits près la halle, auquel on avait donné le nom de puits du Temps-perdu. C'était sans doute là que se réunissaient les ménagères pour échanger les nouvelles du jour.

Comme abreuvoir public, la ville n'avait que le gué, grande pièce d'eau carrée, entourée d'une avenue de tilleuls, et s'étendant le long de l'avenue de la Gare, depuis l'impasse de la Grenouillère jusqu'au tournant de la route menant à la gare. Ce gué servait aussi de lavoir public, mais mal entretenu, et rarement curé, il était envahi par la vase, et ses eaux fétides répandaient des miasmes fiévreux.

Au XIXe siècle, lorsque le calme fut revenu, le conseil municipal songea à remédier à cet état de choses. Le 8 avril 1821, la ville acheta, des héritiers Angenoust, un terrain situé rue de l'Ecorcherie (aujourd'hui rue des Fontaines) et y fit établir un lavoir pour remplacer le gué dont les eaux devenaient trop malpropres.

Le conseil chercha également à doter les habitants de meilleure eau potable. Vers 1837, à l'époque où Paris forait le puits de Grenelle, où les puits artésiens étaient dans toute leur vogue, l'administration traita pour le percement d'un puits artésien au centre de la ville. Il résulte des rapports dressés alors que ce puits fut foré sur la place du Carrefour et atteignit 66 mètres de profondeur, ou 33 m. 50 au-dessous de l'étiage; mais les travaux furent abandonnés par la difficulté du passage dans le calcaire siliceux. Les eaux de puits furent rencontrées à une profondeur de 5 mètres environ, retenues sur des couches d'argile et de marne recouvrant le calcaire caverneux. Le prix de ce travail ne dépassa pas onze mille francs.

On ne trouva pas d'eau potable jaillissante comme on l'avait espéré; seulement, il y eut une particularité qui mérite d'être connue, et dont on peut faire son profit en matière de recherche d'eau souterraine dans notre localité. La sonde rencontra sous le calcaire siliceux un courant rapide qui ne lui permit plus de rapporter les matières qu'elle broyait, tous les détritus étant emportés par le courant souterrain. Les mêmes rencontre et constatations furent faites à Montgermont, commune de Pringy, près Melun, dans un semblable travail.

A Nangis, à 39 mètres de profondeur, la sonde descendit subitement de 3 m. 89, et fit reconnaître un courant d'eau très rapide qui lui communiquait une vive oscillation. On se trouvait en présence d'une caverne souterraine donnant passage à un torrent violent, comme on en trouve dans les Cévennes et dans les gorges du Tarn. Au moment du percement de la roche, qui recouvrait cette caverne et son torrent, il se dégagea un courant d'air qui soufflait avec une telle force que tous les objets qui furent mis sur la tête de la buse du travail furent enlevés et rejetés au loin.

Il est donc bien établi qu'à une quarantaine de mètres de profondeur, il coule sous la ville, dans une caverne dont on ne sait l'étendue, une rivière souterraine, d'un débit considérable, se dirigeant vers Melun, ou venant de cette direction. Ainsi, les habitants de Nangis qui, pendant des siècles, ont souffert du manque d'eau, avaient sous leurs pieds un torrent pouvant non seulement fournir à tous leurs besoins, mais encore leur donner une force motrice considérable. On ne peut s'expliquer qu'on n'ait pas songé à tirer parti de cette importante découverte. On reboucha le trou de forage, et la population dut continuer à aller puiser l'eau à ses neuf puits. Bien mieux, le souvenir de cette découverte survécut peu à cette déconvenue ; il n'en fut même pas question lors de récents travaux d'adduction d'eau.

Depuis la création de la ligne de Mulhouse, l'avenue de la Gare commençait à se couvrir d'habitations, et les occupants des maisons se trouvant en face le gué se plaignaient vivement de ses émanations et des maladies qui en résultaient. En 1862, le conseil décida la suppression du gué ; il fit écouler les eaux et remblayer le terrain, qui fut vendu en 1864, et bientôt couvert d'habitations. Pour remplacer le gué, un abreuvoir fut alors établi sur le terrain de la rue des Fontaines, près le lavoir public.

En 1877, une nouvelle tentative de puits artésien fut faite dans l'usine à gaz de Nangis. La ville ne devait payer que si le forage produisait telle quantité d'eau. La quantité exigée n'ayant pas été atteinte, ce puits fut encore abandonné. Cette fois, on n'avait pas rencontré la rivière souterraine dont le souvenir avait entièrement disparu. C'est alors que la ville, désespérant de pouvoir trouver souterrainement la quantité d'eau nécessaire aux besoins du pays, traita avec une société particulière qui, à grands frais, amena à Nangis les eaux d'une source qui émerge dans la vallée de Bécherelle, canton de Donnemarie, et jusqu'alors se perdait dans la rivière d'Auxence. La ville, moyennant une redevance annuelle de 6 000 francs, est aujourd'hui bien alimentée d'eau potable et ne peut plus comprendre comment, au siècle dernier, ses ancêtres ont pu vivre avec neuf puits publics. Mais que de frais en moins, si, au lieu d'aller chercher l'eau à Bécherelle, on l'avait puisée dans la rivière souterraine !

ADMINISTRATION

Après l'affranchissement des communes, celles-ci nommèrent généralement des maires chargés de représenter et défendre leurs intérêts auprès des seigneurs, de présider les réunions des habitants, d'administrer les affaires spéciales à la commune et d'en gérer les finances. Ordinairement ces charges étaient vendues au profit du seigneur. Mais, à Nangis, le titulaire de cette fondation s'appela d'abord procureur des habitants ; le nom de maire portait parfois ombrage aux seigneurs qui craignaient de constituer un pouvoir rival.

A l'époque où l'on creusa les fossés de la ville, nous avons vu que le sieur Dalençon était désigné dans les arrêts comme procureur des habitants de Nangis. C'est à lui que l'arrêt du bailli de Melun confia la mission de faire exécuter les travaux et de lever les fonds pour les payer.

La dame Marie de Vères, qui détenait alors la seigneurie de

Nangis, avait bien inséré dans sa transaction avec les habitants :
« Qu'ils ne pourraient rien entreprendre pour les affaires d'icelle
ville et gouvernance d'icelle, comme à créer procureurs, échevins,
gardes des portes et autres choses qui concernent les droits préhé-
minents de ladite dame, comme dame du lieu. » Cette précaution
fut inutile. Dalençon se plaignit de ne pouvoir suffire seul à la
mission qui lui était confiée, et le bailli de Melun, par sentence
du 8 avril 1545, ordonna « l'érection et nomination d'échevins au
nombre de quatre pour aider le procureur de la ville à régir et
gouverner les affaires d'icelle ».

La mairie étant ainsi constituée, le titre de maire devait bientôt
suivre. Depuis cet arrêt, les échevins furent maintenus, et la ville
fut désormais administrée par un maire et quatre échevins, dont
l'un prenait le titre de premier échevin, le second de deuxième
échevin, le troisième de syndic receveur, et le quatrième de secrétaire-greffier. Ils étaient ou titulaires ou brevetés, c'est-à-dire nommés
à vie ou pour un temps déterminé.

Leurs pouvoirs, comme les finances qu'ils géraient, étaient bien
minimes. Veut-on connaître la situation de la ville de Nangis et son
budget de 1780, à la veille de la Révolution ? Un rapport adressé
le 30 novembre de cette année par l'intendant de la province à
M. Picault, subdélégué à Rozoy-en-Brie, va nous donner tous ces renseignements. Dans cette lettre, l'intendant répond à un questionnaire
dressé par son supérieur, en voici les termes :

Première question : « Sur la nature et l'espèce des revenus et des
charges de la ville et sur les moyens d'augmenter les uns et de
diminuer les autres. »

Réponse : « La ville de Nangis jouit par ancienneté et par un
don du roi, dont elle n'a pas les titres, de la seconde moitié des
octrois, louée, suivant le bail fait en décembre 1780, y compris le
sol par livre, ci.   945 livres
    « Le gué-marais dudit lieu loué à Nicolas le Vif. .   100   »
    « Plusieurs parties des fossés loués à divers. . . .   30   »
    « Et plusieurs arpents de pâtures dites Filmain,
non louées et qui font une partie de pâturage des bestiaux de la ville. . . . .   Néant

_____

    « Total des revenus. . . . .   1 075 livres

    « Il n'y a aucuns moyens apparents d'augmenter ces revenus ;
que la majeure partie sont les octrois qui, dans le nouveau bail,
n'ont pas éprouvé une révolution avantageuse, puisque le dernier
bail, expiré au 31 décembre dernier, était au même prix.

« Charges de la ville :

« 1° Caserne louée par an.		250	livres
« 2° Vingtième des revenus.		99	»
« 3° Rente due à la fabrique.		3	»
« 4° Gages du valet de ville..		60	»
« 5° Gages du secrétaire-greffier, suivant l'ordonnance de M. l'intendant.		100	»
« 6° Gages du tambour.		10	»
« 7° Gages du syndic-receveur, 1ˢ par livre.		53	»
« 8° Entretien des arbres des remparts, et terrasse.		40	»
« 9° Entretien de neuf puits de la ville.		90	»
« 10° Charges militaires, bois, paille, chandelles pour le corps de garde, formule, feux de joie et illuminations.		80	»
« 11° Appointements du maire.		60	»
« 12° Entretien du pavé.		150	»
« 13° Entretien des seaux, crochets et autres instruments pour incendie.		30	»
« 14° Frais extraordinaires pour construction de ponts, puits, etc.		60	»
Total.		1 085	livres

« Les objets de déduction sont sensibles : 1° Les casernes sont d'un prix trop cher pour loger quatre cavaliers, encore qu'il n'y en ait que trois et le brigadier ; qu'il ne paraît pas juste de faire supporter à la ville, avec un revenu aussi minime, le poids entier du loyer des casernes, puisque le service de la maréchaussée s'étend dans un département étendu et la majeure partie de l'élection.

« 2° Les vingtièmes sont exorbitants pour un revenu absorbé par les charges. Il semblerait naturel de ne les faire supporter que sur la portion libre quand il sera possible de la fixer.

« 3° Que l'entretien du pavé et sa construction ont ruiné les ressources de la ville et l'épuiseront toujours, si on ne la décharge de ce fardeau. »

Deuxième question : « Sur les différentes espèces d'impositions qui se perçoivent, soit au profit de la ville, soit au profit du roi, en y comprenant même la taille, la capitation, les vingtièmes, les droits d'aides, d'inspecteurs aux boucheries et tous autres de ce genre.

Réponse : « Il n'y a aucune autre perception au profit de la ville que la seconde moitié des octrois dont le prix est d'autre part.

« La taille et impositions accessoires qui se lèvent, y compris la capitation. . . . . 20 460 livres

« Vingtième et industrie. . . . . 6 408 »

« Les droits d'aides, y compris la première moitié d'octrois. : 18 000 »

« Ceux d'inspecteurs aux boucheries. . . . . . . 2 400 »

« Droits sur les cuirs. . . . . 700 »

———————

47 968 livres

Troisième question : « Sur l'administration municipale depuis 1771, en y joignant le tableau des officiers qui la composent soit qu'ils soient titulaires ou brevetés. »

Réponse : « Depuis l'édit de 1771, la municipalité est composée :
« 1° D'un maire, M. Mercier ;
« 2° D'un premier échevin, M. Messageot ;
« 3° D'un deuxième échevin, M. Perret ;
« 4° D'un syndic-receveur, M. Guillochin ;
« Tous par brevets ou commission de Mgr l'intendant;
« 5° D'un secrétaire-greffier, M. Barbier, qui seul est titulaire. »

Quatrième question : « Sur les ouvrages de nécessité absolue et d'embellissement qu'il convient de faire. »

Réponse : « A chacun des puits, il conviendrait d'y placer une chaîne pour tirer l'eau, parce que les cordes sont insuffisantes, et souvent il faut les renouveler. — Plusieurs parties de pavé dans la ville. »

Cinquième question : « Et enfin sur les moyens à employer pour augmenter l'abondance et le commerce, et vos observations particulières sur les différentes questions. »

Réponse : « Le moyen le plus efficace pour augmenter l'abondance et le commerce de Nangis serait : 1° de diminuer les tailles, etc., qui accablent les agriculteurs et les artisans; 2° de faire achever le chemin déjà commencé de Nangis à Melun, et passé au conseil. Il procurerait, pour le commerce des blés, une circulation facile avec la rivière de Seine, rendrait à une multitude de cultivateurs l'accès de deux marchés, et singulièrement de Nangis, et établirait avec la route d'Orléans, pour la Champagne, une communication très désirée pour Nangis et pour toute la province. Mgr l'intendant avait promis, l'année dernière, de donner ses soins pour prendre les alignements et le plan, sur les offres qui avaient été faites de faire les charrois de pierres. »

Heureuse ville, à laquelle il ne manquait que des chaînes de puits pour parfaire son bonheur !

Il résulte de ce rapport, qui résume si nettement la situation de la ville vers la fin de l'ancien régime, que sur les impôts payés par Nangis, l'Etat percevait 48 000 livres et ne laissait à la ville, pour ses besoins, que 1 075 livres; et cependant, malgré un si minime revenu, la ville n'avait pas de dettes. On se demande comment, avec ces faibles ressources, le conseil pouvait subvenir aux frais généraux d'une ville. Aujourd'hui, une pareille somme ne suffirait pas pour les besoins imprévus. Ce rapport nous apprend également qu'aucune route n'existait encore, en 1780, entre Nangis et Melun, elle fut construite environ vingt ans après.

Vers cette époque de 1780, le marché de Nangis, mal approvisionné par suite des difficultés de transports, ne recevait que deux à trois muids de blé. Le cultivateur était obligé de mener sa marchandise au marché de Montereau, qui, lui, recevait de quatre-vingts à cent muids de blé.

Ce fut d'abord par ordonnance du roi, de 1695, que les communes reçurent l'ordre de terminer la construction de la route de Montereau à la Ferté-sous-Jouarre, qui avait été commencée en 1532, et de celle de Villeneuve-les-Bordes à Bray ; la Grande-Maison de Villeneuve devint alors un relais de poste (1597).

En 1768 fut construite la route de Nangis à Rozoy-en-Brie, passant par Quiers. La grande route de Paris à Bâle était devenue chemin royal par arrêt du conseil du 7 janvier 1421.

Enfin, le 27 nivôse an XI, le conseil approuva le projet d'établissement de la route de Nangis à Melun. A la suite de cette construction, le marché de Nangis prit promptement un grand accroissement.

Nous avons vainement recherché les noms des maires de Nangis; nous ne connaissons que Dalençon en 1545, Jacques-Philippe Taveau en 1776, et Mercier en 1780.

Le maire n'était que le représentant des habitants; de son côté, le pouvoir royal était représenté par le gouverneur de Champagne et de Brie, qui avait sous ses ordres, dans chaque élection, un intendant et un subdélégué. Nangis dépendait de la subdélégation de Rozoy-en-Brie.

LA JUSTICE

Nous avons vu, dans la transaction entre les sires du Châtel et de la Motte-Beauvais, que les deux seigneuries de Nangis avaient chacune sa justice bien distincte, dont les pouvoirs ne dépassaient pas les limites de leurs domaines respectifs et des fiefs qui en relevaient. Comme nous l'a révélé cette transaction, ce n'était qu'à partir du mardi, heure des vêpres, jusqu'au jeudi, heure de messe, que la justice du seigneur possédant le fief du marché pouvait s'exercer dans toutes les haies de Brie, sur toute l'étendue des domaines de l'autre seigneur, à l'exception de l'intérieur du château de ce dernier.

Le seigneur de la Motte-Beauvais avait haute, moyenne et basse justice ; il avait fourches patibulaires, pilori, carcan et autres instruments de supplice pour l'exécution des sentences criminelles. Les fourches étaient placées à Nangis sur les hauteurs du Haut-Mondé, à proximité du chemin de Gastins, en un endroit appelé encore Les Justices.

Le bailliage ou justice seigneuriale était composée des officiers nommés par le seigneur haut justicier : un bailli-juge, un procureur fiscal poursuivant les crimes et délits, un greffier, un sergent-huissier et des procureurs défenseurs. Ces charges étaient généralement vendues au profit du seigneur.

Les affaires étaient portées en appel au bailliage royal de Melun, Nangis relevant du château royal de cette ville. La coutume était celle de Melun.

Les principaux baillis de Nangis dont nous avons trouvé les noms étaient :

Vers 1600, Pierre Caillau, seigneur de Courtenain.

Vers 1644, Nicolas Caillau, seigneur de Courtenain.

Vers 1660, Antoine Caillau, seigneur de Courtenain.

Vers 1665, Claude Caillau, seigneur de Courtenain.

Vers 1671, Gaspard de Plébault, de Lugens.

Vers 1680, Mathieu Gridé.

Vers 1700, Claude Bureau.

En 1716, Henri Martin ; il était en même temps receveur général de la commanderie de la Croix-en-Brie.

En 1759, François-Alexandre-Jean Legras.

En 1770, Pierre-Joseph Vaudremer.

En 1778, Pierre-Jacques-Blaise-Mercier qui, en même temps, était grand-maire de Donnemarie.

Le bailli tenait ses audiences régulières en la maison de justice, sise à Nangis, rue de l'Eglise. Il était en même temps le gérant des affaires et des propriétés du seigneur. Les baux des fermes étaient passés en son nom comme fondé de pouvoirs de ce dernier qu'il représentait dans toutes les contestations.

TABELLIONAGE

Le droit de tabellionnage, ou notariat seigneurial, étant un attribut de la haute justice, appartenait aux seigneurs qui l'affermaient à leur profit. Les seigneurs de la Motte-Beauvais et ceux du Chatel avaient chacun leur tabellion. Mais pendant de longues années, les notaires de Nangis n'eurent que le titre de substituts du tabellion royal de Melun ; ainsi, en 1502, Jehan Godin prend cette qualification. Mais, peu après, nous voyons les notaires de Nangis s'émanciper de cette tutelle.

Lorsque les deux seigneuries furent réunies, il n'y eut plus qu'un seul notaire, qui recueillit les minutes des deux études. (Etude actuelle de M⁰ Vincent.)

Sous le Directoire, vu le chiffre de la population de Nangis et peut-être sur la demande des habitants, on créa une nouvelle étude au profit du citoyen Hardoin, alors juge de paix.

L'ÉGLISE

On reconnaît qu'une église est de construction seigneuriale lorsqu'elle est élevée dans l'enclos d'un fief ; l'église de Nangis est certainement d'origine seigneuriale, car elle s'élève près du château et n'était séparée de ce dernier que par les fossés aujourd'hui comblés. Bien que la date de sa fondation soit inconnue, on peut affirmer qu'elle remonte au XIII⁰ siècle et en attribuer, sinon la construction, du moins le projet et la mise en œuvre à Pierre Britaud, et surtout à Héloïse, sa femme, qui se signala par tant de donations aux couvents et aux Templiers. Ce monument fut continué et achevé par Henri Britaud, leur fils, et Jean Britaud, leur petit-fils. Ce qui est incontestable, c'est que l'église existait du vivant de Jean Britaud, puisque ce dernier en parle dans son testament, et lui lègue cent sols de rente.

L'église est un beau monument d'architecture, du style gothique à lancettes, remarquable par son élégance, sa légèreté et sa régularité. On ne trouve pas dans son vaisseau principal le mélange de différents styles ; il fut construit d'un seul jet et sur un plan unique. Les arcades de la nef et du chœur sont couronnées d'une longue galerie circulaire, ou triforium, du plus gracieux effet, que surmontent de grandes fenêtres en ogive. Les voûtes sont en pierres. Les chapelles, qui malheureusement ne sont pas en harmonie avec le corps principal, ont été ajoutées après coup.

L'église est dédiée à saint Martin et à saint Magne. Les chanoines et chapitre de Saint-Etienne de Sens étaient curés primitifs de Nangis, où ils se faisaient représenter d'abord par des vicaires ; mais, par la suite, ils nommèrent des curés, et ne furent plus que les collateurs de cette cure. Ils possédaient aussi une ferme à Nangis, dont les bâtiments étaient situés rue du Gué. Ils devaient sans doute le don de la cure et des terres aux Venizy, seigneurs de Nangis à l'origine, qui étaient originaires de la contrée senonaise.

La fabrique de l'église était gérée par deux marguilliers nommés

Département de Seine et Marne

ÉGLISE DE MARCHE

Façade principale

pour deux ans; leur élection se faisait dans l'église même, au banc-d'œuvre, en présence du bailli et des officiers de la justice du lieu. Cette fonction tout honorifique était très recherchée. A la fin de leur exercice, les marguilliers sortants rendaient compte de leur gestion aux nouveaux élus : ainsi nous voyons, de 1643 à 1666, Henri Revesche, marchand, et Simon Pelletier, mercier, rendre leurs comptes à Louis Chertemps, leur successeur; Nicolas Lemenu, hôtelier, à honnête personne Pierre Billion; Denis Pelletier, à Antoine Hugnin, chirurgien; puis viennent Roch de Gand et Paul Leriche; Jacques Lirot, hôtelier; en 1671, Pierre Camuset et Luc Berthellet; en 1742, Pierre Baulant et Jacques Taveau; en 1763, Perret et Lucian.

La fabrique possédait des biens importants lui provenant tant des seigneurs de Nangis qui l'avaient dotée à son origine, que de dons particuliers. Elle possédait deux pièces de pré, près le Gué, lui provenant de dons faits par Louis Godard et Jean Bellanger, notaire ; une autre pièce aux prés Clois, léguée par Charles Leriche. D'autres pièces de prés étaient situées au lieu dit la Chaise, au-dessous des Bouffliers, à la fosse Bazille, au pré Planchard, aux Visons, à l'étang de Corrois et à la Boulaye; elle possédait aussi une petite ferme à la Psauve, composée de 24 arpents de terres labourables et 9 arpents de prés, qui, en dernier lieu, était louée à Berryer, aubergiste à la Grande-Bertauche, moyennant 940 livres; une autre à Fontains, appelée la Grelotterie, louée 360 livres par an; et une autre métairie à Courmignoust, le tout formant 69 articles. Elle possédait encore la maison d'école des garçons de Nangis, sise rue de l'Eglise, près cette dernière, tenant à la Tour des Communs, et faisant face à la rue du Tournebride. Cette maison avançait beaucoup sur la place de l'Eglise. Lorsque, le 8 août 1824, elle fut démolie, et ses matériaux et terrain mis en vente, la moitié environ de l'emplacement de l'école fut rendue à la voie publique.

La fabrique était grevée de redevances envers le seigneur; elle payait notamment pour l'église, vingt-neuf sous de cens, et, pour la maison d'école, vingt sous. C'était elle qui payait les gages du maître d'école et ceux de l'organiste, qui, en 1643, s'appelait Guillaume Baret ; ce qui établit qu'à cette époque, l'église était déjà pourvue d'orgues. Elle fournissait aussi au seigneur, pour chacune de ses fermes, un homme vivant et mourant.

Comme les domaines de l'église étaient biens de mainmorte, inaliénables, le droit de mutation au profit du seigneur reposait fictivement sur la tête d'une personne présentée par la fabrique, et appelée homme vivant et mourant, et c'était au décès de ce dernier que le droit de mutation était payé; aussi présentait-on un homme jeune et robuste. La personne choisie s'honorait de cette distinction, qui lui promettait de bons soins et une longue vie.

Par acte de Gilbert, notaire à Nangis, du 11 juillet 1745, la fabrique offre au seigneur, pour 14 arpents de terre à la Psauve, relevant du Châtel, comme homme vivant et mourant, Fiacre-Guillaume Gilbert, âgé de douze ans, fils de Gilbert, chirurgien. Dans un autre acte, l'homme offert était un fils Guillochin.

Chaque année, à l'issue des vêpres, les marguilliers, assistés du bailli, procédaient, dans l'église, à la vente publique de la récolte des prés ; les fermes étaient louées pour trois, six ou neuf années.

En avril 1643, il y eut réunion de la fabrique et délibération « pour adviser à ce qu'il convient faire pour l'édification et rachèvement des chapelles de ladite église, derrière et à l'entour du principal autel, et après que, pour frayer partie des frais desdites réparations, vénérable et discrète personne, M. Eloi Maunoyer, prebstre desservant ladite église, pour MM. du chapitre de Sens, s'est volontairement offert de prester jusqu'à la somme de huit à neuf cents livres, pour aider à subvenir aux frais desdites réparations, de laquelle somme il ne demande aucun intérêt. »

Le marquis de Nangis, ayant connu l'offre du curé Maunoyer, donna son approbation aux réfections desdites chapelles « encommencées, sous son bon plaisir, par Henri Revesche et Simon Pelletier, marguilliers ». Les habitants, assemblés, donnèrent également leur approbation.

D'après le cahier des charges, les principaux travaux à effectuer étaient les suivants : « Enduire, crépir toutes les murailles des chapelles avec chaux, les planchers avec plâtre, rompre la muraille de la chapelle Notre-Dame, et faire une arcade de grès, si besoin est, et comme il sera jugé à propos ; faire une muraille au revestiaire ; fermer l'ancienne porte et en faire une nouvelle ; rompre un mur dans la chapelle Saint-Louis ; carreler lesdites chapelles, accommoder les autres, rompre à niveau quelques piliers du grand bâtiment et corps de l'ancienne église ; attacher des grilles en fer aux fenêtres du revestiaire ; aplanir l'ancienne chapelle de Notre-Dame au niveau des autres ; faire une ouverture pour aller sur le plancher de la chapelle neuve de Notre-Dame, » etc.

Avant les travaux de 1643, la situation de l'église devait être celle-ci : il n'existait pas de passage derrière le chœur ; le chevet auquel était adossé le maître-autel formait une ligne droite qui, au milieu, s'arrondissait en hémicycle, comme l'abside du chœur. Il existait deux chapelles de chaque côté du maître-autel, sur le même plan, ou un peu en avant, adossées au mur du chevet, et faisant face chacune à une travée des bas-côtés. L'une était la chapelle Notre-Dame, à gauche, et celle de Saint-Louis, à droite. Deux autres chapelles existaient à côté des précédentes, mais en dehors, et dans des pavillons accolés à l'édifice principal : l'une était le Revestiaire, dont parle le devis qui prescrit sa séparation par une muraille (la vieille sacristie où vient d'être placé le calorifère) ;

l'autre, située en face, était la chapelle seigneuriale, construite par les premiers Brichanteau pour leur servir de sépulture. Elle a aujourd'hui disparu.

Cette situation nous explique pourquoi, ainsi que le prévoyait le devis, il fallait rompre les murs du fond des chapelles Notre-Dame et de Saint-Louis, et faire une arcade de grès, afin d'ouvrir un passage ou déambulatoire autour du chœur.

La chapelle Saint-Louis paraît avoir été supprimée; nous n'en trouvons plus trace. Quant à la chapelle Notre-Dame, elle fut alors déplacée et reportée en un autre endroit de l'église. En effet, le devis des travaux parle tantôt de la vieille chapelle Notre-Dame, tantôt de la nouvelle.

L'existence de cette nouvelle chapelle Notre-Dame est encore confirmée par l'acte de décès de Jean Pelletier, ainsi conçu : « Le vendredi 17 juin 1644, sur les deux heures du matin, mourut Jehan Pelletier, marchand drapier, âgé de 52 ans, dans sa maison, anciennement appelée le Mouton, rue aux Fromages, à Nangis, son corps est inhumé dans la nouvelle chapelle Notre-Dame, de l'église de Nangis, et est le premier qui y eut sépulture depuis la réfection d'icelle qui fut en l'an précédent 1643. »

Il résulte de cet acte que les travaux prévus reçurent leur exécution immédiate, et furent terminés dans ladite année 1643.

Voici un autre acte de décès qui nous donne la situation de cette nouvelle chapelle Notre-Dame : « Le lendemain, sixième du courant (novembre 1644), à midi sonnant, mourut, après avoir administré les derniers sacrements d'extrême-onction, Elisabeth Duchastelle, femme d'honorable homme Simon Pelletier, marguillier par continuation de l'église de Nangis dont, pendant les deux ans de sa charge, ont été réparées les chapelles de ladite église. Elle mourut dans son logis des Piliers, près les halles, âgée de 30 ans; son corps fut inhumé dans la nouvelle chapelle Notre-Dame, dessous les cloches. (Signé) Maunoyer. »

D'après cet acte, cette nouvelle chapelle se trouvait donc placée sous le clocher, et faisait, à l'entrée de l'église, vis-à-vis à la chapelle des fonts baptismaux. Son autel était adossé au mur de la façade de l'église, et ainsi faisait encore face au même bas-côté de gauche.

Si l'on examine le dernier pilier à gauche, près le grand portail, et le pilier engagé dans le mur de la façade situé vis-à-vis, on voit encore deux corbeaux sculptés, ayant sans doute supporté la retombée d'arceaux qui entouraient la nouvelle chapelle.

Nous ne comprenons guère l'établissement d'une chapelle en cet endroit de l'église où s'ouvre la porte latérale qui, aujourd'hui, est la principale voie d'accès dans cet édifice, d'autant plus que cette porte existait certainement à cette époque. Une simple inspection des lieux démontre qu'en effet elle n'a pas été ouverte après coup, mais qu'elle est contemporaine de la fondation de l'église. Une phrase du devis précité nous donne une explication à ce sujet. Ce devis porte : « Fermer l'ancienne porte et en faire nouvelle ». C'était certainement cette porte latérale sous le clocher, que fit murer, en 1643, le curé Maunoyer, pour pouvoir installer la nouvelle chapelle Notre-Dame.

Le devis porte encore : « Faire une ouverture pour aller sur le plancher de la chapelle neuve Notre-Dame. » Cette ouverture était incontestablement destinée au sonneur pour lui permettre de sonner les cloches.

Nous avons recherché en quel endroit avait été alors ouverte la nouvelle porte indiquée au devis, en remplacement de celle murée ; nous pensons en avoir trouvé la trace dans le mur de la chapelle formant alors le revestiaire (la vieille sacristie). Les paroissiens devaient alors longer l'église, en suivant le chemin de ronde ménagé entre celle-ci et le cimetière d'alors, chemin converti aujourd'hui en jardinet, et la nouvelle porte se présentait à eux, faisant face à la rue de l'Eglise. Les traces de cette porte cintrée sont très apparentes dans le mur de cette chapelle. Cette porte avait un avantage, c'était de ne pas donner un accès direct dans l'église et, par sa double fermeture, d'arrêter la bise qui souffle si violemment l'hiver autour de ce haut monument.

Nous n'avons pu trouver à quelle époque ce nouvel état de choses a été modifié, et quand la chapelle Notre-Dame, sous les cloches, qui gênait sans doute la circulation autour de la nef, a été supprimée et l'ancienne porte réouverte.

Le devis des travaux parle de rompre à niveau quelques piliers du grand bâtiment et corps de l'ancienne église. Il ne s'agit certainement pas des piliers intérieurs portant les voûtes de l'église ; c'eût été là un travail bien imprudent ; mais, à mon avis, des contreforts, qui avec leurs arcs doubleaux maintenaient extérieurement le vaisseau principal, en s'appuyant aussi bien contre l'abside que contre les bas-côtés. Il s'agissait donc, d'après le devis, de faire disparaître ceux qui s'opposaient à l'ouverture des nouvelles chapelles, et, pour certaines autres, d'en réduire la hauteur et épaisseur.

En effet, si on examine les piliers entourant le maître-autel, on voit qu'ils sont encore accolés à leurs contreforts primitifs qui ont été décapités et amincis pour recevoir la retombée des nouvelles voûtes faites en 1643. Ces contreforts, qui se trouvent aujourd'hui à l'intérieur de l'église et choquent la vue par leur lourdeur, se trouvaient avant ces travaux à l'extérieur, ce qui explique leur travail brut et peu soigné. Ils sont semblables aux autres contreforts extérieurs de l'église.

Le déambulatoire autour du chœur étant ainsi ouvert, le curé Maunoyer fit construire les trois chapelles qui portent aujourd'hui les titres de chapelle de la Vierge, du Sacré-Cœur et de Saint-Joseph, formant trois pavillons juxtaposés.

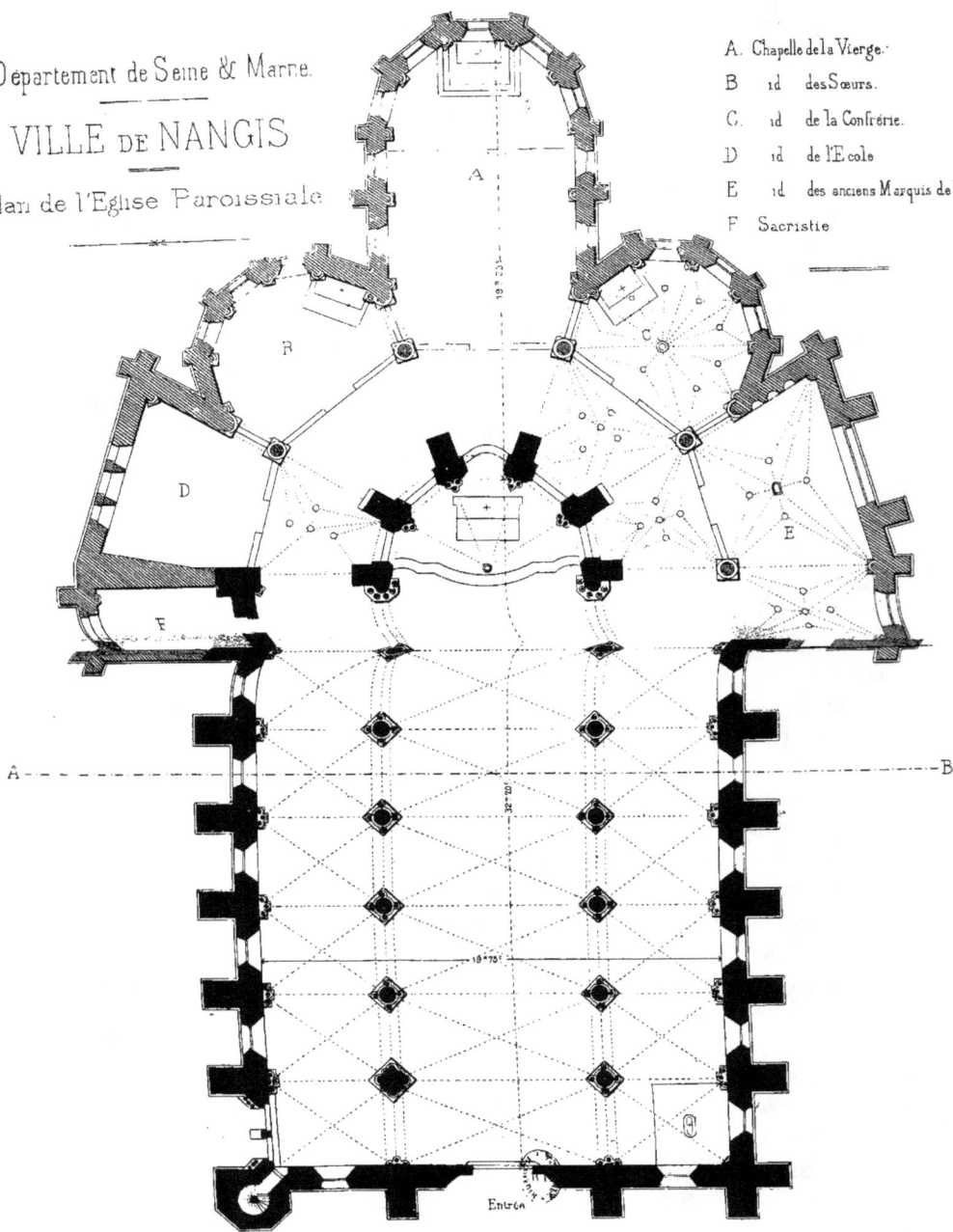

Département de Seine & Marne.

VILLE DE NANGIS

Plan de l'Eglise Paroissiale

A. Chapelle de la Vierge.
B   id   des Sœurs.
C. id   de la Confrérie.
D   id   de l'Ecole
E   id   des anciens Marquis de Nangis
F   Sacristie

A
B
C
D
E
F

A   B

Entrée

Echelle de 0m,005 mill. pr. metre

L'église ne paraît pas avoir subi d'autres travaux importants jusqu'à la Révolution. Le 13 juillet 1707, nous trouvons le procès-verbal de la bénédiction de la grosse cloche de l'église; elle pesait environ 5 000 livres. Elle fut nommée Marie-Marguerite par messire François de Brichanteau, comte-baron de Gurcy, et dame Marguerite Fortin de la Hoguette, épouse du marquis Armand de Brichanteau. Cette cloche fut descendue et détruite à la Révolution.

Le 25 août 1763 fut bénite la cloche qui appelle encore les fidèles aujourd'hui; cette cloche porte l'inscription suivante :

« L'an 1763, j'ai été bénite par Me Charles-Pierre de Biencourt, bachelier en théologie, curé de Nangis, et nommée Louise-Gabrielle-Lydie, par très haut et très puissant seigneur Claude-Louis-François Régnier, comte de Guerchy, marquis de Nangis, chevalier des ordres du roi, lieutenant général de ses armées, colonel-lieutenant et inspecteur de son régiment-infanterie, gouverneur d'Huningue et ambassadeur en Angleterre, et très haute et très puissante dame Gabrielle-Lydie d'Harcourt, son épouse, représentés par Me François-Alexandre Legras, avocat en parlement, bailli et subdélégué à Nangis, et De Jeanne-Barbe Barrois, son épouse. Nicolas-Toussaint-Perret, et Antoine Lucian, marguilliers; Pathelin, charpentier, et Grelles, carillonneur. »

Nous arrivons à la Révolution qui fut pour l'église une terrible épreuve. Le curé alors en exercice était M. Leseurre de Chantemerle, appartenant à une ancienne famille nangisienne. Le dernier acte de l'état civil dressé par lui est celui du mariage de Bernard Chautard et de demoiselle Marguerite Ramard, du 17 décembre 1792. Le même jour, le maire Roze, assisté des officiers de la commune, Colleau et Banssillon, vint, en vertu de la nouvelle loi, arrêter ces registres et s'en emparer. Désormais, ils sont tenus par les officiers publics Dumanchin et Mignot.

L'église fut bientôt fermée au culte et servit de lieu de réunion pour les clubs et les nombreuses élections d'alors. Les statues et les monuments funéraires qu'elle renfermait furent mutilés, les vitraux brisés. La partie de l'édifice qui paraît avoir le plus souffert des troubles de cette époque est le grand portail qui fut mutilé. Depuis, on s'est contenté, pour panser ses blessures, de l'enduire de plâtre.

Le presbytère, qui était à cette époque le même que celui actuel, appartenait aux curés de Nangis, par suite du don que leur en avait fait un ancien curé de cette paroisse. Il fut confisqué et vendu comme bien national, le 2 thermidor an IV, au sieur Denis Blondelot, moyennant 5 400 livres. On procéda aussi à la vente comme biens nationaux des autres propriétés de la fabrique, et, détail peu banal, l'ancien marquis acheta à cette vente plusieurs pièces de prés.

De même que l'ancien seigneur, l'ancien curé de Nangis continua à vivre au milieu de ses anciens paroissiens et ne paraît pas avoir cherché à dissimuler ni sa présence, ni son attachement à la religion qu'il avait servie ; bien plus, le 9 décembre 1792, il est nommé à l'élection, le premier de la liste, notable de la ville. Nous trouvons sur le registre des délibérations du conseil, la déclaration suivante :

« Le 3 germinal an III, comparaît le Sr Edme-Marc Leseurre, ex-curé de cette commune, lequel a déclaré que, pour se soumettre aux dispositions de la loi, il exercerait le jour de demain, à la réclamation de la majeure partie du public de cette commune, le culte catholique ainsi et de la manière qu'il l'a fait par le passé ; de laquelle déclaration il a requis acte. »

A la suite, le vieux curé a écrit sur le registre, d'une main bien tremblante, ces mots presque illisibles :

« Citoyens officiers municipaux, je soussigné reconnais que, sur la demande que je leur ai faite, ils ont remis un missel, trois livres de l'office des morts, les trois canons servant à l'autel, un rituel, pour servir au culte, conformément à un décret de la loi. Le 16 germinal an III de la République une et indivisible. (Signé) Leseurre, ci-devant curé de Nangis. »

Il fit pareille déclaration le 16 prairial an III : « Ledit jour est comparu le Sr Marc Leseurre, ministre du culte catholique en cette commune, lequel a déclaré pour se conformer à l'article 5 de la loi du 11 de ce mois, il nous requérait de lui donner acte de l'intention où il était d'exercer son culte dans le temple de Dieu, l'Etre suprême, de cette commune, non aliéné ; et de la soumission qu'il faisait de se conformer aux lois de la République, dont acte a été octroyé. (Signé) Leseurre, Jacquinot, Pannier, Colleau Mathieu. »

Par cette déclaration de civisme, le vieux curé espérait échapper à la prestation du serment imposé aux prêtres constitutionnels. Nous ne trouvons en effet jusque-là aucune trace de serment prêté par lui. Il était tellement aimé et vénéré par la population, qu'aucune des municipalités qui s'étaient succédé jusqu'alors n'avait relevé cette infraction à la loi. Mais, en l'an IV, sans doute par suite de dénonciation, il fut appelé, le 21 vendémiaire, devant le conseil de la commune pour prêter le serment imposé. Le serment restrictif qu'il prêta alors était celui d'un simple citoyen et non d'un prêtre ; personne ne releva cette insuffisance. Ce serment est ainsi libellé sur le registre de la commune, et n'est suivi d'aucun commentaire :

« Je reconnais que l'universalité des citoyens français est le souverain, et je promets soumission et obéissance aux lois de la République. (Signé) Leseurre. »

Or, par bref du 5 juillet 1796, le pape Pie VI déclara licite le serment des prêtres contenant soumission aux lois de la République.

Nous trouvons encore sur les registres la déclaration suivante :

« Le 7 floréal an VII, par-devant Pierre Détroges, agent municipal de Nangis, ont comparu les citoyens François Desthieux, ministre du culte catholique de la commune de Villeneuve-les-Bordes, et Ponce-Péchenard, ministre de la Chapelle-Rablais, lesquels nous ont déclaré vouloir exercer ledit culte en cette commune de Nangis, pour ce jour seulement; c'est-à-dire assister le ministre du culte en cette commune, dans le service qu'il doit dire et célébrer pour le citoyen Biencourt, ci-devant ministre en cette commune. »

Lorsque Bonaparte signa le Concordat et rouvrit les églises, le vieux curé était encore là. Elles sont rares les communes qui, à cette époque, auraient pu, comme Nangis, représenter leur ancien seigneur et leur ancien curé ayant vécu librement au milieu de la population.

M. Leseurre de Chantemerle fut de nouveau nommé à la cure de Nangis et fut réinstallé le 15 germinal an XI (1803), ainsi qu'il résulte du procès-verbal suivant :

« L'an de grâce 1803, le 15 germinal an XI, devant nous Ponce Péchenard, prêtre du diocèse de Meaux, en vertu de la commission à nous adressée par Mgr l'évêque de Meaux, s'est présenté M. Leseurre de Chantemerle, lequel après avoir exhibé l'acte de son institution canonique, en date du dix ventôse dernier et l'acte de son serment de fidélité prescrit par la loi du 18 germinal an X, en date du 9 du présent mois, nous a requis de le mettre en possession réelle et personnelle de l'église paroissiale de Saint-Martin de Nangis, en vertu de l'autorisation et délégation à nous donnée par Mgr l'évêque de Meaux.

« Nous nous sommes transportés à ladite église; après être entré avec lui par la porte principale, lecture préalablement faite à haute et intelligible voix de l'institution canonique ci-dessus mentionnée, nous l'avons conduit au maître-autel qu'il a baisé avec respect à la place ordinaire du curé, où il a pris séance, aux fonts baptismaux qu'il a touchés, et finalement à la chaire dans laquelle il s'est assis.

« Desquelles cérémonies, servant à constater la mise en possession, nous avons dressé le présent acte en présence des témoins qui ont signé avec nous. (Signé) Leseurre de Chantemerle, Dumont, maire; Granger, adjoint; Lucian, Millet, Camuset, Bardin, Hannier, Merciole, Vion, Jacquinot, Chêne, Hardoin, Robinet, Mercier, Thomas, Lombard, Blaye, Destroges, Péchenard, Roze. »

Il fallut alors réparer l'église et la remettre en état pour les cérémonies du culte. Le 12 messidor an Ier de l'Empire, on procéda à l'adjudication au rabais de la construction et établissement d'une croix de fer à placer sur le clocher de l'église et sur laquelle sera posé un coq, en remplacement de la flèche portant le bonnet de la liberté. Il sera gravé sur le bras de la croix : « L'an premier de l'Empire français ». L'adjudicataire fut le sieur Gouvion, serrurier, moyennant 88 francs. La dépose de la flèche et la pose de la croix furent adjugées au sieur Chautard, moyennant 184 francs.

Le 30 thermidor an XIII, le conseil autorisa la réparation des vitraux de l'église jusqu'à concurrence de la somme de 800 francs que possédait la fabrique.

Le 24 juillet 1806, on décide l'établissement de deux bancs dans l'église pour recevoir les autorités et les fonctionnaires publics.

Mais jusqu'alors l'église n'avait été que superficiellement réparée, une restauration sérieuse s'imposait ; elle eut lieu en 1820. Malheureusement cette restauration fut aussi nuisible à l'église, au point de vue archéologique, que les excès de 1793. Pour refaire le carrelage, on enleva, sans aucune exception, les anciennes dalles funéraires qui rappelaient les noms des vieilles familles nangisiennes : les murs étaient consolidés, mais ils étaient nus. Tout ce qui rappelait le passé avait disparu.

Les récentes restaurations de l'église de Nangis ont été commencées par M Buval, architecte à Melun, en 1853-1854. M. Buval a fait réparer la première travée de l'église et la rose du portail ; il a fait rétablir les baies avec leurs meneaux, consolider le comble et commencer le remplacement de la couverture en tuiles par celle en ardoises. Interrompus pendant de longues années par l'insuffisance des ressources, les travaux ont été repris par M. Presles, architecte à Provins de 1866 à 1870, et notamment en 1869. M. le comte Henri Greffulhe, alors maire de Nangis, fit, à ses frais, une réparation plus artistique et remit l'église dans l'état où nous la voyons aujourd'hui. M. Presle a continué l'œuvre de son prédécesseur et mené à bonne fin un travail important et minutieux. Nous lui devons la restauration des bases et des chapiteaux mutilés, le remplacement d'une grande partie des colonnes et des nervures des voûtes, l'ouverture, dans le triforium du chœur, de cinq roses, depuis longtemps murées ; la réfection des voûtes de deux chapelles absidiales et celle de tout le carrelage de l'église. Enfin, il a heureusement accompli le remplacement des lourds piliers de l'entrée du chœur. Ce travail présentait de grandes difficultés et a été achevé sans accident par M. Bourlier, entrepreneur à Nangis. La guerre de 1870 ayant fait interrompre les travaux, on n'a pas encore entrepris le remplacement des derniers piliers derrière le chœur, et il reste à déboucher quatre fenêtres ogivales au-dessus du portail, pour rendre à ce bel édifice sa physionomie primitive. (Note du *Bulletin* de la Société des architectes de Seine-et-Marne, 1876-1878.)

Malheureusement, ces travaux avaient été précédés, quelques

Département de Seine et Marne

ÉGLISE DE NANCIS

Détail d'un Chapiteau de l'un des panneaux Piliers de la Nef
(0m05 p mètre)

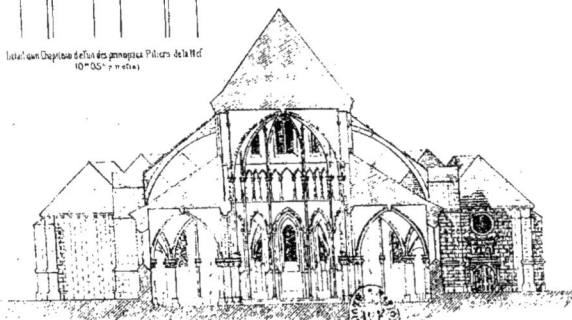

Coupe transversale sur la ligne A B ....
(échelle de 0m005 p mètre)

Détail des assises extérieures de la façade latérale
(0m005 p mètre)

H. DELARUE & Cie, ÉDITEURS
PARIS.

années avant, de la démolition de l'ancienne chapelle des marquis. Peut-être la municipalité d'alors avait-elle trouvé trop dispendieuse la restauration de cette chapelle, ou la trouva-t-elle gênante, à cause de l'encoche qu'elle faisait dans le parc du château.

Cette chapelle, d'après les anciens récits, avait été plus richement déposés. C'est là que reposent aujourd'hui les restes des anciens marquis peintes à fresques sur le mur. Deux portraits étaient également peints, représentant, l'un, Alphonse de Brichanteau, tué au siège de Bergues en 1658, et l'autre, son fils, Louis-Faust, tué à Offenbourg en 1690. Enfin, autour de la chapelle, à hauteur d'appui, était représentée une suite de jeunes seigneurs et damoiselles, en costumes Louis XIII ; ces portraits représentaient les nombreux enfants de l'amiral de Brichanteau.

On dut alors faire exhumer de cette chapelle les restes des anciens seigneurs que les habitants de Nangis avaient respectés pendant l'effervescence révolutionnaire. Une crypte fut construite dans la chapelle Saint-Joseph et les cinq ou six cercueils exhumés y furent déposés. C'est là que reposent aujourd'hui les restes des anciens marquis de Nangis.

Une dernière restauration fut faite à l'église par M. le chanoine Petithomme, curé de Nangis ; il fit couvrir d'une voûte la chapelle de la Vierge qui jusqu'alors n'avait qu'un plafond en plâtre, et il fit établir un calorifère dans la vieille sacristie.

En résumé, au point de vue religieux, les habitants de Nangis paraissent avoir été très attachés à la religion de leurs ancêtres. Les nouveautés des prédications luthériennes ne paraissent pas avoir fait de prosélytes parmi eux ; et si, pendant les guerres de religion, ils eurent à souffrir, dans leurs champs et leurs récoltes, des passages des armées et des bandes de partisans, du moins ils vécurent à l'abri de toutes luttes intestines, sous la protection de leurs fossés Jusqu'en 1793, nous voyons la municipalité faire intervenir la religion dans tous les grands actes de la vie civile et faire chanter des *Te Deum* chaque fois qu'il s'agissait de fêter des événements heureux.

Un singulier acte de décès, que nous trouvons dans l'état civil de Nangis, nous montre l'état des esprits au XVIIIe siècle. Voici en quels termes il s'exprime :

« Pierre Meusnier, âgé de 16 ans, ou environ, fils de défunt Edme Meusnier, ci-devant cabaretier à la Croix-Rouge (l'hôtel de la Croix-Rouge était situé aux numéros 6 et 8 actuels de la rue de l'Hôtel-de-Ville à Nangis) et de Jeanne Robert, ses père et mère, est mort le 17 février 1715, d'un cruel assassin, par des voleurs, selon toute apparence, qui, par une barbarie inouïe, lui ont ouvert le ventre, lui ont arraché son cœur, et une feuille de son foie, après l'avoir percé d'une infinité de coups d'épée. Son corps fut levé par la justice et transféré dans les prisons pour garder les formalités ordinaires, où il est resté jusqu'au quatre mars, auquel jour nous lui avons donné la sépulture ecclésiastique dans le cimetière de ce lieu, avec tous les suffrages, prières et cérémonies ordinaires. Et avons célébré le lendemain, pour le repos de son âme, le sacrifice de la messe; parce que c'était un jeune enfant, de bonnes mœurs, qui aimait l'église, où il a servi comme enfant de chœur, et n'a rien fait que d'édifiant pendant le cours de sa vie, que Dieu a permis qu'on lui ait abrégée pour ne pas exposer son innocence à la corruption du siècle où nous sommes et garder son âme.

« Mais pour Edme Meusnier, son père, âgé de 50 ans environ, ayant été trouvé dans la même chambre, percé de coups d'épée en plusieurs endroits, le ventre ouvert, les entrailles flottant hors de son corps, enseveli dans son sang, ayant eu la même destinée que son fils, n'a pas eu les mêmes honneurs que son fils, puisque les portes de l'église lui ont été fermées après sa mort, que nous lui avons refusé la sépulture ecclésiastique, l'ayant fait enterrer sans sonner les cloches, hors le cimetière, dans l'endroit où l'on a accoutumé de mettre les enfants morts-nés, sans croix, sans luminaire, sans eau bénite, sans chants ni suffrages ordinaires; et nous l'avons conduit sans surplis ni étole, porté sur une civière par quatre hommes au lieu de la fosse où on l'a jeté sans cérémonie, selon l'ordre de Mgr l'archevêque de Sens, Hardoin Fortin de la Hoguette, ayant dit seulement un *De profundis* tout bas, parce qu'il y avait huit ou neuf ans qu'il n'avait été à confesse, ni satisfait à son devoir pascal, et qu'il menait une vie très déréglée et très scandaleuse. Une multitude de peuple de tous sexes et de tous âges qui assistèrent à cette lugubre cérémonie, entendirent en tremblant, avec des visages pâles, tristes et défigurés, la lecture que je leur fis de la lettre de mon dit seigneur l'archevêque, à la porte de l'église et regardèrent sa décision comme le jugement d'un autre Salomon. M. Cornillet, vicaire et sacristain, avec Charles Gresles, sonneur, ont signé cet acte avec moi, les jour et an susdits. (Signé) Cornillet, Huerne, vicaire, Gresle et J.-B. Chaumoret, curé. »

Et pourtant cet homme était la victime! Cet acte nous en dit plus long que tous les commentaires sur les idées religieuses du pays à cette époque, malgré les mœurs si relâchées de la Régence.

Voici la liste des curés de Nangis sous l'ancien régime, dont nous avons pu retrouver les noms :

En 1545. Denis Godin, curé de Boississe-le-Roi, est vicaire de Nangis. Les chanoines de Sens conservaient alors la cure et se faisaient représenter par un vicaire.

De 1575 à 1579, l'abbé Danveau.

De 1579 à 1590, l'abbé du Choque.

De 1590 à 1622, l'abbé Guyot.

De 1622 à 1633, l'abbé E. Jouard.

De 1633 à 1646, l'abbé Eloi Maunoyer, qui fit construire les chapelles. Il décéda le 28 juillet 1646. L'acte de décès le désigne comme prêtre-vicaire, desservant la cure de Nangis, et constate qu'il a fondé les matines durant l'Octave, et la dédicace de l'église avec un salut du Saint-Sacrement.

De 1646 à 1695, l'abbé Egan.

De 1695 à 1704, l'abbé Denis.

De 1705 à 1722, l'abbé Jacques Chaumoret.

Il apparaît le 14 janvier 1705 et signe, ce jour, un acte qu'il fait suivre de ces mots : « J'ai pris possession de la cure de Nangis ce jour-là. » Il décéda à Nangis le 7 mars 1722, âgé de 75 ans, et fut inhumé dans le chœur de l'église.

De 1722 à 1724, l'abbé Pigeon. Il signe comme curé le 11 mai 1722 et disparaît peu après en 1724. Ne serait-ce pas le même que François Pigeon, qui meurt curé de Gumery, en 1741, léguant à l'église de Nangis 400 livres pour une messe perpétuelle et 20 livres pour les pauvres ?

De 1724 à 1760, l'abbé Jean-Baptiste Boudet. Il signa son premier acte le 28 avril 1724 et mourut à Nangis, en exercice, le 13 janvier 1760, à l'âge de 78 ans. Il fut inhumé dans le chœur de l'église.

De 1760 à 1766, l'abbé Charles-Pierre de Biencourt. Il signe son premier acte le 29 mars 1760 et résigne sa cure, en 1766, en faveur de l'abbé Leseurre de Chantemerle, son vicaire. Il mourut à Nangis pendant la Révolution, le 6 floréal an VII.

De 1766 à 1811, l'abbé Edme-Marc Leseurre de Chantemerle. Le 25 septembre 1766, il est nommé curé de Nangis. Il appartenait à une famille qui avait joué à Nangis un rôle important ; son père y avait exercé la profession de notaire. Il était précédemment vicaire dans la même église. Toute sa vie s'écoula à l'ombre de son clocher natal, elle n'en fut pas moins fort troublée ; la Révolution le chassa de son église et de son presbytère. Une anecdote nous a été rapportée sur ce bon curé qui n'avait pas voulu quitter ses paroissiens, et s'était retiré dans une maison, rue de l'Eglise, aujourd'hui n° 8. Chaque soir, avant de se mettre au lit, après avoir mis ses papillotes et sa fontange, il ouvrait sa fenêtre et donnait sa bénédiction à tous ses anciens paroissiens, leur souhaitant une bonne nuit. Lors du Concordat, il fut réinstallé dans sa cure, et mourut à Nangis le 18 novembre 1811. Il était le cousin du général de division de l'Empire, comte du Taillis.

Aux archives de Melun se trouve une liasse d'actes (G. 321 et 322) comprenant les titres de nombreuses donations faites à l'église Saint-Martin de Nangis avant la Révolution. Il n'est pas sans intérêt de rappeler ces dons que la confiscation révolutionnaire a fait depuis longtemps tomber dans l'oubli; et les noms de ces bienfaiteurs de l'église, dont plusieurs sont encore représentés aujourd'hui.

Le 18 avril 1502, Jehan Godin, substitut à Nangis du tabellion de Melun, fait don d'un demi-arpent de pré à charge d'une messe haute et d'un *Libera*.

4 juillet 1509, Christophe Allaume donne un demi-arpent de pré à charge d'un service annuel.

21 juin 1519, legs par Jacquette, femme de Gervais Richard, d'un demi-arpent de pré pour deux messes basses.

18 mars 1544, Pierre Truchon lègue un tiers d'arpent de pré, à la charge de quatre obits.

25 juin 1564, legs par Catherine Tondu d'un quartier de terre, à charge d'une messe basse.

22 avril 1568, Jehan Bellanger, notaire, lègue un demi-arpent de pré, à charge de deux messes à notes et d'un *Libera*.

1er décembre 1573, donation par Me Antoine Godin, notaire, de quatre livres tournois de rente, à charge d'une messe de *Requiem*.

6 août 1571, legs par Etienne Ménard d'un arpent de terre, à charge de deux messes hautes.

5 août 1578, donation par Perrette Lecocq, fille de Martin Lecocq, chirurgien, de quarante-cinq sols de rente, à charge de trois messes à notes, et d'un *Libera* sur sa sépulture.

30 juin 1584, Denise Fleury donne un demi-arpent de terre, à charge de deux messes basses.

11 septembre 1595, legs par Claude Gésu d'un arpent et six perches de terre et trois quartiers de pré pour un salut le jour de Pasques, un *Libera* et deux obits..

31 mars 1609, Denis Jolly lègue un demi-arpent, à charge de deux obits bas.

14 décembre 1611, Jean Milot, laboureur à Lady, lègue soixante-six perches de terre et un quartier de pré pour un obit haut.

21 avril 1612, don par Luc Roger d'un arpent de terre près la grande Rachée, à charge de deux messes hautes d'obit.

7 mai 1616, donation par Jacques Benchard, sergent au bailliage, d'un demi-arpent de pré, à charge d'être recommandé aux prières des fidèles.

3 décembre 1617, Marie Lemaire donne un demi-arpent de terre, lieudit Grandchamp, à charge d'un obit bas.

7 décembre 1617, Pierre Boutonné, laboureur, donne un demi-arpent huit perches de terre, à charge d'un obit bas.

8 septembre 1623, donation par Antoine Caillau, sieur de Courtenin, de deux arpents de terre, à charge de trois obits hauts et de recommande au prône.

17 mai 1632, donation par Léonarde Denise (Denis) de quatre arpents de terre au finage de Boisguichet, à charge d'un salut le jour de la translation de Saint-Martin, et, le lendemain, un obit.

29 septembre 1632, legs par Quentin Fournier d'un arpent de terre, lieudit de Crouillis, pour un obit haut.

25 novembre 1635, don par Claude Pynturier de quatre livres de rente, à charge d'une messe haute.

22 juillet 1641, Jeanne Truchon fait don d'une maison appelée la Bertonnière (la Bretonnière), à charge d'un salut et d'une messe basse.

2 novembre 1645, legs par Edmée Georges de dix-neuf livres huit deniers de rente pour trois messes hautes annuelles.

25 juillet 1646, donation par Eloi Maunoyer, prêtre, curé de Nangis, de huit cents livres (précédemment prêtées par lui à l'église pour construire les chapelles) et sept arpents de terre sis au fief de Bonval, à charge de faire chanter les matines et un salut en service complet et trois grandes messes à perpétuité.

10 septembre 1646, legs par Jeanne Moreau, femme de Balthazard Burteaulx, tailleur d'habits, d'un arpent et demi de terre, à charge de trois obits.

7 février 1661, Charles Richard, arpenteur royal, fait don d'une maison avec jardin, sis près la porte des Granges-à-Poulain (porte de Melun), à charge de cinq messes basses.

1667, legs par François Denis, maître-charpentier, d'une rente de quatre livres cinq sols, à charge d'un obit haut.

24 septembre 1673, donation par Edmée Gervais de cent livres, à charge d'une messe basse et d'un *Libera* à perpétuité.

15 juillet 1678, Edmée-Françoise Cerneau fait don de douze livres de rente à prendre sur une maison attenant aux Petits-Piliers, vis-à-vis la Cloche, à charge d'un service solennel, composé d'une grande messe et vigiles.

29 mars 1680, legs par Nicolas Bureau, avocat, de huit livres de rente, à charge d'un service annuel et d'un salut.

16 juillet 1687, don par Mlle de Campremy d'une maison sise rue de l'Eglise, tenant au petit jardin du château et à la maison de l'église (la maison d'école), sans doute la maison portant aujourd'hui le numéro 18, pour le logement du vicaire, à charge d'un service annuel et solennel, composé de trois grandes messes.

7 août 1707, donation par honnête femme Denise Lambert, veuve de maître Pierre Lambert, vivant tabellion à la Fermeté, de 72 livres 10 sols de rente, capital de 1 450 livres, payables par messire Georges d'Entraigues, seigneur de la Chapelle-sur-Crécy, et dame Thérèse de Brichanteau, sa femme. Ladite donation ayant pour objet de fonder en l'église de Nangis « les prières des Quarante-Heures aux expositions du Saint-Sacrement, pendant le dimanche de la Quinquagésime et les deux jours suivants, pour porter le peuple à passer ces trois jours dans les exercices de piété, au lieu des réjouissances publiques qui souvent dégénèrent dans des excès que les mauvais usages semblent avoir autorisés ».

21 mai 1719, fondation par Nicolas Hucher, laboureur, de quatre obits, moyennant le don de quatre cents livres.

Juillet 1726, don de 120 livres par Jeanne Dusel, à charge d'un salut le jour de saint Jean et d'une messe basse le lendemain.

23 août 1746, constitution de 35 livres de rente par François Saleur, conseiller du roi, assise sur la ferme de l'Orme-du-Bouin, à Rampillon.

Tous ces biens donnés, qui avaient contribué à former le patrimoine de l'église, furent confisqués en grande partie lors de la Révolution de 1793, et les terres furent vendues comme biens nationaux.

Il manque à notre belle église d'être classée, comme on le demande, parmi les monuments historiques. Nous voulons espérer qu'interviendra bientôt cette solution qui lui permettrait d'échapper à la ruine.

Avant de clore cet article, une remarque s'impose, c'est qu'on ne trouve à Nangis aucune trace du séjour d'un ordre religieux soit d'hommes, soit de femmes. Les vieux titres sont muets sur l'existence dans cette ville d'aucun couvent. Il y avait bien dans ses environs les Manteresses, sur le territoire de Nangis, les Billettes au finage de Fontains, la Moinerie, sur Bailly-Carrois, et une autre Moinerie, près Rampillon; mais dans Nangis même, nous n'avons pas trouvé trace de maison religieuse. Ce fait est d'autant plus singulier que les premiers seigneurs de Nangis firent de grands dons aux ordres religieux, aux églises et aux couvents de Provins et des contrées avoisinantes, et qu'au moyen âge, il n'y avait pas de ville qui n'eût ses monastères des deux sexes. Cette singularité reste sans explication.

HOTEL-DIEU ET LÉPROSERIE

Ainsi qu'il a été exposé plus haut, la création de l'Hôtel-Dieu et de la léproserie de Nangis doit être attribuée aux Britaud, seigneurs du lieu, qui en furent les fondateurs au cours du XIIIe siècle et les dotèrent de revenus suffisants pour les besoins de cette époque. Par son testament, en date de 1263, le dernier Britaud, Jean, donna à chacun de ces établissements cinquante livrées de terre. C'est le premier acte que nous trouvons où il soit question de ces deux fondations charitables.

Nous n'avons trouvé aucune trace de l'endroit où fut établi l'Hôtel-Dieu à son origine. Dans la suite des temps, lorsque les foires de Champagne et de Brie eurent perdu de leur vogue et de leur importance, l'hôtel de Changart, devenu sans emploi, devint l'Hôtel-Dieu.

Quant à la léproserie, afin d'isoler les gens atteints de cette horrible maladie rapportée des croisades, elle fut établie en dehors de la ville, sur le chemin de Rampillon. Une chapelle dédiée à saint

Antoine, qui y fut annexée, donna son nom à l'établissement, puis au terroir environnant, et enfin aux maisons en bordure sur cette route. On voit encore, en face le cimetière actuel, quelques vieux bâtiments provenant de cette léproserie.

L'Hôtel-Dieu était toujours resté sous la surveillance et l'administration des seigneurs. Au mois de juin 1682, le marquis Louis-Faust, pour conserver à ses vassaux les bienfaits de ses ancêtres, obtint des lettres patentes qui le maintinrent à la tête des administrateurs de cette maison. Nous avons vu que sa mère, veuve de Claude-Alphonse, avait fait don de 150 livres de rente à l'Hôtel-Dieu.

La léproserie fut sans doute gérée par les mêmes administrateurs jusqu'à la fin du xve siècle, époque à laquelle François Ier mit les léproseries sous les ordres du grand-aumônier de France. Mais la maladie de la lèpre, qui fit de si grands ravages au moyen âge, grâce à une meilleure hygiène, avait toujours été en décroissant, et le temps était venu où les léproseries n'avaient plus que de rares malades. Par suite du nouvel édit, le reliquat des revenus allait grossir la caisse de la grande-aumônerie et ne servait plus à la population pour laquelle ils avaient été constitués.

En 1664, il y eut une nouvelle organisation qui ne fut pas plus favorable aux populations. Le roi Louis XIV ayant approuvé la fusion de l'ordre de Saint-Lazare avec celui du Mont-Carmel, leur accorda l'administration perpétuelle des maladreries et léproseries et autres hopitaux qui n'avaient plus de malades et, avec les revenus de ces maisons, il forma plusieurs commanderies dont il se réserva la libre disposition. Ce nouvel état de choses provoqua les plaintes et réclamations des municipalités qui soutenaient que ces revenus, provenant de biens donnés au profit des malades et pauvres de leur ville, ne pouvaient servir à rétribuer des services rendus à la royauté.

Sur ces plaintes, un nouvel édit royal de 1693 prononça la désunion de l'ordre de Saint-Lazare des biens des léproseries qui y avaient été unis pour servir au soulagement des pauvres, et lesdits biens furent attribués aux Hôtels-Dieu de chaque pays, avec jouissance du 1er juillet 1693.

Le marquis Armand de Brichanteau, pour mettre fin aux prétentions de l'ordre de Saint-Lazare, qu voulait encore s'immiscer dans l'administration des biens de la léproserie, obtint un arrêt du conseil du 5 avril 1695, attribuant la masse des biens et revenus de la Maladrerie et de la chapelle Saint-Antoine à l'Hôtel-Dieu de Nangis. Sur cet arrêt, des lettres patentes furent expédiées au mois de juin 1698 ; mais ces lettres n'ayant pas été homologuées dans l'année, le marquis obtint, le 28 août 1713, des lettres de surannation en vertu desquelles les lettres patentes furent homologuées en parlement de Paris le 19 juillet 1714. Ces lettres patentes, ainsi que l'arrêt d'homologation, portent :

« Par ces mêmes présentes, nous avons joint, réuni et incorporé, joignons, réunissons et incorporons audit Hôtel-Dieu de Nangis, les biens et revenus dudit lieu et chapelle en dépendant, pour être lesdits revenus employés à la nourriture et entretien des pauvres malades dudit Hôtel-Dieu. » C'est donc à compter de cette époque que cet établissement a commencé à jouir des biens de la léproserie et de la chapelle Saint-Antoine.

Il y eut alors une nouvelle organisation de l'Hôtel-Dieu. Un règlement fut dressé par l'archevêque de Sens, Fortin de la Hoguette, le 22 mars 1706, pour le gouvernement de ladite maison. Nicolas Mye, notaire, en fut nommé trésorier, et Jacques Legros, installé comme chirurgien des pauvres, après acceptation du tarif suivant :

« Un sol six deniers pour chaque saignée du bras, du pied trois sols, de chaque remède quatre sols, et de chacune médecine dix sols. »

Le maréchal de Nangis, qui s'était au cours de sa vie intéressé au bon fonctionnement de l'Hôtel-Dieu, ne l'oublia pas dans ses dernières dispositions. Son testament, du 31 mai 1742, contient un legs important à cet établissement. Cette disposition est ainsi conçue :

« Nous ordonnons qu'il soit fait, dans la terre de Nangis, une fondation de trois Sœurs de la Charité qui occuperont la maison déjà destinée à un hôpital, pour le soulagement des malades et l'instruction des jeunes filles de ma terre ; qu'il en soit passé acte selon l'usage en pareille fondation, et que l'on joigne au revenu dudit hôpital celui qui sera nécessaire pour la subsistance desdites Sœurs et pour les bouillons et les médicaments des malades ; qu'on leur donne un assortiment de meubles et autres choses que l'on a coutume de leur donner en pareil établissement, et qu'il soit fait audit hôpital un supplément de revenu nécessaire pour le soutien de ladite fondation. »

Pour exécuter ledit testament, le marquis de Guerchy, auquel cette charge incombait, comme succédant au donateur dans le marquisat de Nangis, voulant de sa part non seulement satisfaire aux intentions dudit maréchal de Nangis, mais même mettre ledit hôpital en état de soulager plus convenablement les pauvres et rendre l'instruction des jeunes filles plus exacte et plus solide, déclara préférer, pour le bien de cette donation, délaisser et abandonner audit hôpital des fonds dont leurs administrateurs, par leur économie, trouveront plus de secours que dans un revenu fixe.

En conséquence, par acte reçu par Me Gilbert, notaire à Nangis, le 9 mai 1745, le marquis de Guerchy, en présence de M. Pierre Grassin, chevalier, seigneur-châtelain de Mormant, exécuteur testamentaire dudit maréchal de Nangis, déclare céder, quitter, transporter et délaisser, à titre d'aumône et de fondation pieuse, les biens et rentes ci-après, venant de la succession dudit maréchal, étant dans la mouvance dudit marquisat de Nangis, audit hôpital et Hôtel-Dieu de Nangis, ce accepté par M. Louis Gaspard Martin, avocat en parlement, bailli de Nangis; Jean-Baptiste Boudet, curé; Louis-Marie Leclerc, procureur fiscal; Simon-Jacques Taveau, Jean Herluison, échevins en charge; Barthélemy Charpentier, procureur; Pierre Cadot, Louis Messageot, Nicolas Poiret, marchands; Claude-Joseph Roussereau, greffier; Jean-Baptiste Loriot, hôtelier; Louis Gavardeau, charpentier; François Camuset, serrurier, et Louis Duval, cribleur, demeurant tous à Nangis, gouverneurs dudit Hôtel-Dieu, aussi administrateurs principaux et notables habitants de ladite ville de Nangis, assemblés à cet effet, au bureau dudit Hôtel-Dieu, au son de la cloche, en la manière ordinaire et représentant le général des habitants de ladite paroisse de Nangis :

« Premièrement, les fonds et propriété de la ferme de Rogenvilliers, située en la paroisse de Rampillon, dépendant de l'ancien domaine dudit marquisat de Nangis, consistant en bâtiments, jardin, terres labourables et prés, le tout tenu à loyer par Jean Boucher, laboureur, et Jeanne Coffart, sa femme, pour la somme de 400 livres et six fromages à la crème; sous réserve de tous droits de haute, moyenne et basse justice, et de cinq sols de cens payables chaque année.

« Deuxièmement, les fonds et propriété d'une pièce de pré dépendant aussi du marquisat, appelée la pièce du pré de l'étang de la Grange, située près du hameau de ce nom, terrain de Fontains, consistant en treize ou quatorze arpents tenue à loyer par Jean Lebrun, laboureur au Pré-Boudrot, moyennant soixante livres.

« Troisièmement, la quantité de soixante-douze boisseaux de blé froment, mesure de Nangis, due en rente foncière seigneuriale, perpétuelle et non rachetable, à prendre sur les bâtiments et terres de la ferme du Saussoy.

« Quatrièmement, plus deux cents livres de rente foncière, non rachetable, à prendre par chacun an sur la terre et ferme des Farons, située finage de la Chapelle-Rablais, consistant en 120 arpents de terre et 17 arpents de prés.

« Cinquièmement, trente livres de rente foncière, non rachetable, à prendre chaque année sur les maison et pressoir de Sognolles, due par Jean Colleau, sieur de la Foucharde, grainetier au grenier à sel de Brie-Comte-Robert.

« Sixièmement, 34 boisseaux, un picotin et un huitième de picotin de blé froment, mesure de Nangis, de rente foncière perpétuelle, non rachetable, à prendre sur les terres et ferme du Bas-Chaillot, situées paroisse de Nangis et due par le Sr Nicolas Gridé, conseiller et secrétaire du roi.

« Septièmement, suit l'énumération de quinze autres petites rentes foncières et perpétuelles, formant un total de 63 livres de rente annuelle. »

Par suite de cette donation, le testament du maréchal reçut son exécution. Mme Mye, femme du notaire, supérieure en charge de la Charité des pauvres de Nangis, rendit compte de sa gestion, et remit 500 livres restant sur la somme de 1 200 livres que le maréchal avait donnée pour aumônes aux pauvres, et trois Sœurs, envoyées par la communauté des Filles de la Charité : Marguerite Lecomte, Jeanne Alis et Catherine Bedou, furent installées à l'Hôtel-Dieu, le 16 mai 1746, pour avoir soin des malades et instruire les filles du marquisat.

Plusieurs autres donations furent faites au profit dudit Hôtel-Dieu ; nous trouvons parmi les plus importants les legs suivants :

Par contrat passé devant Charpentier, notaire à Nangis, le 7 août 1707, la dame Denise Lambert, veuve de Pierre Lambert, en son vivant tabellion et greffier à Quiers, fit don à l'Hôtel-Dieu d'une maison située à Nangis, rue Neuve (actuellement rue Noas-Daumesnil), composée de trois travées, cour et jardin. Cette maison ne serait-elle pas la même que celle située dans cette rue et louée par ledit Hôtel-Dieu, le 14 novembre 1809, au sieur Bourry, médecin, par bail emphytéotique de quatre-vingt-dix-neuf ans, moyennant un loyer de 120 francs ?

En 1687, Charles Sobol, prêtre-curé du Châtel et chapelain de l'Hôtel-Dieu, et Pierre Sobol, son frère, aussi prêtre et sacristain de l'église de Nangis, firent une donation entre vifs au profit dudit Hôtel-Dieu, mais nous n'avons pu constater son importance.

Le sieur Antoine Rigo, propriétaire, demeurant à Nangis, en sa maison des Carneaux, légua 300 livres audit hôpital.

Une rente de quinze livres fut donnée par Antoine Caillau, seigneur de Courtenain.

Enfin, en 1774, Nicolas-François Desprez, ancien vicaire de Nangis, et ancien curé de Carrois, fait don audit établissement de diverses rentes.

Les anciens bâtiments de l'Hôtel de Changart, qui avaient été transformés en Hôtel-Dieu, et remontaient au XIIIe siècle, tombaient en ruine ; il fallut transporter ailleurs les malades et l'école des filles. Vers la fin du XVIIe siècle, les administrateurs achetèrent de Marie et Pierre Séguin et de la veuve Pierre Lambert, des immeubles avec grand jardin, situés rue Neuve, pour y transférer l'Hôtel-Dieu. Cette acquisition dut avoir lieu vers 1696, car nous voyons que cette année Pierre Bureau, administrateur de l'Hôtel-Dieu et bailli, obtint de l'archevêque de Sens, Fortin de la Hoguette, la permission de démolir la chapelle Saint-Antoine, qui aussi tombait en ruine et n'était pas réparable, pour en employer les matériaux qui se trouveraient en état de servir à l'achèvement de l'Hôtel-Dieu, à la condition que le service serait fait et les messes de fondations acquittées à l'avenir en la chapelle Saint-Mathurin.

Cette chapelle, dédiée à saint Mathurin, venait d'être construite dans le nouvel Hôtel-Dieu ; de là, le nom de Saint-Mathurin donné à la rue Neuve et son prolongement la Grande-Rue.

Sous la Révolution, il ne fut pas touché aux biens de l'Hôtel-Dieu ; on se borna à changer son nom et son administration. Il prit le nom de Maison de santé, et eut pour administrateur M. Louis-François Colleau, officier municipal, et, pour directrice, Marie-Julie Potéleret.

Sous la royauté, les administrateurs décidèrent la vente de la ferme de Rogenvilliers, provenant du legs du maréchal de Nangis, et ce à cause de la difficulté de trouver un locataire ; et après approbation du conseil municipal en date du 26 novembre 1838, cette ferme fut vendue.

Il en fut de même d'une autre ferme que l'hospice possédait aux Veaux, commune de Rampillon ; la vente eut lieu, soit pour le même motif, soit à cause des réparations qu'exigeaient les vieux bâtiments. Les administrateurs vendirent également, à cause de leur vétusté, les bâtiments restant de l'ancienne léproserie. En sorte qu'il ne resta plus à l'Hôtel-Dieu que des pièces de terre détachées, sises sur les territoires de Nangis, Bailly-Carrois et Rampillon qui, avec les titres de rente, constituaient alors un revenu de douze mille francs.

Ce revenu a été récemment plus que doublé par la donation faite, en faveur de cet établissement, du domaine de la Boulaye, sis terroir de Closfontaine, par Mᵐᵉ de Noas, née Daumesnil, petite-fille du général Daumesnil, défenseur de Vincennes, lors de la chute du premier Empire. Ce legs a porté les revenus à 28 000 francs.

Les bâtiments de l'Hôtel-Dieu sont encore devenus insuffisants et n'offrent pas les garanties d'hygiène que l'on exige aujourd'hui pour un établissement de ce genre ; leurs déplacement et reconstruction s'imposent, et sont déjà l'objet de projets et d'examens.

LES ÉCOLES

Ainsi que nous l'avons exposé plus haut, l'école des garçons de Nangis, pendant tout le moyen âge et jusqu'à la Révolution, était restée sous la dépendance de l'église qui l'avait créée et pourvoyait à ses besoins.

La fabrique de l'église possédait les bâtiments où se tenaient les classes, situés rue de l'Eglise, faisant face à la rue actuelle des Ecoles, et tenant à la tourelle, et payait l'instituteur. Pendant des siècles, elle dispensa l'instruction aux enfants de Nangis, sans qu'il en ait rien coûté ni aux parents, ni à la municipalité qui, nous l'avons vu par le budget de 1780, ne votait aucun fonds pour l'instruction et ne pouvait guère en voter. Cela n'empêche pas aujourd'hui les descendants des générations instruites par l'Eglise de représenter celle-ci comme ennemie de l'instruction et favorisant l'ignorance.

Il nous a été impossible de déterminer à quelle époque cette école fut ouverte et nous n'avons trouvé qu'un nom de maître d'école, celui de Lemoine en 1643.

Après la Révolution, le 15 vendémiaire an XIV, le sieur Cudot fut nommé instituteur à Nangis, poste vacant depuis deux ans. D'après le tarif qui lui fut imposé, il devait réclamer à ses élèves par mois :

Pour la lecture, o fr. 60.

Pour la lecture et l'écriture, o fr. 90.

Et pour l'arithmétique, 1 fr. 20.

L'école n'était plus gratuite ; ce fut l'un des principaux changements.

L'instituteur dut s'installer dans la vieille école confisquée sur l'église ; mais bientôt, comme elle menaçait ruine, on fut forcé de la démolir. Le 8 août 1824, la ville fit procéder à la vente des matériaux provenant de cette démolition et de son emplacement, après avoir rendu à la voie publique une large bordure de terrain afin de dégager l'accès de l'église. L'école dut chercher un asile provisoire.

La municipalité était fort embarrassée pour construire une nouvelle école des garçons, lorsque deux legs importants vinrent la tirer d'embarras. Une dame Prêtre, propriétaire du domaine de Bourguignon, commune de Fontains, fit, par son testament, don à la ville de Nangis d'une somme de cinquante mille francs pour l'établissement d'une école tenue par les Frères de la doctrine chrétienne. D'un autre côté, M. le comte Greffulhe, nouvellement acquéreur du château de Boisboudran, commune de Fontenailles, donna à la ville une somme suffisante pour la création d'une école d'enseignement mutuel. Par délibération du 30 mars 1831, le conseil municipal déclara joindre le legs de M. le comte Greffulhe à celui de Mme Prêtre, pour les fonds servir à acheter la maison d'un sieur Plessier, sise rue du Tournebride, et à construire sur son emplacement une nouvelle école des garçons.

Cette école ne tarda pas à devenir insuffisante par suite de l'accroissement de la population de la ville. En 1876, il y eut une nouvelle transformation. La municipalité, qui venait d'acheter ce qui restait de l'ancien château des marquis de Nangis et une partie du parc l'entourant, fit construire une nouvelle école des garçons en partie sur les anciens fossés remblayés du château et sur l'emplacement d'une maison voisine, et l'ancienne école abandonnée fut destinée à recevoir l'école des filles.

Cette école des filles, qui ne paraît pas avoir eu au moyen âge une existence bien organisée, n'apparaît sérieusement établie qu'à la suite du testament du maréchal de Nangis que nous avons rapporté plus haut. En exécution du legs de ce dernier, elle fut établie dans les bâtiments de l'Hôtel-Dieu et eut pour directrice l'une des trois Sœurs appelées par le maréchal et rétribuées par ses dons. Cette école fut maintenue dans l'Hôtel-Dieu, où elle occupait la salle servant actuellement de dortoir aux vieillards, et y resta jusqu'en 1876. En dernier lieu, elle était sous la direction des Dames de la Congrégation de Nevers, qui étaient également chargées de la direction de l'Hôtel-Dieu.

Le 21 juin 1876, cette école fut enfin transférée de l'Hôtel-Dieu, où le local était insuffisant. dans les bâtiments que quittaient les garçons, rue du Tournebride, et placée sous la direction d'une institutrice laïque. Une fête d'inauguration eut lieu ce jour.

Mais bientôt une nouvelle école des filles fut ouverte à Nangis. MM. les comtes Charles et Henri Greffulhe, répondant aux désirs d'un grand nombre de mères de famille qui demandaient le maintien de l'instruction chrétienne, firent construire une école sur un terrain par eux acheté, touchant l'Hôtel-Dieu, et y établirent une école libre pour les jeunes filles, sous la direction des Dames de Nevers, école gratuite, dont ils supportaient tous les frais.

Ces deux écoles de filles fonctionnèrent concurremment jusqu'à l'expulsion des congrégations religieuses, en 1904. A cette époque, M. le comte Henri Greffulhe, dont l'école se trouvait désorganisée, la loua pour un prix insignifiant (100 francs par an) à la municipalité de Nangis qui, vu l'étendue et la bonne disposition des locaux, put y réunir toutes les élèves des deux écoles de filles.

Cette réunion laissait libres fort à propos les bâtiments de l'école municipale des filles. Celle des garçons, construite dans le parc du château sur un terrain trop exigu, devenait, malgré sa création récente, et bien qu'elle eût été surélevée d'un étage, de plus en plus insuffisante. Le trop-plein des élèves put être déversé dans l'école que les filles venaient d'abandonner; et, grâce à la générosité de M. le comte Greffulhe, la ville put échapper ainsi à la lourde obligation de reconstruire, ou au moins d'élargir, ses deux écoles devenues insuffisantes. Mais c'est là une charge à laquelle il y a lieu de craindre qu'elle ne puisse se soustraire tôt ou tard.

HOMMES REMARQUABLES

NÉS A NANGIS

Guillaume de Nangis

Nangis a vu naître Guillaume de Nangis, célèbre moine bénédictin de l'abbaye de Saint-Denis. Ce nom de Nangis ne veut pas dire qu'il appartenait à la famille seigneuriale de ce lieu, mais qu'il était d'origine nangissienne. Il avait conservé des rapports avec sa ville natale et même avec son seigneur d'alors, car nous avons vu plus haut qu'il assista comme témoin au testament de Jean Britaud, en 1263, et qu'il en fut l'un des exécuteurs testamentaires.

Il est l'auteur de deux chroniques, l'une s'étendant depuis le commencement du monde jusqu'à l'an 1301, époque de sa mort, histoire qui fut continuée jusqu'en 1368 par deux autres religieux de la même abbaye. L'autre est une chronique des rois de France continuée jusqu'à la même époque, 1301. Elles sont écrites dans le latin employé à cette époque et ont le mérite d'une grande clarté. Tous les historiens ont largement puisé à cette source qui fut pour eux d'un grand secours pour décrire les faits des XII° et XIII° siècles, époque peu féconde en chroniqueurs.

Guillaume est aussi l'auteur des vies de saint Louis et de ses fils, Philippe le Hardi, qui lui succéda, et de Robert, chef de la maison de Bourbon. Pithou fit imprimer ces traités en 1596. Guillaume de Nangis mourut en 1302. Il est regrettable que rien ne rappelle en sa ville natale le souvenir de ce remarquable et utile écrivain.

Louis-Claude Leclerc

Louis-Claude Leclerc, poète et écrivain, né à Nangis, appartenait à une ancienne famille de magistrats de cette ville. Ses ancêtres s'étaient succédé dans les fonctions de procureur fiscal au bailliage de Nangis. La maison des Leclerc, d'une certaine importance et agrémentée de vastes jardins, était située à Nangis, à l'angle de la rue des Creusottes (rue des Fontaines) et du chemin de ronde extérieur (aujourd'hui boulevard Victor-Hugo). Cette maison est actuellement convertie en une exploitation agricole.

Délaissant les fonctions paternelles pour un plus vaste théâtre, Leclerc vint à Paris, où il chercha, comme poète et romancier, à percer dans différents genres. Il écrivit le poème de *Tobie*, qui est son meilleur ouvrage. Le pape Clément XIV, auquel il avait dédié ce poème, lui écrivit une lettre autographe de remerciement.

Il écrivit ensuite *Zaïde, ou la Comédienne parvenue*, roman de mœurs dans le goût de l'époque, qui eut peu de succès. Il s'essaya dans le théâtre et fit représenter à Bordeaux, en 1763, une comédie en trois actes, intitulée *l'Envieux*. On trouve de lui des pièces fugitives insérées dans les Mercures et autres recueils de 1761 et années suivantes. Leclerc mourut vers 1788.

Général Comte du Taillis

Adrien-Jean-Baptiste Amable, fils de Jean-Jacques Ramond-Dubosc, intéressé dans les affaires du roi, demeurant à Paris, rue du Gros-Chenet, paroisse Saint-Eustache, et de dame Marie-Madeleine-Louise Mye, naquit à Nangis, le 12 novembre 1760, et y fut baptisé le 16 du même mois. Il eut pour parrain son oncle Ramond, trésorier des ponts et chaussées à Montauban, et pour marraine dame Marie-Antoinette-Amable Rigo, épouse de Jacques-Philippe Taveau, qui fut maire de Nangis.

Il appartenait par sa mère à une honorable et importante famille nangisienne dont les membres avaient occupé plusieurs emplois publics. Sa mère était fille de Jean-Edme Mye, qui fut d'abord procureur fiscal au bailliage de Nangis, puis notaire au même lieu de 1729 à 1736; petite-fille de Nicolas Mye, qui fut précédemment notaire dans la même étude de 1694 à 1728, et nièce de Jean-Côme Mye, qui fut aussi procureur fiscal, et de Nicolas Mye, chevalier de Saint-Jean de Latran.

La grand'mère maternelle du futur général, femme de Jean-Edme Mye, était dame Marie-Madeleine Leseurre de Chantemerle, dont la famille joua aussi à Nangis un rôle important à cette époque. Son père avait le titre d'entrepreneur des marbres pour les maisons royales. Elle était la nièce de Claude Leseurre, prêtre de l'Oratoire et supérieur de la maison de Saint-Magloire, à Paris, qui lui légua, par son testament du 12 juillet 1756, plusieurs maisons à Nangis, la ferme du Haut-Chaillot, la ferme des Pleux, commune de Fontenailles, et une ferme à Grandpuits; elle était la sœur de Antoine Leseurre de Chantemerle, qui succéda comme notaire à son beau-frère, Edme Mye, et la tante de Edme-Marc Leseurre de Chantemerle qui fut curé de Nangis à l'époque de la Révolution et sous l'Empire.

Son arrière-grand'mère, femme de Nicolas Mye, était dame Madeleine-Edmée de la Serve, qui fut longtemps supérieure de la Charité de la paroisse de Nangis. La famille de la Serve, de Nangis, était une des plus anciennes de la ville ; l'un de ses membres, Etienne de la Serve, figure à la transaction du 15 mars 1545 entre les habitants et dame Marie de Vères, dame du lieu, pour la clôture de la ville.

Cette famille Mye, qui était alliée aux Rigo, au bailli Gaspard Martin, au maire Taveau, aux Leclerc, longtemps procureurs fiscaux, et aux Bureau, seigneurs de la Courouge, à Vieux-Champagne, dont l'un fut bailli de Nangis, avant Martin, et tuteur du marquis Faust de Brichanteau, occupa, tant par elle-même que par ses alliés, tous les emplois civils de Nangis au XVIIIe siècle.

Lorsqu'en 1898, la Société d'histoire et d'archéologie de Provins, qui a pris la louable décision de rappeler par une plaque les noms des hommes remarquables, les faits et les monuments intéressant l'histoire locale, vota la pose d'une plaque pour rappeler le souvenir du général du Taillis, l'auteur du présent opuscule fut chargé de rechercher la maison qui avait vu naître ce dernier. Sa naissance à Nangis étant bien établie par son acte de baptême, il était très présumable que Mme Ramond, habitant Paris, était venue faire ses couches chez son père ; il fallait donc rechercher la maison notariale d'Edme Mye. Cette maison porte le numéro 8 actuel de la rue du Dauphin, près la halle marchande. Elle devint plus tard la propriété du général et de ses sœurs, et fut aliénée par eux suivant acte reçu par Hardouin, notaire à Nangis, le 1er décembre 1791.

Amable Ramond était encore au berceau lorsqu'il perdit sa mère, qui fut inhumée dans la chapelle de la Sainte-Vierge de l'église de Nangis, le 22 mars 1762. Son acte de décès est signé par Taveau, échevin ; Legras, bailli ; Riotte de Saint-Maur, Mégret de la Boulaye, Leclerc père et fils, et le docteur Oudot, parents et amis de la famille.

Ses études terminées, Amable Ramond entra à l'Ecole militaire où déjà il prit le nom de du Taillis sous lequel il fut toujours connu dans l'armée.

J'ai longtemps vainement cherché d'où provenait ce nom de du Taillis, lorsque le hasard mit sous mes yeux un acte qui me donna l'explication que je n'avais pu trouver. Cet acte, reçu par Périer, notaire à Nangis, le 23 juin 1742, constatait que Mme Edme Mye, grand'mère du général, donnait à bail à Denis Vignier, laboureur, la ferme du Taillis et les terres en dépendant, situées paroisse de Doue, près Rebais, moyennant un loyer de 330 livres. La famille possédait donc à Doue un fief noble du nom de du Taillis, et le jeune officier, selon l'usage alors consacré, en avait ajouté le titre à son nom patronymique. La ferme du Taillis existe encore et est toujours cultivée par un descendant de Denis Vignier, le locataire de 1742.

Les débuts du jeune officier dans l'armée furent assez difficiles.

Incorporé comme cadet au corps des volontaires de Nassau-Siégen le 1er février 1779, il fut réformé le 7 juillet suivant. Ce fut dix ans après, le 17 juillet 1789, qu'il fut nommé capitaine dans la garde nationale de Paris, puis capitaine aide-major. Son plus grand désir était de rentrer dans l'armée, il y parvint alors, grâce à la levée en masse et au grand besoin d'officiers capables. Il fut nommé, le 3 août 1791, capitaine au 14e bataillon d'infanterie et commença sa vie militaire par Valmy et Jemmapes, et fit partie, en 1792 et 1793, de l'armée du Rhin sous Dumouriez et Hoche.

Mais il n'était pas au bout de ses tribulations. Le 2 septembre 1793, il est suspendu de son grade par le représentant du peuple Isoré, comme entaché de royalisme, et ne put se faire réintégrer par le Comité de salut public que le 2 février 1795. Il avait alors 35 ans, et avait vu jusque là sa carrière militaire bien compromise, mais il sut bien vite racheter les retards qui lui avaient été imposés. Il rejoignit l'armée d'Italie où il fut nommé, le 7 septembre 1796, chef de bataillon. Il passa comme chef de brigade dans la cavalerie légère le 13 novembre 1797, puis comme aide de camp au 3e régiment de chasseurs à cheval.

Le 9 août 1801, il est adjudant aux états-majors et attaché au dépôt de la guerre, puis adjudant-commandant le 7 janvier 1902. Enfin, le 29 août 1803, il est nommé général de brigade et est attaché comme chef d'état-major au camp de Montreuil.

En 1805, il fait partie de la grande armée, comme chef d'état-major du 6e corps, et fait la campagne d'Allemagne, lorsqu'un boulet vient lui emporter le bras droit à la bataille de Guttstadt le 9 juin 1807. Pour panser sa blessure, l'empereur le fait général de division le 29 juin 1807. Après un congé de convalescence de près de deux années, il est mis, en mars 1809, à la disposition du major général de l'armée d'Allemagne ; mais désormais, il ne peut plus servir que comme commandant de place. Pendant la campagne de Wagram, en 1809, il commande à Munich ; puis il est envoyé en mission en Allemagne en 1810 et 1811. En 1812, il est commandant militaire de Varsovie, puis, en 1813, gouverneur de Torgau, ville de Saxe sur l'Elbe. Cette place était le dépôt central de l'armée engagée en Russie ; aussi lui avait-on donné pour gouverneur un homme sur l'énergie duquel on pouvait compter. Quand vinrent les désastres de la retraite de Russie, Torgau ne tarda pas à être assiégé. Le général, déployant une grande force morale, soutint un siège mémorable pendant lequel les privations, les maladies et le bombardement firent plus de vingt mille victimes. A bout de ressources, la ville capitula, mais la garnison sortit avec les honneurs de la guerre. Lorsqu'en 1815, Napoléon revit le général du Taillis, ses premières paroles furent : « Général, j'ai été content de votre défense de Torgau. »

Prisonnier le 2 janvier 1814, le général rentra en France en mai suivant, et fut mis en non-activité, puis admis à la retraite pour blessures le 18 octobre 1815.

Le gouvernement de 1830 devait réparer les injustices de la Restauration à son égard; il fut replacé dans le cadre de réserve le 7 septembre 1831 et remis en jouissance de sa pension de retraite le 1er mai 1832. Le gouvernement de Juillet le nomma pair de France le 11 octobre de la même année.

De 1814 à 1840, le général vécut dans la retraite dans sa propriété du Haut-Chaillot, près Nangis, aimé par la population qui savait apprécier sa franchise et sa rudesse de vieux soldat. La mort de ses frères et sœurs, décédés sans postérité, avait concentré entre ses mains toute la fortune familiale; il avait constitué un vaste domaine, aux portes de Nangis, formé des fermes du Maupas, des Pleux, des Equeuvres, du Haut-Chaillot, et d'une ferme à Grand-puits, à la gestion duquel il consacra ce qui lui restait d'activité et de forces.

N'ayant pas d'enfant, le général adopta le fils de sa femme, né d'un premier mariage. Vers 1840, il se retira près de ce dernier, dans sa propriété de Boissy-Saint-Léger, pour y trouver les soins que réclamaient son âge et ses infirmités; et, le 12 mars 1842, il vendit à M. le comte Greffulhe toutes ses propriétés avoisinant Nangis, qui forment aujourd'hui une grande partie du domaine de Boisboudran.

Il mourut à Paris, place Vendôme, n° 20, le 4 février 1851, âgé de 90 ans, et repose dans un caveau de famille, au cimetière de l'Est à Paris (56e division, n° 27 288).

Les honneurs n'avaient pas manqué à cette belle carrière si bien remplie; il devint successivement :

Commandant de la Légion d'honneur le 14 juin 1804.

Grand-officier le 29 avril 1834.

Grand'croix le 19 juillet 1845.

Il portait en outre la croix de Saint-Louis, était chevalier de la Couronne de fer et grand'croix de l'ordre de Bavière.

Il avait été fait comte du Taillis par l'empereur en 1808, et, le 10 mars de la même année, une rente annuelle de 30 000 francs avait été créée en sa faveur sur la Westphalie, en récompense de ses services.

Son nom est gravé au côté est sur l'arc de triomphe de l'Etoile.

Sa petite-fille par adoption ayant épousé un descendant du général comte Gourgaud, sa postérité revit dans cette famille, dont l'un des membres a relevé le titre de comte du Taillis.

La Société d'histoire et d'archéologie de Provins ayant décidé qu'une délégation de ses membres se rendrait à Nangis le 25 septembre 1898, afin de procéder à la pose solennelle de la plaque par elle votée pour rappeler le souvenir du général du Taillis, fit part de cette décision à M. le maire de Nangis, demandant dans cette circonstance l'assistance de la municipalité. Cette nouvelle, qui évoquait tout à coup le souvenir du vieux général, qui avait laissé tant de sympathie dans sa ville natale, remua toute la population qui se porta à la gare au-devant de la députation provinoise. Ce fut une véritable fête improvisée.

Les délégués, ayant à leur tête M. Buisson, leur dévoué président, heureux et fier de rappeler qu'il avait été élevé dans la maison du général, et M. l'abbé Bonno, leur savant secrétaire, accompagnés des membres de la municipalité, procédèrent à la pose de deux plaques, l'une sur la maison natale du général, rue du Dauphin, et l'autre à la mairie. Messe en musique, banquet, discours, séance d'archéologie, rien ne manqua à cette fête que rehaussait la présence des descendants du général, M. le comte Gourgaud et M. le comte du Taillis.

A la suite de cette charmante fête, la municipalité de Nangis, voulant aussi contribuer à perpétuer la mémoire du général, donna à l'une de ses rues nouvellement ouverte le nom de Général-du-Taillis.

HAMEAUX, FERMES ET HABITATIONS ISOLÉES
DÉPENDANT DE NANGIS

Le Chatel. — Le Châtel, qui, sous l'ancien régime, était le siège d'une importante seigneurie, formait une paroisse qui, lors de la Révolution, n'était plus composée que du château féodal, de l'église entourée de son cimetière, et d'une ferme importante. Nous avons dit comment la population s'en était peu à peu écartée.

Pendant la Révolution, le 9 avril 1792, le Châtel fut annexé à la commune de Nangis; l'église fut détruite; la ferme, tenue en dernier lieu par les sieurs Berryer et Beaugrand, fut disloquée, vendue en détail et détruite. Il ne reste plus qu'un tronçon du vieux château dont les fossés ont été comblés. Depuis, une petite ferme a été reformée en cet endroit.

Le fief du Châtel était de l'élection de Montereau ; de nombreux fiefs relevaient de son château. Tanneguy du Châtel, d'origine limousine, n'eut jamais rien de commun avec cette seigneurie qui fut longtemps possédée par la famille primitive des du Châtel qui l'avait créée, puis, en 1544, par la famille de Louviers, et enfin, en 1616, par Pierre Raguier, baron de Poussay. Elle fut achetée des descendants de ce dernier, et réunie au marquisat par le maréchal de Nangis.

Entre le Châtel et le Haut-Mondé s'étend la plaine du Vieux-Nangis où l'on trouve encore des traces de substructions d'habitations. Là vivait la population primitive attachée à la seigneurie du Châtel.

La Baraque. — Hameau situé sur la grande route de Paris à Bâle, fait partie actuellement de la ville à laquelle il se trouve relié par la nouvelle avenue de la Gare.

Il est d'origine assez récente. Un acte mortuaire du 3 mars 1639 nous montre qu'à cette époque aucune habitation n'existait à cet endroit. Cet acte relatant les cérémonies de réception à Nangis du corps de Philippe de Brichanteau, baron de Linières, s'exprime ainsi :

« Et le jeudi de la présente semaine de caresme, on fut à l'église de midi au-devant du corps d'icelui et au saule du Mondé, où eurent lieu les harangues réciproques. Signé : Maunoyer, curé. »

A cette époque, ce carrefour s'appelait donc le Mondé, et il n'y avait qu'un saule à l'angle de la grande route et du chemin allant à Gastins. Plus tard, à l'angle du chemin du Gué conduisant à Nangis, fut élevée une baraque pour servir d'abri au percepteur du droit de péage par terre appartenant au marquis; ce fut cette baraque qui, longtemps seule, donna son nom à cet endroit. Plus tard furent construites des auberges que nécessitait le passage de nombreux rouliers, et deux maisons bourgeoises. Aujourd'hui, par, suite de la proximité de la Gare, ce quartier prend une grande extension et formera bientôt une rue importante et commerçante de Nangis.

Le Corroy. — Ferme très ancienne, située sur la route de Melun, figure déjà dans des chartes en 1437, et fit partie du marquisat de Nangis. Depuis, elle appartint à M. Cauchy, membre de l'Institut, et au comte d'Escalopier. Ses terres ont été récemment vendues en détail, ce qui a beaucoup diminué son importance.

Le Haut-Chaillot. — Ferme située au nord de Nangis, a appartenu à la famille Leseurre de Chantemerle, puis au général comte du Taillis qui en avait fait sa résidence. Elle n'est plus aujourd'hui qu'une maison de garde dépendant du domaine de Boisboudran. Ses terres ont été réunies à celles de la ferme voisine du Maupas.

Le Maupas. — Ferme située sur la route de Melun, a passé par les mêmes mains que le Haut-Chaillot.

Les Equeuvres. — Ancienne ferme située sur la même route, faisant vis-à-vis à celle du Maupas. Elle a longtemps appartenu à l'abbaye de Barbeaux, puis a eu le même passé que les deux fermes qui précèdent; elle n'est plus qu'une maison de garde du domaine de Boisboudran, ses terres ayant été incorporées au Maupas.

Le Bas-Chaillot. — Ferme importante située à proximité de la route de Paris à Bâle; elle s'est augmentée des terres des fermes des Manteresses et de Pomoulin disparues. Elle appartint au XVIIe siècle à Mathieu Gridé, bailli de Nangis, puis à Nicolas Gridé, conseiller et secrétaire du roi. Au XIXe siècle, elle passa aux mains de M. Rebut, puis de M. Feyrick. Elle est exploitée depuis longtemps par la famille Colleau.

Le Moulin-d'Auvergne. — Ancien moulin à vent situé sur la route de Melun à la sortie de Nangis. C'est aujourd'hui une petite ferme incorporée à Nangis.

Le Moulin-du-Haut-Poirier. — Ancien moulin à vent à proximité de la route de Melun et faisant face à l'ancienne ferme du

Bourron disparue. Il appartenait déjà, sous l'ancien régime, à la famille Bernardeau, dont le nom s'est transformé en Bénardeau, qui le possède encore ; le moulin est devenu une ferme.

LA GRANDE-BERTAUCHE. — Ce nom provient du mot Bretèche, terme de fortification. C'était un ancien fortin dépendant du Châtel, élevé pour protéger la route de Paris. Au siècle dernier, il devint une auberge, puis une dépendance de la poste aux chevaux de Nangis. C'est aujourd'hui une belle maison de campagne au vaste parc, appartenant à la famille Mandre.

LA PSAUVE. — Hameau qui parait être d'origine gallo-romaine. Il porta d'abord le nom d'Aspera Silva, puis d'Apre-Sauve qui, par corruption, devint la Psauve, ainsi que nous l'avons expliqué dans la partie historique de ce travail. Il était placé sur la lisière de la Haie de Brie, et faisait partie du marquisat de Nangis. Il se compose aujourd'hui de deux fermes, dont l'une offre encore des fragments d'un vieux château du XIIe siècle, et de diverses habitations et petites cultures. L'église de Nangis possédait autrefois une petite ferme en ce hameau.

LE PRÉ-BOUDROT. — Ancienne ferme située sur la route de Paris, qui paraissait se dissimuler sous les ombrages de la Haie de Brie. Elle appartient depuis longtemps à l'hospice de Melun.

SAINT-ANTOINE. — Ancienne léproserie convertie en ferme. Elle devint la propriété de l'Hôtel-Dieu de Nangis, qui vendit les bâtiments à cause de leur mauvais état.

L'EPOISSE. — Ferme située à l'extrémité ouest du territoire de Nangis, longeant le ru de Bourguignon. Elle a appartenu jusqu'à la Révolution à l'abbaye du Lys, près Melun, qui l'avait acquise de Millon de l'Epoisse vers 1280.

LA CHAISE. — Ferme située à proximité de la route de Fontainebleau. Elle fait partie du domaine de Boisboudran.

LA GRACE-DE-DIEU. — Ancienne auberge, petite maison de culture située sur la route de Montereau, à l'extrémité de la digue de l'étang de Benuisse.

PARS. — Ferme située sur la lisière des communes de Nangis et de Fontenailles, à laquelle ont été réunies les terres des fermes de la Chaussée, de Courpitois et de Malnoue supprimées. Ancien petit château ayant appartenu à la famille des Brunfay, seigneurs de Fontenailles, puis, en 1675, à la famille de Rocbine. Pars fait partie du domaine de Boisboudran : M. le comte Henri Greffulhe en avait fait une ferme modèle.

COURTENAIN. — Ferme réputée située au midi de Nangis, entre la route de Montereau et le chemin de la Bouloie; elle appartint longtemps à la famille Caillau de Courtenain, qui, pendant plusieurs générations, occupa la charge de bailli de Nangis. Nous avons vu, dans la déclaration de 1635, qu'à cette époque elle était louée deux boisseaux et demi de blé l'arpent.

COURMIGNOUST. — Ferme située près Nangis, sur la route de Gastins, mais dépendant aujourd'hui de Bailly-Carrois; appartint au couvent de Saint-Père de Melun, ainsi que la grande ferme de Bailly et celle de la Moinerie qui faisaient partie de la mense abbatiale de ce couvent.

LE MÉNIL ET LES BILLETTES. — Fermes situées aujourd'hui sur la commune de Fontains près la route de Montereau, ont longtemps appartenu aux Carmes Billettes de Paris, qui les vendirent au dernier marquis, Louis de Guerchy.

FIN

IMPRIMERIE DE J. DUMOULIN, A PARIS 140.6.10

www.ingramcontent.com/pod-product-compliance
Lightning Source LLC
Chambersburg PA
CBHW052101090426
42739CB00010B/2269